鬼と修験のフォークロア

内藤正敏

民俗の発見 II

法政大学出版局

装幀＝高麗隆彦

写真＝内藤正敏

目次

鬼の物語になった古代東北侵略

漫遊仙人一代記——序に代えて

津軽の奇人・漫遊仙人は、肉体の老いと反比例して、歳とともに、ますます若返っていった不思議な人物であった。

はじめて、私が漫遊仙人に出会ったのは、一九六八年の夏、青森県・津軽の川倉地蔵盆の宵宮の日であった。川倉は太宰治の生まれた青森県北津軽郡金木町の北のはずれにある小高いモリで、ここは死者の霊が集まるところといわれ、地蔵堂には子供を亡くした人たちが納めた石の地蔵さんがいっぱい祀られている。太宰治の『津軽』のなかに、幼い時に女中のタケにつれられて、寺で恐ろしい地獄絵を見た話がでてくるが、この地獄絵はいまも太宰治の生家のすぐ近くにある雲祥寺にあり、川倉の地蔵盆を管理しているのもこの寺である。

川倉地蔵盆は旧暦の六月二十四日だが、実際に人が集まるのは二十三日の宵宮である。この日、盲目の巫女のイタコが地蔵堂の裏で死霊をよぶ口寄せをおこない、ほとんど津軽中からお婆さんたちが集まって、たいへんな賑わいをみせる。最近、どこの家でも自動車を持つようになったので、泊らないで帰るようになってしまったが、ひと昔前まではお婆さんたちは地蔵堂に泊りこんで、酒を飲んで夜を徹して踊りあかしたものである。

そんなお婆さんたちの踊り騒ぐ群のなかに、突然、鷹のような鋭い目をした白髪の山伏があらわれ、

漫遊仙人

「リン・ピョー・トー・シャ……」と鋭い声を出して九字を切り、「エイ!」と叫んで印を結んだかと思うと、いきなり、〝津軽ジョンガラ節〟を歌い出したのである。するとお婆さんたちが集まってきて、たちまち黒山の人だかりができてしまった。その山伏は次々と民謡をエネルギッシュに歌いつづけ、時々、歌と歌のあい間に早口の津軽弁で何かまくしたてると、それにこたえてお婆さんたちの笑い声がどっとおきた。そして歌が興にのってくると、小銭をチリ紙につつんでハナを投げるお婆さんもでてきて、すごい盛り上りをみせるのだった。そのうち山伏はお婆さんたちと座って酒を飲みはじめ、冗談をとばしながら、ものすごいいきおいで、飲みつづけ、ついにはベロベロによっぱらって、高イビキで寝てしまったのである。

それにしても奇怪な山伏がいたものである。九字のあとにジョンガラ節というのも珍妙なら、九字の切り方もデタラメであった。ふつう九字は横から切りはじめるが、この山伏は縦から切っていた。印の結び方にいたっては、二流の忍者映画にでてくる猿飛佐助がやるような印であった。あきらかにこの山伏は正式な修行をしたことがなく、インチキ山伏であることはまちがいない。しかし、ランランとした鷹のような眼光や、威圧してくるような風貌、身体から湧き出る異様な気配はただものではない。こんなに山伏らしい山伏はめったにいるものではない。この山伏には山の霊気がそのまま身体に憑いたような、山伏らしい風格があった。

この老山伏は小山内漫遊といい、その奇人ぶりから津軽では漫遊仙人の名で知られている人物であった。漫遊仙人は、明治二十九年（一八九六）、日清戦争の翌年に、青森県北津軽郡金木町嘉瀬に生まれ、本名は小山内嘉七郎。生地の嘉瀬は太宰治の生まれた金木から津軽電鉄で一つとなりの駅である。漫遊さんは若い時から歌や芝居が好きで、百姓仕事をしているより何か大きなことをして一旗あげようと大志をいだいて故郷を出た。

はじめ千島、カラフトに出稼ぎに行き、やがてオットセイやカワウソや白ネズミなどの毛皮を買いつける商船に乗って、オホーツク沿岸をまわった。ところが大正六年（一九一七）、遠くユーラシア大陸の北でおこったロシア革命が、漫遊さんの一生を大きく変えることになったのである。

ロシア革命と漫遊仙人

漫遊さんは軍の情報部にスカウトされ、大正八年ごろからロシアのパルチザンの情報収集のために、シベリアのヤクーツクに数年間潜入することになった。おそらく漫遊さんの、天性の音感の良さから、すぐ外国語がマスターできる才能や日本人ばなれした彫りの深い風貌、それに果断な行動力によって、こういう役目に選ばれたのだろう。

大正六年（一九一七）、革命軍は帝政ロシアを倒し、レーニンの指導のもとにソビエト政権を成立させた。ところが革命政権はドイツと単独講和をむすんだことから、日、米、英、仏は反革命勢力を支援するために、軍隊を投入して干渉戦争をおこなった。いわゆるシベリア出兵である。日本は割り当ての兵力、一万二〇〇〇の協定を無視して、三か月後には七万三〇〇〇の大兵力を送りこみ、東部シベリア要地を占領した。しかしパルチザンの抵抗は強く、大正八年には反革命軍は赤軍に敗北し、四か国の干渉は失敗した。英、米、仏は撤兵したが、日本だけシベリアにとどまり、大正九年（一九二〇）にはニコライエフスクで、日本兵と日本人居留民一二二名が捕虜になり、反革命派ロシア人とともに、全員がパルチザンに殺されるという尼港事件がおこった。

漫遊さんがシベリアに入った背景には、こうした当時の緊迫した国際的な政治情勢があったと思われる。漫遊さんの話では、当時、シベリアの邦人に食料を補給する仕事についたこともあったといい、この頃、東郷平八郎元帥が漫遊さんに「大和魂」と色紙に書いてくれたといい、酒を飲むといつも自慢していたものである。

結局、大正十一年（一九二二）、日本は何の得るところもなく、戦費一〇億円を浪費して、シベリアから兵をひきあげることになった。第一次大戦以後、日本の経済は大きく発展する一方、インフレで庶民は苦しみ、社会不安は増大した。シベリア出兵のころから、不況が深刻化し、各地で労働運動がおこり、大正デモクラシーが高まった。

漫遊さんがシベリアに渡った大正八年には、足尾、釜石、日立などの鉱山で争議がおこった。大正九年には八幡製鉄所の労働者一万三〇〇〇人が熔鉱炉の火を消す大ストライキをおこし、日本最初のメーデーが上野公園でおこなわれた。またこの年、日本中の社会主義団体や労働団体の関係者の団結をはかる日本社会主義同盟の創立準備会が堺利彦や大杉栄、岩佐作太郎らの発起人によって開かれた。また、上海で開かれたコミンテルン主催の極東社会主義者大会に大杉栄が出席した。こうして漫遊さんがシベリアに潜入していた時代は、不況による社会不安を背景に、日本では大正デモクラシーの炎が大きく燃えあがっていたのである。

漫遊さんはシベリアで数年すごし、日本に帰ってくると大化会に入った。大化会は北一輝の行動面の片腕といわれた岩田富美夫の主宰する行動右翼の結社で、大杉栄の遺骨を奪い去るというセンセーショナルな事件をおこしたことで知られている。

大杉栄は妻の伊藤野枝と六歳の甥・橘宗一とともに、大正十二年九月十六日に、陸軍麹町憲兵分隊長の甘粕正彦大尉らによって麹町憲兵隊に連行され絞殺された。大杉栄虐殺事件は、亀戸事件、朝鮮人虐殺事件と並ぶ関東大震災直後の不法弾圧事件であった。

大杉栄、野枝、宗一の葬儀は、十六日午後二時から谷中斎場でおこなわれたが、葬儀を数時間後にひかえた朝八時ごろ、本郷の労働運動社に、下鳥繁蔵と名のる男が二人の男を伴い、名刺を出して会葬したいと訪ねてきた。労働運動社の座敷には、三人の遺骨箱が花環で飾られて安置されていたが、そこに通された下鳥は、突然、大杉ら三人の遺骨箱を小脇にかかえて、右手で拳銃を乱射し、遺骨箱を二人の男に順に手渡して、外に待たせてあった自動車で逃走した。この自動車の中に待っていた男が大化会の会長、岩田富美夫で、下鳥はその場で労働運動社の同志たちによってとりおさえられて警察につきだされた。葬儀は遺骨の無いまま写真を飾っておこなわれた。

大杉栄の遺骨を盗んだ下鳥繁蔵は顔や体に数か所の刀傷のある四十歳前後の男で、この年の春に岩田富美夫を頼って上京して配下となった。下鳥は中国の第二革命当時から中国に渡り、山東方面で馬賊の頭目となって勢力をほこった大陸浪人あがりであった。下鳥の人柄について、北一輝は次のように語っている。「大化会の下鳥は岩田君を通じて知ってゐるが、東北生れの極く豪胆な確《しつ》かりした酒豪家です。下鳥ならそれ位なことは確かに遣《や》る。自分は十五日夜、或る人の告別式で下鳥に会ったが、其時は何も話して居なかった」(『大阪朝日』大正十二年十二月十七日)。

東北生まれの豪胆な酒豪家という北一輝の証言は、一瞬、下鳥とは漫遊さんのことではないかと思わせたが、漫遊さんは、顔に刀傷がないことや、年齢も十歳ほど若いので、下鳥と漫遊さんとは別人のようである。しかし、豪胆な酒豪家というのは、漫遊さんを彷彿とさせるところがある。漫遊さんも飲みだすと底ぬけの大酒豪である。下鳥は遺骨奪取前に、多量の酒を飲んでいたため、逮捕後に酔いが出て、取調べができずに、係官は翌朝まで調べを待たなければならなかったという。

漫遊さんが所属した大化会の会長の岩田富美夫は、中国第三革命のとき、中国・シベリアに渡り、馬賊の群に入り、また、シベリアのチタの監獄に投獄されたりした前歴があった。大正八年(一九一九)に上海で北一輝の門下になったといい、漫遊さんもこの時期、シベリアに渡っているので、あるいは岩田と知りあったのもこの頃かもしれない。岩田は北一輝の行動面での片腕として大事にされ、北一輝の『日本改造法案大綱』の序文には、「豪侠岩田の鉄腕」と記されるほどであった。興味深いことに岩田は北一輝の門下生であると同時に、社会主義者の高畠素之の門下でもあった。

岩田は警察の目をたくみに逃れて、神楽坂交番の巡査に大化会へ行く道を聞いて警察をからかったり、警視庁近くの路上で、警部や巡査や私服の出入りするなかで、ゆうゆうと屋台の支那ソバを食ったりしていた。そして、紺の背広にソフトのカラーというでたちで新聞記者の前にあらわれ、「大杉とは生前からの知り合いだ。彼のよいところも知っているが、主義には反対だ。しかし死によって彼の罪は償われた。

だから彼の霊をはずかしめる気はない。骨はちゃんと手厚くしてある」と、一杯機嫌で語った（『報知新聞』大正十二年十二月二十三日）。

その二日後の二十五日、岩田富美夫は弁護士と無産社の野口一雄らと共に、大杉夫妻の遺骨を携えて警視庁に出頭した。遺骨はバスケットの中に納められ、ゆかしい香りに蔽われ、机の上におかれ、白菊の花環が飾られていたという（『国民新聞』同年十二月二十六日）。

大杉栄の遺骨事件も一段落した二日後の二十七日、こんどは皇太子が一青年に狙撃されるという前代未聞の大事件が発生した。虎ノ門事件である。大正天皇は病弱だったため、大正十年に皇太子の裕仁親王（昭和天皇）を摂政に任命した。この日、通常議会の開院式に出席するために、摂政が自動車で虎ノ門を通りかかった時、群集のなかにいた難波大助が突然躍り出し、ステッキ式の仕込み銃で摂政めがけて狙撃した。弾丸は自動車の窓を射ぬいたが、摂政には当たらなかった。犯人は「革命万歳」と叫んだところを警官に取りおさえられた。

犯人の難波大助は山口の代議士・難波作之進の子供で、父の感化で皇室中心主義だったのが、中学五年の時に田中義一陸相が山口に帰省した折、小中学生に学校を休ませて、歓迎のために沿道に並ばせた横暴な態度に腹をたてたことや、その後、大正八年に東京に出て予備校に入学したが、四ツ谷・鮫が橋の貧民窟の近所に間借りし、底辺の生活をまのあたりに見て、思想に変化が起った。大正十一年に早稲田第一高等学院に入ったが、退学して日傭労働者となった。そして大逆事件の真相を知り、震災直後の亀戸事件や大杉栄虐殺の甘粕事件などの激しい官憲の社会主義者弾圧に憤激して天皇暗殺を思いたったという。

この虎ノ門事件は天皇暗殺未遂という前代未聞の〝不敬事件〟だけに各方面に大きな衝撃をあたえ、山本内閣は総辞職、難波大助は翌年処刑された。ところが翌大正十三（一九二四）年正月五日、こんどは皇

ホラ貝を吹く漫遊仙人

居の二重橋の外側で警官に不審尋問された男が、いきなり爆弾を投げつけるという事件が発生した。爆弾は不発に終ったが、第二の虎ノ門事件となるところだった。

ヤクート族の耐寒体操

漫遊さんの話では、漫遊さん自身は〝大杉栄の骨とり〟には行かなかったという。当時、大化会には山口タツロウという山口組の親分も出入りしていたが、この日、漫遊さんは山口の親分と一緒に大化会にいたという。いずれにしろ漫遊さんの青春時代は、日本が急速に近代化し軍国主義化するなかで、その矛盾が一気にふきだす激動期にあたっていた。もともと芸人気質の漫遊さんはハレ型の人間であった。津軽の大きな祭礼に行くと、かならずといってよいほど漫遊さんを見かけた。漫遊さんは死ぬまでお祭り大好き人間であった。こうした激動期の世相のなかで、漫遊さんは、それこそ毎日がお祭りみたいに、青春の血をわきたたせ

「津軽岩木スカイライン」のタスキをかけた山伏姿の漫遊仙人

て生きていたにちがいない。

　そもそも漫遊さんから、当時の話を聞いていても、思想的な話はまったくでてこない。いつも酒の上での武勇伝とかシベリアの寒さの話ばかりである。大化会時代の名残りは、酒を飲むと「ベンセイシュクシュク……」の詩吟や、「雨はふるふる人馬はぬれる……」の「田原坂」を歌うことや、北方領土返還をとなえる姿に、かろうじて当時のおもかげがみられるくらいである。漫遊さんは、おもしろいことなら何でも実行してしまうアナーキーな、天性の芸人気質の持主だった。気性の激しい漫遊さんは、一歩まちがえば下鳥繁蔵にもなっていたであろうし、難波大助にもなっていたにちがいない。漫遊さんが過激な行動で歴史に名を残さなかったのは、その時期、シベリアに潜入していたからにほかならなかった。大化会の大杉事件に参加しなかったのも、この年にシベリアから帰国したばかりの新入りだからであったようだ。

　漫遊さんは、青春時代の数年間をシベリアのヤクーツクですごした。冬は零下五〇度から六〇度という寒さのなかで、日本人はたった一人の六年間ほどをすごしたが、極北の厳しい寒さのなかで、雄々しく生きぬいているヤクート人たちの姿を見て、漫遊さんは、身体をつらぬくような強い感動をおぼえたという。ヤクート人は顔が日本人に似た民族であることも、親近感をいだかせたのであろう。ここで漫遊さんはヤクート人がおこなう奇妙な耐寒の秘術を体得するのである。

その耐寒術というのは、まず、両足を少し開いて大きく息を吸いこみ、力いっぱい跳躍して息を吐き出す。次に、着地する前に胸のあたりで両手を交叉させ、左手で右肩を、右手で左肩をたたく。

これだけのことでどんな寒さも克服できるという。それは厳寒期に手足がこわばって動きが鈍くなるのは、寒さで身体の末端まで血液がまわりきらないためだ。そこで血のまわりをよくするのがこの秘術なのだという。漫遊さんはこの秘術を「耐寒体操」と名づけ、以後、漫遊仙人パフォーマンスの最大の売りものとなった。漫遊さんの記録によると、耐寒体操の実演と指導は、昭和十六年(一九四一)に陸軍省、東京市民体育課、渡満開拓幹部訓練所でおこなったのが最初で、昭和十八年(一九四三)には海軍省教育局、大日本産業報国会、東京市役所、朝日新聞社、読売新聞社、警視庁、北大低温室、北部軍司令部、北海道新聞社……と、すでに戦前から盛んにおこなっているのである。

漫遊さんの耐寒体操の巡回指導は、厳寒期にシャツ一枚になり、バケツに氷をいっぱい入れておいて、時々、耐寒体操をやっては、氷のバケツに手を入れ、三十分ほどで全部の氷を溶かしてしまって人々をおどろかせ、それから実地指導に入るというものであった。

漫遊さんが耐寒体操の巡回指導をはじめた昭和十六年は、ハワイ真珠湾攻撃で、日本は米英とのドロ沼戦争へと突入していった。この頃漫遊さんはプロの民謡歌手となって、軍隊慰問で旅から旅の生活を送っていた。お嫁さんももらい子供もできて、漫遊さんは幸せの絶頂であった。しかし戦局が悪化し、漫遊さんの幸せも長くは続かなかった。漫遊さんが家庭を持った東京も空襲がつづくようになった。そのころ東京・芝の増上寺も空襲でやられ、三門が猛火につつまれようとした時、漫遊さんは三門の屋根にかけのぼり、火を消しとめて無事に三門を救った。そのため昭和四十九年（一九七四）の増上寺三門の大補修の落慶法要に、漫遊さんにも招待状が来たというのが自慢のたねであった。

そして昭和二十年（一九四五）、敗戦。漫遊さんも民謡歌手や耐寒体操では食ってもゆけず、故郷にヤミ米を買い出しに帰ったが、津軽の土をふんだとたん、津軽人の血が騒ぎだしたのか、急に東京に帰るのが嫌になり、そのまま津軽に居ついてしまった。東京には妻子をおいたままだった。何か深い事情があったようだが、漫遊さんは妻子を棄てたのである。戦争は小山内漫遊という一人の男の人生を大きく変えてしまったのであった。

漫遊さんがつくった〝津軽ジョンガラ節〟の替歌のなかに、日露戦争の時に召集令状がきたことによって起る悲惨な一家無理心中事件をうたった「日露戦争のかげに」という歌詞がある。時代は日露戦争と異なっているが、どこか漫遊さん自身のことを歌っているようにも思える。

日露戦争のかげに〈津軽ジョンガラ節〉

〽サーテ一座の皆さん方よ／かかる文句を何よと聞けば／これは過ぎにし其物語／国は信州松本在で／予備上等兵・松岡幸三／村に模範と呼ばれる人よ／何の不幸かしらないけれど／妻は病に二人の子供／親子四人は涙に暮し／時は明治の三十七年／日露戦争が開かれまして／病める女房と二人の子供／残し戦地に行かねばならぬ／それとさとりし貞女の妻は／夫の心を勇めんものと／二つなる子を

祭が終って家路を急ぐ漫遊仙人

我手に殺し／返す刃で胸突いて／哀れ妻子は非業の最期／それと見るより松岡幸三／残る伜の勘吉ともに／妻子の死骸に取りすがられて／呼べどさけべど帰らぬ旅よ／そうこする間にはや夜が明る／五時の時計を合図となして／いやが応でも行かねばならぬ／五つなる子の手を取りまして／これさ勘吉よう聞ゃしゃんせ／そなた一人を此の世に残し／戦地に行くのは気懸り故に／死んでおくれよ吾等と共に／いえば勘吉涙を流し……／ちょっとここらで止めおきます

（漫遊作詩歌集より）

太陽信仰と神秘体験

故郷に帰ったものの、生業もなく、まして一度村を棄てた人間に村人の目は冷たい。漫遊さんは津軽半島の最北端の権現崎まで歩いて行った。権現崎は、秦の始皇帝の命によって、不老不死の神仙薬を探しに徐福が漂着したという伝説があり、権現崎の頂上の尾崎神

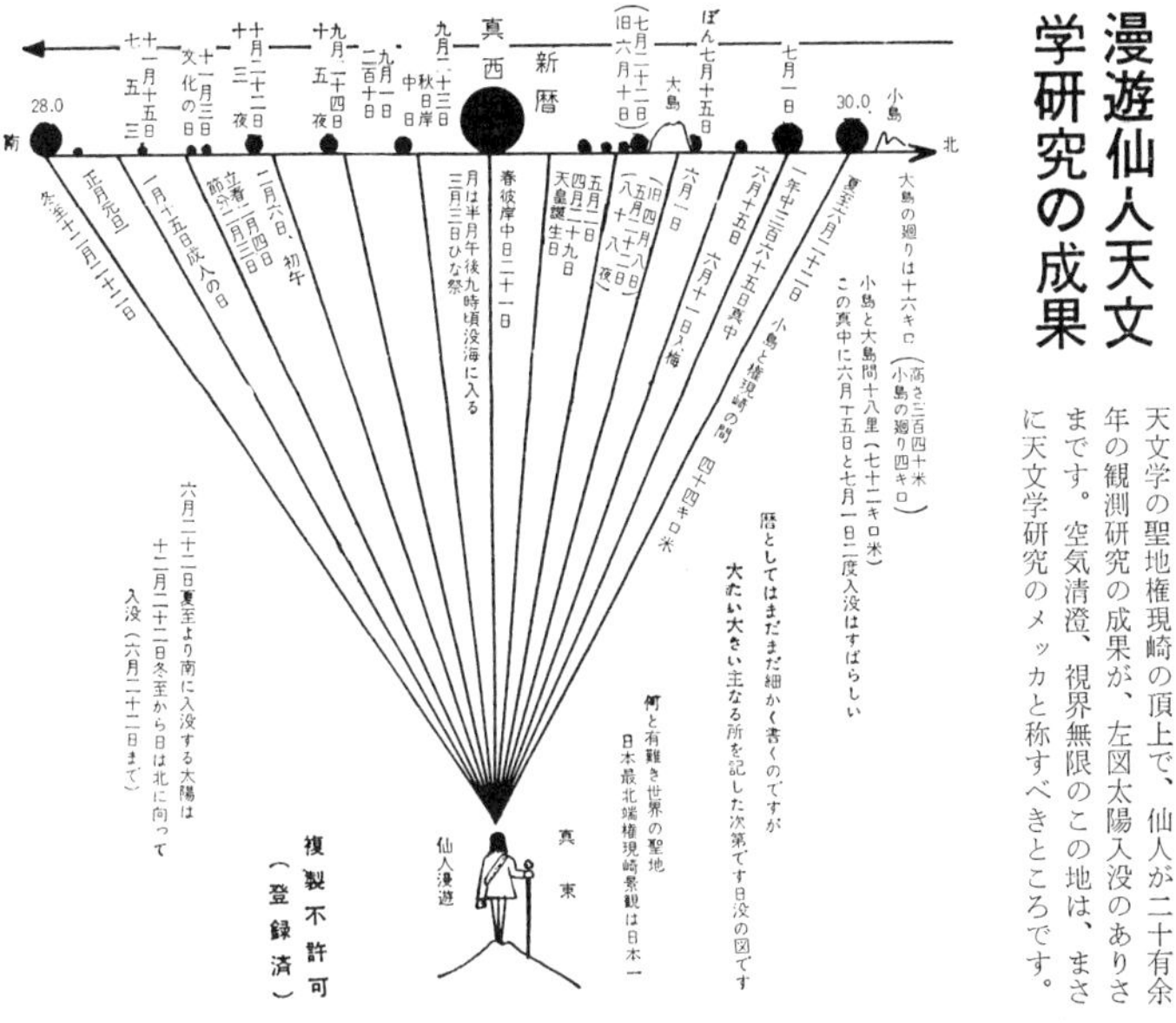

「漫遊仙人天文学研究の成果」（『仙人観光』より）

社には徐福が熊野権現とともに祀られている。漫遊さんが権現崎でウトウトと昼寝をした時のことであった。突然、何者かにゆり動かされた。ハッとして前方をみると、ちょうど日本海に浮かぶ大島と小島の間に、真赤な大きい太陽が、いままさに沈もうとしていた。あまりの美しさに言葉もなく、漫遊さんは深い神秘的な霊感をうけたのである。その夜、ここで寝ている時、夜中に神さまから権現崎が「極楽浄土の発生地」であることを教えられた。それからというもの、漫遊さんは毎日、権現崎から夕陽を視つづける生活をおくり、日本海に夕陽が沈む位置を克明に記録しつづけた。その結果、春の彼岸の中日（春分）には太陽が真西に沈むこと、一年の真ん中の六月十五日と七月一日には太陽が大島と小島の真ん中に沈むことを発見し、漫遊さんは権現崎こそ世界一の聖地であることを確信するのである。

漫遊さんは夕陽の沈む位置の記録を「漫遊仙人天文学研究の成果」として、一枚の絵図に書き残している。図は権現崎からみて、一番南に太陽が沈む十二月二十二日の冬至から、一番北に沈む夏至の六月二十二日の間に、太陽の沈む位置を図示したものである。これら太陽の沈む位置からみて真東の扇の要の位置には、権現崎の頂上に錫杖をついて立つ漫遊さんの姿が描かれ、その右側には「何と有難き世界の聖地、日本最北端権現崎景観は日本一」と書きこまれている。

修験道の霊山の多くで、春分、秋分、冬至、夏至の日ノ出や日没の関係で聖地を定める太陽信仰がみられる（本書「修験道の空間思想」参照）。毎日、日本海に沈む夕陽を視つづける漫遊さんの姿は、大自然を神として拝む山伏の本来的な修行を思わせる。

権現崎での神秘体験があってから、漫遊さんは故郷・嘉瀬の村境にある観音山の小さなお堂に住みこみ、山伏となった。漫遊さんは一度故郷の村を棄てたが、失敗して再びムラに帰った人間である。漫遊さんはムラからも都市からも二重に排除された異人であった。その漫遊さんが山伏の姿をし、仙人を名のることで、ムラの人々と自ら一線を劃したことは、ムラに生きるための本能的な知恵であったと思う。もともと日本の山岳寺院は山中のアジールであり、平地での敗残者や犯罪者が逃げこめば、平地の権力は立ち入ることはできなかった。漫遊さんは、山伏、仙人という伝統的なムラの人々の山中アジール観を自らにイメージ化することによって、ムラにふてぶてしく居直ってしまったのではなかろうか。

興味ぶかいことは、観音山のお堂に、漫遊さんは役行者とともに〝嘉瀬の桃〟の霊を祀ったことである。嘉瀬の桃は、長部日出雄の『津軽世去れ節』のモデルになった人物で、本名を黒川桃太郎といい、明治十九年（一八八六）に嘉瀬に生まれ、大工であったが芸人になり、それまで盲目のボサマによる単調なクドキであった津軽民謡から、現在のような複雑な歌い方の「桃節」を生みだした不出世の民謡歌手である。しかし、バクチと酒に身をもちくずし、最後は北海道からカラフトへと旅芸人となって渡り歩いた末に、昭和六年（一九三一）一月二十日、青森市古川の物置小屋で死んでいるのが発見され、青森市役所の手で火葬にされ、無縁仏として葬られた。漫遊さんが桃を祀ったのは、桃の波瀾の生涯が、そのまま漫遊さんの姿と重なるところがあったからだろう。

山伏となった漫遊さんは、岩木山をはじめ津軽の霊場を参詣してまわるようになった。津軽の霊場の中で、特に赤倉山は神秘的な修行場として津軽の人たちに古くから親しまれている。菅江真澄も寛政十年（一七九八）に津軽を訪れた時、「岩木山の北面の峰である赤倉が岳は、常に雲霧が深くたちこめて、うす暗い。ここには鬼神がかくれ住んでいて、時には怪しいものが峰をのぼり、ふもとにくだるという……」という話を『外浜奇勝』に書き残している。いまも赤倉沢の登り口付近には、ゴミソとよばれる巫女が修行小屋を建て並べ、自動車道ができる一九七〇年代前半までは、ランプとローソクの生活のなかで、ドロドロとゴミソが打ちならすタイコの音がひびく異様な雰囲気のところであった。

漫遊さんは、ここに来た時、突然、神の声によばれる霊感をうけ、赤倉沢を登って頂上にでて、岩木山の噴火口にとび降りてしまった。岩木山は活火山なので、近世にもたびたび噴火している。山頂の爆裂火口は、噴火によって大小の岩石が擂鉢状に吹きあげられており、人間を寄せつけないような凄まじい様相をしている。それを端の方へ行ってとび降りたので成功したのだという。この時、漫遊さんははっきりと神の姿を見た。五人の神さまがうずくまっていた。神さまたちは猿のように、全身が毛むくじゃらで、しゃがんで目をみせないようにおさえていたという。漫遊さんによれば、この時見た神さまは、「猿田彦さまでねえべか」ということであった。

『仙人観光』

たびたびの神秘体験によって、漫遊さんは自分が真の山伏であり、仙人であることを確信していった。晩年の漫遊さんには、新しい宗教をおこそうと考えていたふしがある。漫遊さんの話では、権現崎には黄金が埋蔵されている。そのことを蛇が教えてくれた。いまは掘る資金がないので時期を待っている。資金は漫遊さんの足の裏に墨をつけて紙に押し、その足型を交通安全のお守りとして売り出せばできる。漫遊さんの足の指紋は珍らしい形をしているので、雑誌にでも書いて発表すれば評判になる。そうすれば何億円もの金が入るので、いちやく権現崎は世界一の聖地になる、というのだ。これは酒を飲みながらの話なので、どこまで本気で、どこまでホラなのかわからないが、漫遊さんは本当に確信しているような目付きで、真剣な話しぶりだった。

しかし、山伏や仙人では食ってゆけない。そこで漫遊さんは市役所とか自衛隊、小中学校や刑務所などに耐寒体操の指導に行って、いくばくかの謝礼をもらったり、祭礼があると出かけてゆき、得意の民謡を歌っては小銭（ハナ）をもらって生きていた。漫遊さんは、白衣、頭巾《ときん》にホラ貝、錫杖を持つ山伏姿をしていた。ただ、ふつうの山伏と違うところは、肩にかける結袈裟《ゆいげさ》の代りに「津軽岩木スカイライン」と染めぬいたタスキをかけていたことだ。この珍妙な山伏スタイルも、実は漫遊流生活の術であった。漫遊さんは青森県観光の発展のためと称して、村や町の有力者から寄付金を集め、昭和四十八年（一九七三）八月に『仙人観光』というヘンな新聞を発行したことがある。そもそも仙人とは俗界を否定した聖なる存在である。それが俗化の権化のような観光と合体させた〝仙人観光〟とは無茶苦茶シュールな発想というほかはない。

実は先ほど紹介した「漫遊仙人天文学研究の成果」の図も、この『仙人観光』に載っていたものである。漫遊さんは権現崎から見る夕陽の神秘について私に熱っぽく語りかけ、ぜひ権現崎のすばらしさを世の中に広めてもらいたい、そしてオラの一代記さ書いてくれ、と言って、大事に一枚だけ残してあった『仙人観光』をくださったのである。

『仙人観光』はタブロイド判の一枚もので、その紙面を紹介すると、新聞上部の欄外サブタイトル、いわゆるカンザシといわれる部分に「青森県観光案内、宣伝者　小山内漫遊」とある。まず、一面トップに、「十和田湖開発の父・中村秀吉翁」「涼味いっぱい暗門の滝」という記事があり、観光地十和田湖開発の功労者と隠れた県内の景勝地の紹介があり、青森県観光案内にふさわしい内容である。ところが『仙人観光』の表と裏をいくら見ても、青森県観光の記事はあとにも先にもこれだけである。

そのほかの紙面を見ると、一面には「簡便にして効果大――耐寒体操をたたえる」という、日本習字連盟五所ヶ原支部長・山谷瑞峰氏による漫遊さんの耐寒体操を推薦する文があり、次いで、「漫遊仙人天文学研究の成果」と「漫遊作詞歌集」が載る。これは津軽ジョンガラ節、津軽ヨサレ節、ドンパン節、津軽小原節の四曲の替歌で、先に紹介した「日露戦争のかげに」は、この「漫遊作詞歌集」からのものである。

こんどは新聞を裏返して二面をみると、二面トップが「桃観音（漫遊建立）一躍脚光・益々いそがしい漫遊仙人」という記事がある。これは長部日出雄が嘉瀬の桃を主人公にした『津軽世去れ節』で直木賞を受賞し、かねてから漫遊さんが桃の霊を桃観音として祀ってきたので、これから脚光をあびていそがしくなる、という内容である。しかし、その後、桃観音が脚光をあびて漫遊さんがいそがしくなったようすはいっこうになかった。

次いで、二面の大半をしめるのは、耐寒体操の記事である。すなわち、巡回指導の実演写真つきの「効果大の漫遊『耐寒体操』」、昭和十六年（一九四一）から四十八年（一九七三）にかけて、巡回指導した年月日と場所をえんえんと書いた「巡回指導三十年の記録」、実際の方法を写真入りで説明した「耐寒体操実技指導」、それに耐寒体操の沿革と効能を説いた「耐寒体操を再認識」といった記事が続いている。こうして漫遊さんは耐寒体操の重要性を説き、毎年冬になると流行する集団かぜも耐寒体操で防げるとうったえ、「漫遊七十八歳残されたいのちを全国的にかぜの克服のために捧げようと日々決意を新たにしている次第です」。そして、「仙人は身の軽いことが身上、実技指導ご希望の方は一報あり次第どこへでも出かけます」と結んでいる。

ようするに、『仙人観光』は、サブタイトルに「青森県観光案内」とうたっているが、実際には、青森県の観光宣伝の新聞ではなくて、漫遊さん自身の宣伝であり、漫遊さんの耐寒体操の宣伝の新聞といった方がよいのである。

さらに『仙人観光』の紙面を見なおすと、一、二面ともに、紙面の下半分が広告欄になっており、小さな面積のなかに実に多くの広告が掲載されているのに驚かされる。一面の広告欄には、青森県知事、青森市長、弘前市長ほか県内市町村長三〇名と、代議士三名、県会議員一名、合計三四名の政治家と、津軽地方の農協組合長三六名が名をつらね、その周囲を、旅館、食堂、バス会社、タクシー会社、銀行、医院、映画館、酒場、寺院、製材所、消毒会社、その他各種商店などの、合計一二〇もの企業広告がズラリととりまいているのである。こまめに歩いて寄付金や広告料を集めて歩いた漫遊仙人の旺盛な生活力には、ただ圧倒されるばかりだ。このすばらしくユニークでゆかいな新聞も、二号は発行されなかったようだ。たぶん漫遊仙人の毒気にあてられて、スポンサーの諸センセイや企業主が二の足をふんだからではあるまいか。

しぶとく生きぬいた漫遊仙人も、『仙人観光』を出した五年後の昭和五十三年（一九七八）三月二十一日、嘉瀬の観音山で一人淋しく息をひきとっているのが発見され、死亡したのは二十日と推定された。死の二日前、近くの駐在さんが立ち寄ってみたら、周囲は喀血した血で真赤に染まっており、漫遊さんの様子がおかしいので救急車をよんだ。ところが、漫遊さんは「俺《わ》だば仙人だ。医者はいらねえ」と烈火のごとく怒り、救急隊員にむかって「帰れ！　帰れ！」とどなりつけ、やむなく救急隊員はひきあげざるをえなかった。心配になった駐在さんが再び訪れた時、センベイブトンの中で、漫遊さんはすでに事切れていた。その姿は右脇を下にして、胎児のように丸くなり、眠るがごとくおだやかな表情だったという。右脇を下にしての入滅は釈迦涅槃の寝姿である。奇しくも三月二十一日は弘法大師入定の命日であり、二十日は嘉瀬の桃の命日であった。まさに漫遊仙人、八十三歳の大往生であった。

中部山岳の千年

郷土出版

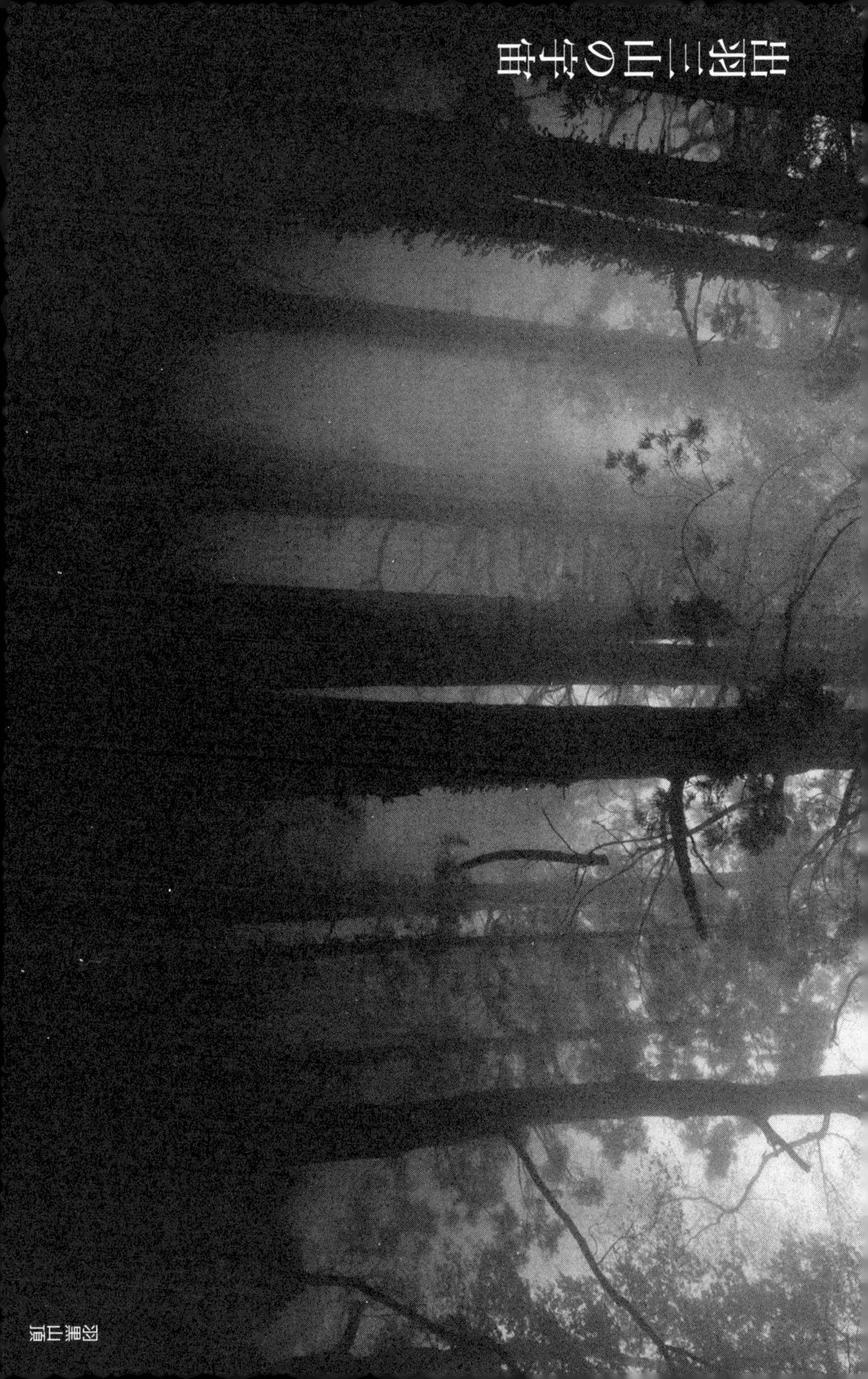

羽黒鏡（平安時代・重文　出羽三山歴史博物館）

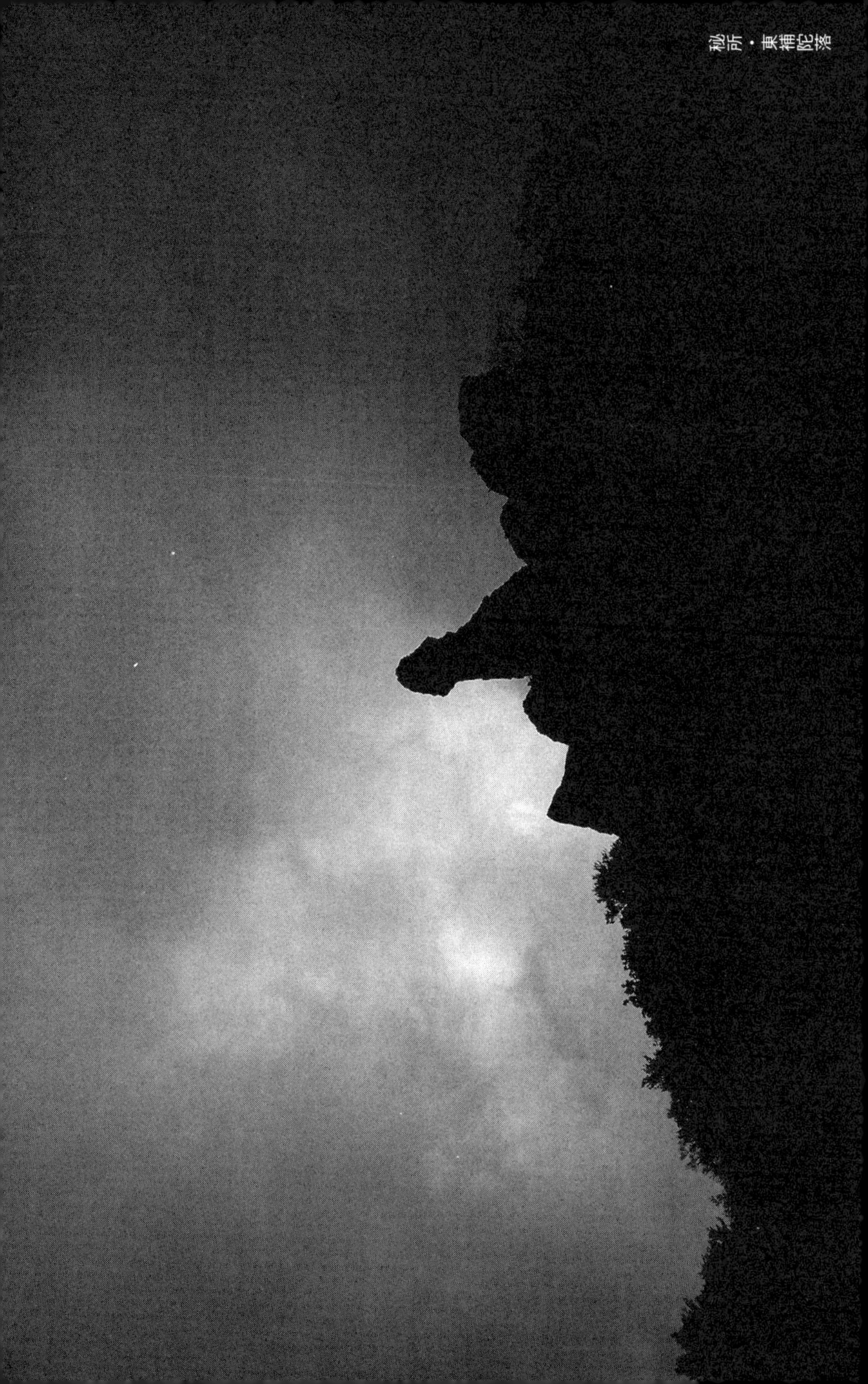
秘所・東補陀落

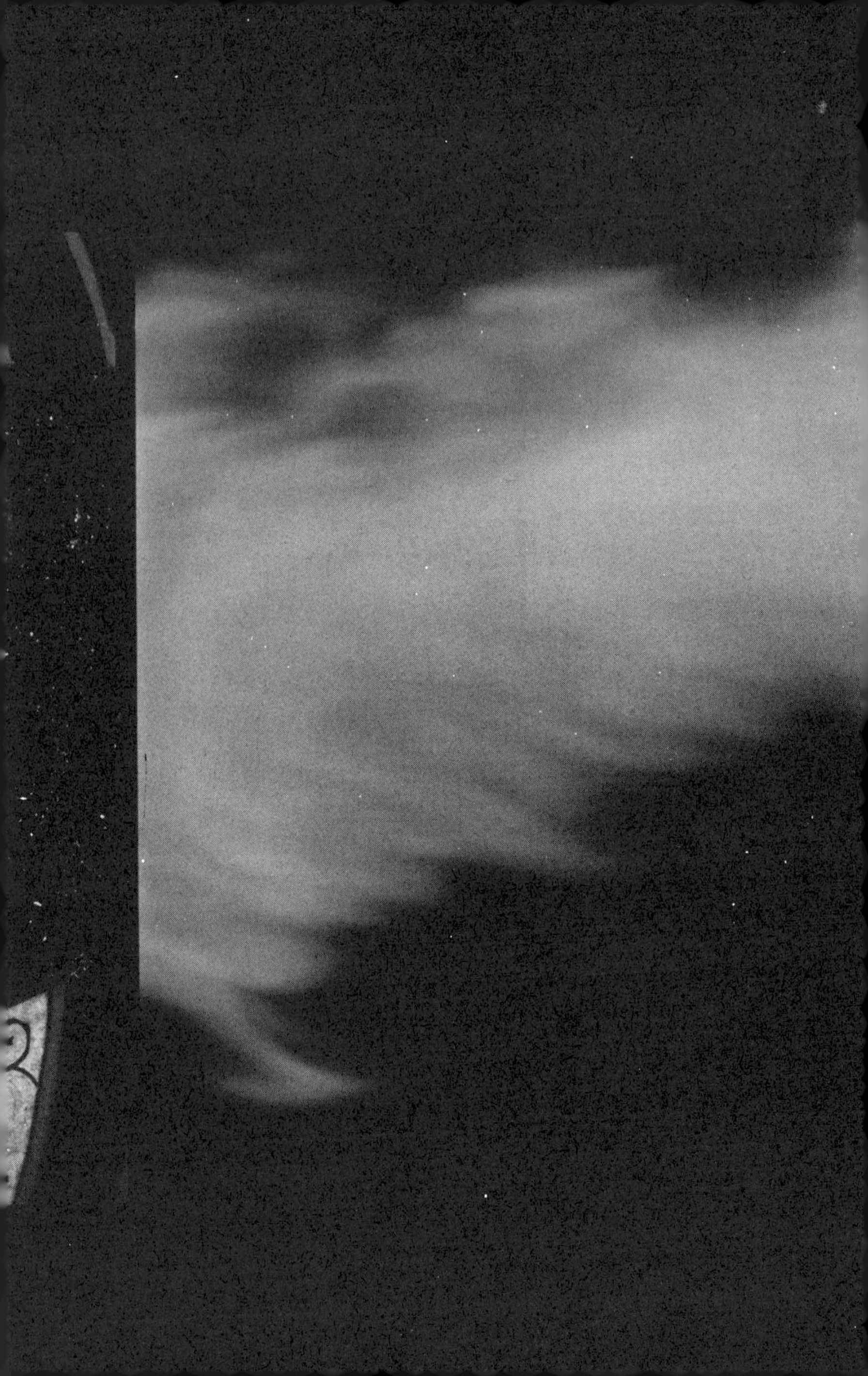

開山・能除太子（蜂子皇子）画像（出羽三山歴史博物館）

松例祭・兎の神事

松例祭・火の打替

松例祭・にしのすし

出羽三山の宇宙——神と鬼・太陽と月・生命のコスモロジー

山と海と神の民俗宇宙

庄内浜の漁師の間に、「鳥海山のフキは明日の風、月山のフキは今日の風」という先祖からの言い伝えがある。

漁師が一番恐れるのは、冬の一月か二月に沖でにわかに突風になってシケることだ。それで沖から鳥海山や月山のフキを見て天候を予測する。フキとは、強風で雪が吹き上がる現象をいう。鳥海山や月山のように高い山は、海より早く風を受けるので、山の雪が強風で吹き上がるフキを見て海の荒れを予測するのである。

鳥海山に立つフキを見たら、まだゆっくり帰ってきても良いが、月山のフキを見たら漁をやめてすぐ帰ってこなければならない。特に湯殿山付近にフキが立ったらもう一時間もしないうちにシケになるので、網を捨ててでもすぐ帰ってこなければならないという。しかし、ベテラン漁師でも、よくフキを見落すことがある。由良の漁師で山形県漁業組合理事の斎藤博さん（七十五歳）によると、南西からのフキは山の向こう側に下りてゆくので見落しやすい。東の風も山のこちら側に下りるので見落しやすい。この風は沖

冬の庄内浜

では潮と風が反対になって三角波になるので特に危険だ。こうしたフキは月山の大満原や湯殿山で見落しやすく、遭難した船が多いという。ほんの少しの判断が生死を分けるのである。

江戸時代の手こぎの和船時代には、天気の急変を知ってから岸に帰るまでに時間がかかり、「累年のこと」といわれるほど多くの遭難事故が発生している。『豊浦の歴史』に、正徳元年（一七一一）から明治三年（一八七〇）の記録に残る庄内浜の漁船の遭難事故をまとめてある。一六九年間に三九回、四年に一度は起っているが、これは古文書に残るものだけなので、実際には、もっと多くの事故が発生していると思われる。

特に沖合一七キロから三〇キロも出て冬の荒海で操業するタラ漁では、突風による遭難で働き手を失うことも多く、他村の貧しい家から男の子を貰ってきて漁師に育てる風習があり、これを「タラバんじえ」とよんだ。[1]

漁師は、山によって天気を予測すると共に、山に

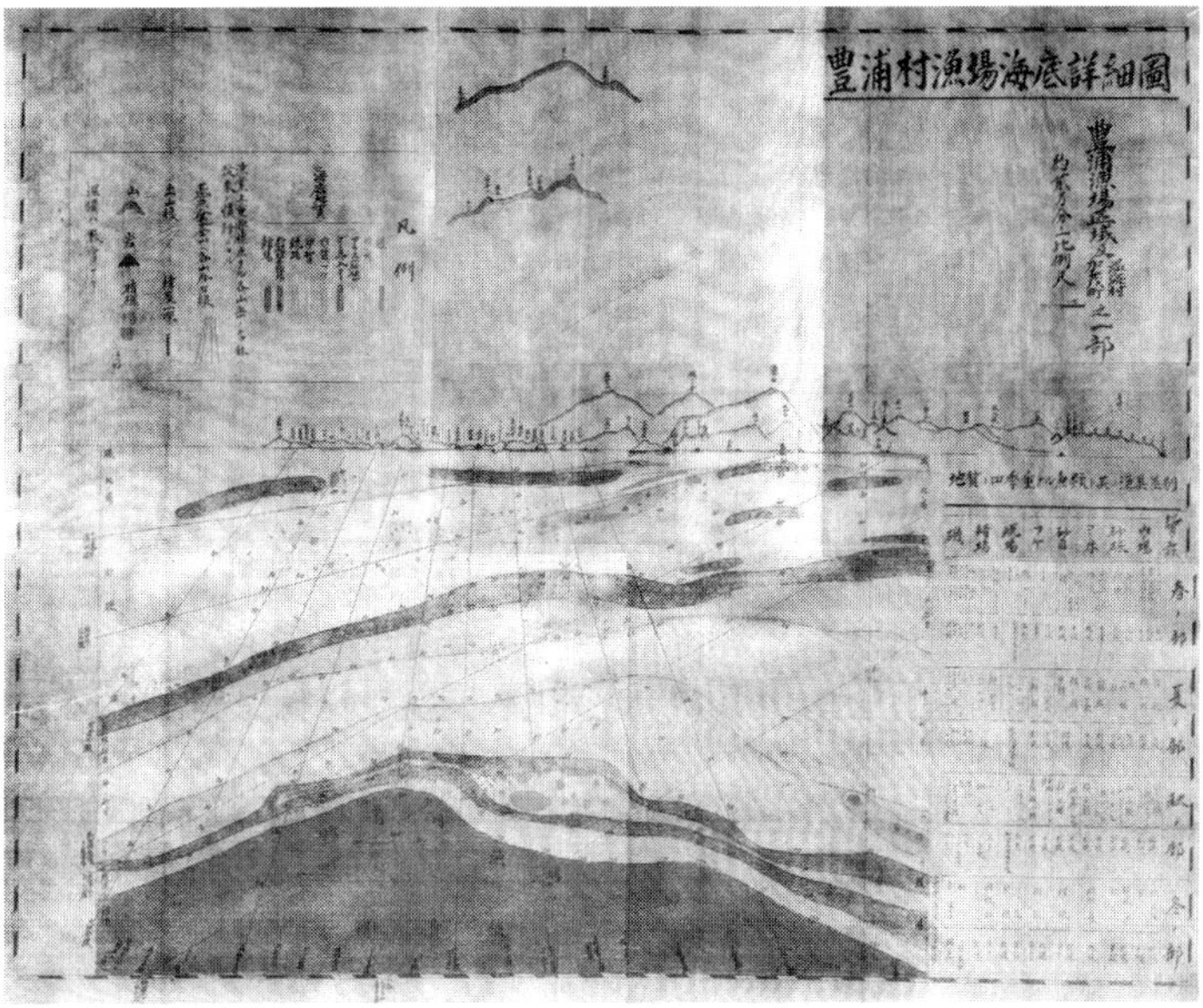

豊浦村漁場海底詳細図

よって自分の船の位置を測った。庄内浜の沿岸漁業では、金峰山《きんぼうざん》とその峰つづきの峰薬師、母《ほ》狩岳《かりだけ》と海岸近くの目じるしになる山々などと重ね合わせてゆく。北から南へと海上を船で行くと、海岸近くの山々は南から北へと動いてゆくが、遠くの金峰山は動かない。それで金峰山と海岸近くの山を重ね合わせて自分の位置を知る。これを山アワセとか山アテという。

ただし、この金峰山を使う山アワセでは、海岸から真すぐ前の位置しかわからない。海岸へどれだけの距離を沖に出ているかを知るには、南の方の海岸にある暮坪の立岩などの目じるしを見る。立岩は先のとがった高さ五〇メートルほどの特徴的な形をしているので遠くからすぐわかる。立岩は海岸近くだと見えないが、船で沖に出るにしたがって海岸の崖から姿を現し、徐々に崖と立岩の間隔が広がってくる。その間隔で沖に出た距離がわかるが、さらに遠い新潟の山々と立岩を山アワセし、金峰山との山アワセの二本の直線の交点によって自分の船の位置を測る。これは一種の三角測量である。

最近、人工衛星による天気予報やＧＰＳなどの科学技術が発達し、若い漁師は、あまり山を見なくなってしまったが、ベテラン漁師たちは、いまも海上から山を見る。月山のフキは気象庁の天気予報ではわからない急なシケを教えてくれるし、山アワセしないと海底の岩場の形はわからないという。ただＧＰＳで測れば位置を知ることはできるが、山アワセをして潮の流れを読み、網を岩場の縁をひいてこなければならない。漁師たちは、山を見ることで海底の地形を視ているのである。

山アワセにより、具体的に海の漁場を示した精密な地図が、由良の漁師によって作られている。「豊浦村漁場海底詳細図」と題された大型の漁場地図で、由良の漁師・伊藤吉蔵氏らが大正三年（一九一四）から八年までかかり、実際に操業しながら、山アワセをして水深を調べて製作したものである。まるで海軍の作戦地図のような正確さで水深が克明に書きこまれている。実際に昭和二十三年（一九四八）に国の水路部が海図測量に来た時、この「詳細図」を見せたら、近代測量術の結果とほとんど変らず、その正確さに技官たちが驚いていたという。

上部に月山、右に湯殿山、左に月山二合目の大満を描き、月山の下に金峰山、右の峰つづきに㯃水、峰薬師、千金滝、母狩岳が描かれている。その下に海岸近くの山アワセの目じるしとして、高楯、岩倉、ヒンジ坂、フクモリ、サンキョウ……など。地図にも載っていない地名が、庄内浜に五九、新潟の山に八も、びっしりと書きこまれているのである。

興味深いことは、羽黒修験にとって特別な聖地の八乙女洞窟が山アワセで重要なポイントとなっていることだ。ここは羽黒修験の開祖・能除太子が舟で流れ着き、八人の乙女から教えられて羽黒山をめざしたと伝える地である。八乙女洞窟がある奇岩がつらなる岩肌全体を葉山というが、葉山だけで真鉄甲、鳴岩、堀切、笹森、葉山と、五か所の山アワセの地名がかかれており、ここが海上からの目じるしとして、重視されていることを示している。

そもそも本来の八乙女洞窟は、もっと北寄りの屏風岩の近くにあり、権現岩といった。明治二十七（一八九四）年の大地震で入口が陥没してから、現在の洞窟を八乙女洞窟とするようになった。本来の八乙女洞窟の上に、鳴岩とよぶ貝のように真中が断裂した岩があり、風の具合で地鳴りのような神秘的な音を出すという。この音は海上からも聞こえ、むかしから「鳴岩が鳴ったら明日はシケになる」という言い伝えがある。この鳴岩と旧八乙女洞窟の権現岩がセットになって聖地になっていたと考えられる。

さらに八乙女洞窟がある葉山の沖、三〇〇～三五〇メートルの間は、最高の漁場で、ここではタイ、ヒラメ、メバル、イシナギ……など、数えきれないほどの魚が獲れる。むかしから由良魚《ゆらざかな》といって、庄内浜でも由良の魚は美味しいので値が高いが、八乙女洞窟がある葉山沖では特に良い魚が獲れるという。ここが豊かな自然の恵みを与えてくれることと、その特異で神秘的な景観が、八乙女伝説を生み、羽黒山信仰と結びついていったのであろう。海で生きる漁民にとって生活と信仰は深く結びついていたのである[2]。

由良には、羽黒派の積善院という山伏が住み、白山島の白山高岩寺と八乙女洞窟を祭祀していた。また「羽黒山神子職之由来」には、羽黒山の秋の峰修行が七十五日、または三十日修行した時代には、最初に由良を拝んで入峰修行に入ったが、その後は羽黒山から遥拝するようになった、と記している[3]。

由良では、羽黒講、三山講、金峰講などがあり、男女が別々の講を組んでお参りに行った。三山参りの前は、番屋に籠って一週間の精進潔斎の別火修行ののち、二日間で羽黒山、月山、湯殿山を走破した。宿坊には泊まらず、少し小屋で休むだけで歩きつづける強行軍だった。三山参りをしている間、家族も精進料理で無事を祈った。

こうして海と山と神は一体となり、豊かな民俗宇宙を形づくっていたのである。

羽黒三所権現の宇宙と出羽三山の時空

羽黒修験では、能除《のうじょ》太子という謎の人物を開祖としてあおぐ。能除太子は、崇峻《すしゅん》天皇の皇子といい、能除大師とも能除仙とも書き、弘法大師空海を縮めたような弘海の名ももつ。参拂理大臣《みふりのおとど》ともいうが、このミフリはシャーマンが神憑《かみがか》って身を振わす姿を表すと考えられている。文政六年（一八二三）に朝廷から照見大菩薩《しょうけんだいぼさつ》の徽号を受け、この頃から能除太子は蜂子皇子《はちこのおうじ》であると唱えられるようになった。[4]

こうしていくつもの名前をもつ羽黒修験の開祖は、まさに謎につつまれているが、羽黒山の開山伝承も謎と神秘に満ちている。

> 崇峻天皇の第三皇子は参拂理大臣といい、悪面限りなく、身の色黒く、人倫の類とも思えない姿で、顔の長さは一尺九寸、鼻の高さは三寸余り、目尻は髪の中に入り、口は広く裂けて耳の脇に至り、耳の長さは一尺余り、さらにその声は悪音で聞く者おどろき騒ぐほどであった。元来、無知文盲で仏法を知らなかったが、優れた道心と修行の志があり、諸国行脚の旅に出て、この山にたどり着いた。しかし山が深くて分け入ることができなかった。すると片羽八尺もある三本足の大烏が飛んできて道を教えられ、木の間を分け入ることができた。しばらくすると、烏が杉の木にとまり、片羽をたれて休み、動かなくなったので、怪しく思ってその下の木の葉をかき分けると、正身の観世音が現れた。皇子は礼拝して、ここを修行の地とした。

いっぽう隆待次郎という猟師がおり、禽獣を追って峰に登り谷に下ってゆくと、怪しい声がするので近づくと、蔦が生えかかり人に似たものがいたので、問いかけると、仏道を修する聖だった。その頃、大泉庄の国司が難病の腰痛で苦しんでいた。隆待次郎は山中の聖のことを思い出し、再び山に入り、聖のもとを訪ねた。隆待次郎の強い頼みで皇子はやむなく山を下りはじめると、不思議や病者の家が火事になり、驚いた病者が思わず走りだし、寝たきりの腰痛がうそのように治った。病者の家に着いた時には、火も消えて家も元のままであった。人々はこれこそ般若の智火にちがいないと噂しあった。喜んだ国司は本尊を安置する寺を寄進した。この霊験が朝廷に聞こえ、烏にちなんで羽黒山寂光寺の名を宣下され、また人の苦を能く除いたことから、聖に能除太子の名が与えられた。その頃、酒田の湊に浮木があり、夜毎に光を放った。能除太子は、この木で軍荼利明王と妙見菩薩を刻み、本尊の脇士にし、羽黒三所権現として伽藍に祀った……。

これは『神道大系』所収の「羽黒山縁起」の一節である。(5)

羽黒修験の開祖の能除太子（参拂理大臣）は三本足の大烏に先導されて羽黒山に分け入り、正身の観音に逢う。この三本足の大烏は、羽黒山の使者であり、太陽のシンボルである。これに対して正身の観世音は、羽黒山の神が仏の姿で現れた聖観音であり、羽黒修験の口伝では太陽である。

この聖観音が出現した地と伝えるのが羽黒山の阿久谷《あくや》である。阿久谷は、羽黒山頂から北へ分け入ったところにあり、ゆるやかな滝が流れ落ちている。阿久谷は、開祖最初の修行地として、特別な聖地とされ、ふだんは禁足地の秘所となっている。羽黒修験の秋の峰修行では、最終日に出生の儀礼をする直前に阿久谷に向って大懺悔がおこなわれ、修行が成就する。

さらに「縁起」では、能除太子に病気を治してもらった国司が、本尊を安置する寺を寄進したとあるのは、羽黒山頂の本社、現在の出羽三山神社・三神合祭殿である。現在の三神合祭殿は、文政元年（一八一八）に再建され、建坪一八七坪で、萱葺きの木造建築では日本最大といわれる。明治の神仏分離以前には、神仏混淆で出羽三山の三神と共に三尊仏が祀られていた。中尊が三山奥ノ院　湯殿山の大日如来、向って左に羽黒山の聖観音、右が月山の阿弥陀如来の三尊仏である。出羽三山の本地（仏）と垂迹（神）の関係は次のようになる。（なお羽黒山では祭神のウカノミタマを倉稲魂ではなく稲倉魂と書く）

	（本地）	（垂迹）
羽黒山	聖観音	稲倉魂命《うかのみたまのみこと》
月山	阿弥陀如来	月読命《つくよみのみこと》
湯殿山	大日如来	大山祇命《おおやまつみのみこと》・大己貴命《おおなむちのみこと》

この羽黒山頂の本社前の御手洗池《みたらしいけ》から、昭和六年の改修工事で、六〇〇〇面以上の銅鏡が出土し、そのうち出羽三山神社の一九〇面はすべて国の重要文化財に指定され、羽黒鏡とよばれている。これらは人々が祈願をこめて池中に納鏡したものだが、平安時代が九一、鎌倉時代が五六で大半をしめ、すでに平安時代には、羽黒山頂が信仰の聖地として開かれていたことを物語っている。

なお鳥にちなんでつけられたとする羽黒山寂光寺は、一つの寺院をさす名前ではなく、比叡山延暦寺や高野山金剛峰寺のように、羽黒全山の総称である。

次に「縁起」では、酒田の湊に光を放つ浮木があり、この木で軍荼利明王と妙見菩薩を彫り、本尊の脇士とし、羽黒三所権現として伽藍に祀ったとあるが、この伽藍とは、五重塔のことである。

羽黒山の五重塔は、国宝に指定されており、棟札によると、天慶年中（九三八〜九四七）に平将門が建立、その後、正和二年（一三一三）に平高時が再建し、慶長十三年（一六〇八）に最上義光が修造したと記されている。明治の神仏分離まで、羽黒山の五重塔には、羽黒三所権現が本尊として祀られていた。羽黒三所権現は、中尊を羽黒山の本地仏の聖観音、その脇士に軍荼利明王と妙見菩薩を配する三尊仏である。

五重塔は、羽黒山への登り口の随身門を入り祓川の赤い神橋を渡ってすぐにあり、もと宝塔山瀧水寺の本堂であった。祓川は、その名のとおり、ここでハライキヨメル川である。祓川を境界として、ここから先が本当の聖域となり、その最初に建つのが五重塔で、ここに羽黒三所権現が祀られていたことに注目したい。

私は、五重塔の正面に立ち、磁石で方位を確かめたところ、五重塔が羽黒三所権現の方位によって建てられていることに気づいて驚いたのである。

五重塔の正面に立つと、人間は東に向って拝むように建てられている。その東前方には羽黒山頂や阿久谷がある。羽黒修験の口伝では、中尊の聖観音は太陽、脇士の妙見菩薩は北極星、軍荼利明王は南十字星とする。ただし南十字星という名は新しく、古くは南斗六星であったと思われる。

明治の神仏分離まで五重塔に祀られていた羽黒三所権現の木像は、現在、黄金堂に移されて安置されている。その三尊の位置を見ると、中尊の聖観音の向って左が妙見菩薩、右の軍荼利明王は、明治の神仏分離の混乱で盗まれて阿弥陀如来立像に代っているが、本来は右に軍荼利明王が立っていた。すると五重塔の中には、中心に聖観音（太陽）、北に妙見菩薩（北極星）、南に軍荼利明王（南斗六星）という形で祀られていたことになる。宇宙の中心で燦然と輝く太陽を南北の極天の星が守る。五重塔の中には、宇宙根元の構造がそのままに、羽黒三所権現として安置されていたのである。

五重塔で東を拝むが、東は太陽が昇る方位である。羽黒三所権現の中尊の聖観音は、羽黒山の本地仏であり、太陽である。ここから太陽である羽黒山の頂上へと、一ノ坂、二ノ坂、三ノ坂を登る。むろん自然の地形にそって坂が作られているので、真東に一直線に進むわけではなく、山頂も真東ではないが、うねりながら東の方にある山頂へと登ってゆく。「縁起」で能除太子が三本足の大烏に導かれて山に分け入るという話は、この参道をイメージしているのかもしれない。三本足の大烏は、羽黒山の神の使いであり、太陽のシンボルである。そして太陽である羽黒山の本地仏・聖観音の鎮まる羽黒山頂へと三本足の大烏に導かれてゆく。羽黒山頂へつづく太陽の道……。

三ノ坂を登りきり、羽黒山頂に達すると本社（三神合祭殿）がある。本社には、聖観音（羽黒山）、阿弥

阿久谷

出羽三山の三尊仏　左から聖観音（羽黒山），大日（湯殿山），阿弥陀（月山）——正善院蔵

陀如来（月山）、大日如来（湯殿山）の出羽三山の三尊仏が祀られていたが、この三尊仏と出羽三山の関係について、「羽黒三山古実集覧記」に、「三関三渡《さんかんさんど》」という言葉で次のように意味づけている。羽黒山は現世の仏の観音で、娑婆安穏の加護を祈り、後生極楽往生の修行をする。その修行の効力により、娑婆の関を越え、生死の海を渡り、月山極楽弥陀の浄土へ往き、月山の阿弥陀浄土で常に妙法を聞き、その効力で苦域の関を越え渡り、寂光浄土、大日法身の地である湯殿山に入る[6]。

また他の口伝によれば、羽黒山の観音は現世の仏なので現在、月山の阿弥陀は死後の世界の仏なので過去、湯殿山の大日法身の寂光浄土で未来だとする。このように羽黒山頂の本社に祀られる三尊仏は、三山の時空を意味していたのである。

本社で拝むのは、五重塔のように東ではなく、こんどは北に向って拝む。その北前方には阿久谷がある。

羽黒山五重塔（国宝）

羽黒三所権現　左から妙見，聖観音，軍荼利（現在は阿弥陀）――正善院蔵

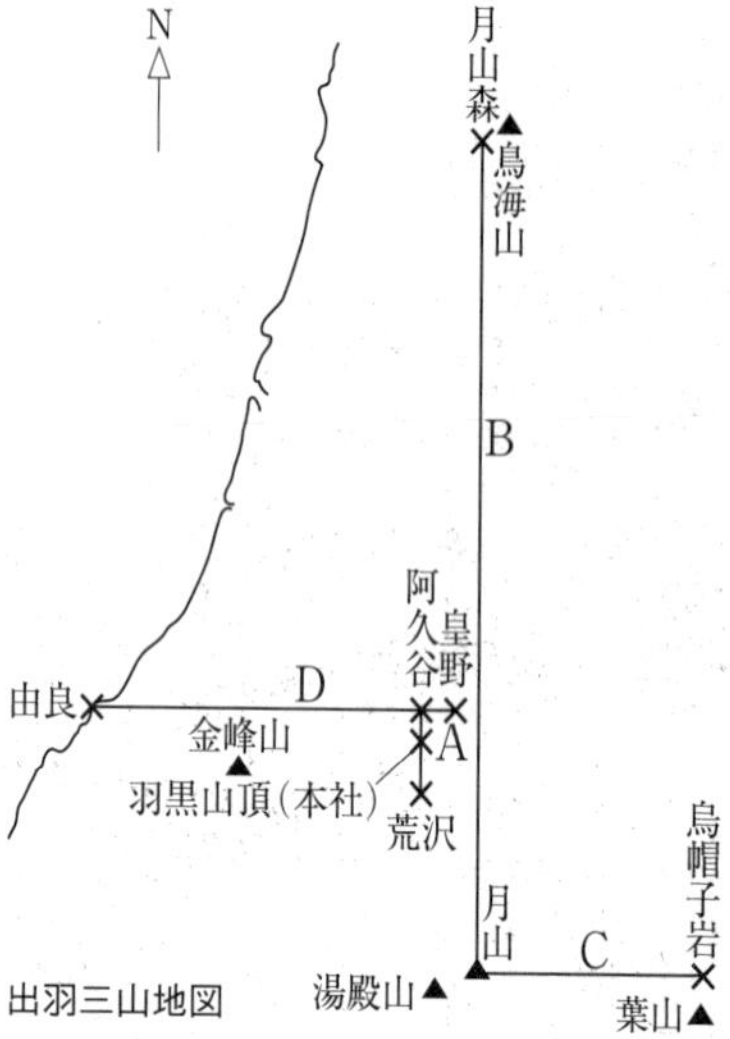

出羽三山地図

羽黒山頂で拝むのは、羽黒山の聖観音が出現した羽黒山信仰発祥の地・阿久谷である。それに対して本社の南には、羽黒山の奥ノ院とされる荒沢がある。荒沢には、明治の神仏分離まで、ここで「常火《じょうか》」とよぶ聖なる火を一世行人が守り伝えていた。このように阿久谷（羽黒信仰発祥の地）—本社（祭祀の中心）—荒沢（奥の院）と、羽黒修験の信仰的中枢をつらぬく南北軸直線A（上図参照）は、羽黒三所権現の聖線となって配されていることに気づく。

阿弥陀来迎とブロッケン現象

能除太子は、羽黒山を開いた後、月山をめざす。「羽黒山縁起」では、次のように描写している。

推古天皇の時代、太子が深山に分け入ると補陀落の如来は金色の光を放って山林を照し、十方世界を浄土とした。山顚の阿弥陀は済度苦海の教主、三身円満の覚王として現れた。能除太子が月山の頂上によじのぼると、如来が来迎して、過・現・未ともに影向《ようごう》の光に現れたが、それは鏡に物が浮かぶがごとくであった。この時、太子は四十八大願を授かった。鏡は月に似ており、ここの神は夜を司る神なので月山と名づけた……。

この「縁起」で、能除太子が月山の頂上によじのぼると、如来が来迎して、過去・現在・未来の影向の光に現れ、それは鏡に物が浮かぶがごとくであったというのは、ブロッケン現象のことである。

ブロッケン現象は、高い山の上で、朝夕の太陽光線が斜めの時、太陽側が晴れ、太陽の反対側に霧がかかる時、太陽を背にして立つと、霧の水滴がプリズムの働きをして、霧の上に丸い虹の輪が浮かび、その中に自分の影が映る。その影が御光の中に神仏が現れたように見える。

羽黒修験は、月山山頂で起るブロッケン現象を〝御来《ごらい》迎《ごう》〟とよんで特別に信仰した。それは月山の本地仏が阿弥陀如来であり、ブロッケン現象を阿弥陀如来の来迎として拝んだのである。「縁起」で、四十八大願を授かったというのも、〝弥陀の四十八願〟のことである。月山の垂迹は月読命で、夜を司る神である。羽黒修験の口伝で、月山の阿弥陀如来は夕陽とする。そのため月山では、夕陽の御来迎を特別に重視した。ちなみにブロッケン現

月山山頂の「御来迎」(ブロッケン現象)

月山山頂の巨石群　巨石群の中央から北前方に鳥海山が視える

象を御来迎とよんで信仰することは各地の霊山でもみられるが、立山では朝日で起る御来迎を重視した。それは奥宮のある雄山の本地仏が阿弥陀如来で、朝日で西の浄土山の方向にブロッケン現象が起るからである。

ブロッケン現象は、その山の地形を見れば、意外によく遭遇できるものである。高い山ならどこでも見えるわけではなく、切りたった尾根のような場所を選ばなければ見ることはできない。月山山頂では、月山本宮の裏側の尾根にある磐座《いわくら》のような巨石群の付近が最適である。

この磐座と思われる巨石群について、何か書かれていないかと探したところ、『三山雅集』に次のような一節を見つけた。(7)

暮礼山月山寺と号する所以も夜陰を司どる神社なれば三尊来迎の感応も黄昏に及びて礼拝せり本地石来迎壇といふあり………阿弥陀如来済渡苦界教主三身円満覚王也云々………かかる深山幽谷にもこの利益を施し理即但忘の頂に究意円満の来迎を

現し給えり………

暮礼山月山寺とは、月山山頂の御室、現在の月山本宮のことである。弥陀三尊の来迎を黄昏に礼拝するという「本地石来迎壇」は、あの巨石群にちがいないと思う。本地石来迎壇とは、月山の本地仏である阿弥陀如来が来迎する祭壇という意味である。地形的にも、ここが月山山頂で、もっともブロッケン現象の「御来迎」が見られる場所であり、大自然を神として拝む羽黒修験の思想をみることができる。月山山頂の巨石群について、大和久震平は、次のように指摘している。(8)

三角点のやや北の稜線沿いに、巨岩が重畳している。そう狭い場所ではなく、稜線を横断する形に分布し、斜面の下方に向って湾曲する列もある。現状はこのようであるが、岩石は社殿の構築に際して移されたものがあると考えてよく、岩群の旧景はもっと大規模であったように思う。巨石群は密生した高山植物に囲まれて地層がほとんどみえず、岩の周囲を探索したが、遺物は発見できなかった。しかし山頂遺跡があるとすればもっとも有力な候補地で、精査の必要な場所である。月山の歴史の古さからみて、遺物の検出される可能性は高いように思われる。

巨石群があるのは三角点の北ではなく南だが、おそらく、私が注目する巨石群のことと思われる。現在この巨石群は、修験道の研究者や出羽三山神社の関係者にも、まったく無視された存在となっている。夏の登山シーズンには、ここは絶好の休息場となり、登山客は巨石の上で弁当を食べたり、寝そべったりしている。夜、月明りでこの巨石群をはじめて見た時の感動は忘れられない。まるで太古の神々のように重量感のある神秘的な美しさで巨石群が鎮まっていた。

私はこの巨石群こそ、月山の神が降臨し影向する「本地石来迎壇」であり、月山信仰の原点であったと思う。本来、月山本宮（御室）は、地形的にみて、この磐座を拝むための拝殿だったのではなかったかと考えている。

この巨石群では、東西軸にブロッケン現象の御来迎が現れるが、さらに私がこの巨石群に注目するのは、月山本宮の社殿が、ほぼ北前方、この巨石群を拝む向きに建つこと、さらに巨石群の前に立つと、巨石と巨石の中心から北前方に鳥海山《ちょうかいさん》が直視できることだ。早朝、しらじらと夜が明けると共に、巨石と巨石の間から、真北に鳥海山が徐々に浮かびあがってきた時に受けた衝撃は忘れられない。巨石群はまるで、鳥海山を拝むための神々の祭場のようだ。あまりにも神秘な自然の造形の妙に、私は天地創造の世界を見るようで圧倒され、いつまでも立ちつくしていた。

この巨石群は、月山の神が影向する磐座であると共に、鳥海山を拝む磐座だったのではなかろうか。なぜなら鳥海山と月山は、古代からセットで信仰されてきたからだ。『三代実録』の貞観六年（八六四）の条に、月山神が正四位上勲六等から従三位に、鳥海山の大物忌神《おおものいみ》が正四位下勲五等から正四位上に叙勲されており、また出羽国府に近かった吹浦の神宮寺（大物忌神社）には両神がセットで両所宮として祀られていた。鳥海修験は羽黒修験に支配された時期もあり、鳥海山と月山は信仰的に密接なつながりがあったのである。

北の鳥海山と東の葉山

いま、前掲の「出羽三山地図」に月山山頂の月山本宮から真北に直線Bをひくと、驚くべきことに鳥海山の「月山森」という地名につきあたるのである。鳥海山と月山は六〇キロも離れている。それにもかかわらず、鳥海山のなかで、月山の真北にあたる鳥海山の中に月山森の名をつけたのは、鳥海山と月山の間に信仰的な呼応関係があったことを物語っている。

そもそも南北線（子午線）は、羽黒修験にとって羽黒三所権現に重なる聖線である。羽黒修験が祭祀する羽黒山頂の本社（三神合祭殿）も月山山頂の御室（月山本宮）も北を向いて拝むように建てられている。北の空には、羽黒三所権現の妙見菩薩の北極星が満天の星を従えて不動の姿で輝いている。

北を神聖視する思想は密教や道教でもみられ、『北斗七星延命経』に「貴賤大小の生命、みな北斗七星の所管に属す」というように、北斗七星は人間の生命をコントロールする神秘的な力があるとされ、本《ほん》命《みょう》星《しょう》の信仰を生んだ。これは、北斗七星の七つの星のうちの一つを生れ年によって本命星と定め、本命星を妖星が侵犯すれば凶事が起るので、自分の本命星を供養した。また本命星の裏星として元辰星の供養もおこなわれた。本命星の信仰は、特に平安時代の貴族に流行した。(9) 本命星として、一般の人が北斗七星を拝んだの対して、北の空に不動のまま輝く北極星は、天皇の生命を守る星として神聖視された。(10)

このように北は人間の生命を司る神秘的な空間と考えられていた。民間でも死者が北枕で横たえられることは広くみられる。羽黒修験が祭祀した羽黒山頂の本社（三神合祭殿）や月山山頂の御室（月山本宮）に北を聖視する思想がみられるが、これは恐山、早池峰山、日光二荒山、立山、英彦山など、他の多くの修験道の霊山にもみられるのである。(11)

さて月山山頂と鳥海山の関係にふれたが、同じことが葉山との間にもある。月山山頂から東をみると、葉山のなだらかで美しい山並がある。葉山は羽黒修験が支配した時代があり、羽黒山、月山、葉山を出羽三山として湯殿山を奥ノ院とする時代があった。

葉山は薬師如来を本地仏とするが、薬師如来は東方の瑠璃光浄土の仏である。月山の山頂から東方に、特に日の出とともに雲海の中から浮かびあがってくる葉山は、赤から金色に変化する陽光のなかに、文字どおり東方薬師瑠璃光如来の姿を眼前にみるような荘厳な美しさをみせる。

いま、地図上に月山山頂から真東に直線Cをひくと、葉山の「烏帽子岩」につきあたる。烏帽子岩は葉山の奥ノ院とされるところで、ここが葉山の奥ノ院とされたのは、春分、秋分の日に、月山山頂からみると、ここから太陽が昇る、あるいは反対にここから真西を見ると月山山頂に太陽が沈むという太陽信仰からきているのではなかろうか。羽黒修験には、阿弥陀如来は夕方の太陽、薬師如来は朝の太陽という口伝がある。葉山の奥ノ院と月山山頂を結ぶ直線は、まさに朝日の薬師と夕陽の阿弥陀如来の関係となっている。

月山から鳥海山は六〇キロ、葉山へは一五キロも離れている。それにもかかわらず鳥海山の月山森や葉山の烏帽子岩には、月山と信仰的に深い結びつきを示している。自然に対する修験道の雄大な身体感覚には圧倒される。

こうして修験道の霊山には、〝視える自然〟の背後に〝視えない自然〟が隠されている。大自然の中に聖地を選び、神仏を配し、縁起や教義で意味づけされ、〝自然の思想化〟がおこなわれているのである。

由良の八乙女洞窟と太陽の烏

これまで神道大系本の「羽黒山縁起」をもとに話を進めてきたが、この縁起では、地元で広く知られる

由良の八乙女洞窟

「由良の八乙女」伝説がでてこないのである。

由良の八乙女伝説とは、能除太子（蜂子皇子）は崇峻天皇の皇子だったが、容貌魁偉だったので、皇位につくことができず、修行の旅に出て、舟で由良の浜に着く。皇子は、ここの八乙女洞窟で八人の乙女に舞で迎えられ、羽黒山の神秘を教えられる。羽黒山をめざした皇子は、三本足の烏に導かれて山を開く……、という内容である。

由良は鶴岡市郊外にある漁村で、海水浴場もあり、観光シーズンには、由良から八乙女洞窟へ遊覧船が出ており、波が静かな時は、八乙女洞窟の中へ船で入ってくれる。洞窟は、切りたつような奇岩絶壁の下にあり、いかにもいわくありげな景観をしている。むかしから八乙女洞窟は羽黒山頂の本社の地下に通じているとか、本社が火事の時は八乙女洞窟から煙がふき出たといった話が語られている。『三山雅集』には、羽黒権現がここから瑞光を発して山頂に移った、海中には石の鳥居があり、水無月（六月）から文月（七月）にかけて、星さわやかな夜には、この沖から龍灯が現れて半天に昇り、海上に落ちて光消す……という神秘的な話が載っている。

「羽黒山縁起」は、永治元年（一一四一）に山城法印永忠が書いたものを、寛永二十一年（一六四四）に天宥が筆写した、と記されているが、このほか「拾塊集」や「羽黒山睡中問答幷縁起《はぐろさんすいちゅうもんどうならびにえんぎ》」などの中世の縁起[12]にも、由良の八乙女の伝承はでてこない。ところが江戸時代に書かれた「羽黒山神子職之由来」（享保十年・一七二五）には、次のような話が載る[13]。

崇峻天皇の第三皇子の参拂理大臣《みふりのおとど》（蜂子皇子）は、世間を厭う志があり、厩戸太子（聖徳太子）と相談して柴垣宮を出た。越後路を下り、石動山、国上寺を開いて諸国を巡り、舟で海上を渡り、由良ノ浦に着いた。すると美しい女童八人が海の物をもって岩室にいるのを見かけたので、問いかけると皆逃げたが、一人の女童が、「ここは伯禽島姫《しなどりしま》の宮室で、この国の大神の海幸の浜である。これより東の方にこの大神の鎮座する山がある」と教えてくれた。大臣が教えられたとおりに東の方へ進み、道に迷ったところ、二羽の山鳥が飛んできて導き、ついに大神の山に至ることができた。これにより先の浜を八乙女之浦と号し、山は羽黒山と名づけられた……。

このほか、「羽黒山修験広法灌頂伝持血脈」（天保七年・一八三六）にも、次のような話が載る[14]。

能除聖者は、勅号で照見大菩薩、崇峻天皇の御子で蜂子皇子という。聖徳太子にすすめられて薙髪し弘海と名のった。諸国修行の旅に出て、由良の浜辺に来た時、はるか東方に五雲がたなびき、一羽の鳥が来て導き、この山に登ることができた……。

これら二つの江戸時代の開山縁起に共通するのは、開祖がめざす羽黒山が由良の「東」にあること、東の羽黒山へ「烏」が導くことが強調されていることである。

いま、これらの開山縁起どおりに、前掲の「出羽三山地図」に由良から東に直線Dをひいてみると、阿久谷付近につきあたる。由良の八乙女洞窟は羽黒山頂に通じているとか、羽黒権現がここから瑞光を発して羽黒山頂に移った……などの伝承があるが、開山縁起では、その伝承を絵に描いたように、「羽黒山縁起」では、由良の東の阿久谷で、羽黒権現が聖観音の姿で出現しているのである。その聖観音は太陽、能除太子をここへ導く烏も太陽である。そして由良と阿久谷を結ぶ直線は、春分、秋分の日の出と日没を結ぶ太陽の線である。さらに、この由良と阿久谷を結ぶ東西線の延長上に鉢子という地名が重なる。

この鉢子村の西寄りの羽黒山麓に、能除太子が百二十五歳で昇天したという皇野《すべの》がある。皇野には、むかし太皇山満能寺の三百坊の堂宇が建ち並んでいたという伝承があり、その跡地を元羽黒といい、ここに能除太子の墓と称する開山塚がある。

こうして由良―阿久谷―鉢子には、開祖の漂着―羽黒山の開創―開祖の昇天、と開祖の生涯が東西線で描かれているが、あるいは能除太子は崇峻天皇の皇子であり、蜂子皇子として、日嗣《ひつぎ》の御子《みこ》として、太陽のイメージが重ねられているのかもしれない。

由良の浜や八乙女の話が羽黒修験の開山縁起にとり入れられるのは、近世になってからのようだが、由良の近くの荒倉山は「西の羽黒」とよばれ、出羽三山の「東の羽黒」に対峙する修験の山だったが、東の羽黒に滅ぼされたという伝承がある。

荒倉山は、『筆濃《ふでの》餘理《あまり》』によれば、中世には荒倉山大権現といい、山内に灌頂寺と三十三坊あり、別当は大浦城主・武藤氏の配下の安倍氏がつとめていたが、安倍氏は天正十六年（一五八八）の十五里ケ原の戦に加わって敗れた。さらに天正十八年の検地反対一揆に荒倉一山も荷担した。一揆勢力は尾浦の根城に攻めよせたが、越後上杉勢に攻められて敗れた。荒倉山別当の安倍氏は佐渡へ落ち、神領は没収され、山内の寺院、宿坊もすべて破却されて荒倉一山は滅亡したという(15)。

同書では、この時、離散した修験のうちで羽黒山に落ちのびた者が荒倉山の秘事や旧記を持ち伝え、八乙女の縁起も羽黒山の縁起にとり入れられたと記しているが、宮家準は、由良と羽黒山には古くから信仰的な結びつきがあったことを指摘している(16)。

由良では、かつて六月十五日の羽黒山の花祭の日に、八乙女洞窟のなかの花表岩で出羽三山を拝すると、山上の御手洗地まで神の通い路が通じているので、願い事がかなうと信じられていた。いまでも由良の女性たちは、八朔の日に豊漁を願って、羽黒山に参詣する風習があり〝蜂子参り〟とよんでいる。

宮家によると、このように由良には、羽黒山と結びつく古くからの信仰がみられるが、これは古代以来、不凍港として知られた由良の港を利用した船乗りなどの海の民が、荒倉山から羽黒山、月山の山稜をめじるしとしたことから起ったのではないか。そして海の民たちの間の羽黒山信仰が高まり、彼らが羽黒山信仰の主要な担い手であったところから、羽黒山の方で海の民の伝承をとり入れ、開山の八乙女浦上陸の神話をその縁起のなかにとり入れていったのではないか、と指摘している。

採灯祭・祖霊たちの華麗な炎の野外劇

八月十三日の夕方、月山山頂のあの磐座《いわくら》と思われる巨石群を前にして、採灯祭がおこなわれる。出羽三山神社の月山奉行が祝詞《のりと》を読みあげるなかに、月山本宮裏の採灯場に積まれた護摩木《ごまぎ》に火がつけられ、や

採灯祭

がて天高く炎が燃えあがってゆく。

採灯の護摩木は、霊祭標という神道式の卒塔婆《そとば》で死者の名前が書いてある。八月十三日は旧盆の入り。つまり採灯祭は、里の人にとっては祖霊の〝迎え火〟だが、山頂にいる人からみれば、祖霊を里に下ろす〝送り火〟になる。

現在は山頂と八合目の参籠所前で採灯が焚かれるだけだが、かつては月山山頂の西斜面に採灯場があり、ここで採灯護摩を焚くと、山頂から下まで、十三の王子社《おうじしゃ》とよばれる小屋の前で、採灯の火が次々と点火されていった。そして最後の十三番目の採灯の火があがると、村人たちは家々の庭で門火を焚き、その火を仏壇の灯明にうつしたものという。

採灯祭は、月山から祖霊が下りてくる様子を、雄大な山岳空間そのものを舞台にして、炎で演出した修験道の華麗な野外劇だったのである。

この時、採灯を焚いた十三王子社の十三という数は、十三仏と意味づけられていた。十三仏とは、人が死ぬと、それぞれの忌日の本尊とする十三の仏である。初七日の不動明王にはじまり、以下七の倍数で、二七日（十四日）の釈迦、三七日の文殊《もんじゅ》、四七日の普賢《ふげん》、五七日の地蔵、六七日の弥勒、七七日の薬師、そして百ケ日の観音、一周忌の勢至《せいし》、三周忌の阿弥陀、七周忌の阿閦《あしゅく》、十三周忌の大日《だいにち》、三十三周忌の虚空蔵《こくぞう》である。

こうして十三仏の忌日供養によって、死者は三十三年目の弔上《とむらいあ》げを経て、個人の霊から祖霊へ、仏から神へと昇華する。月山の山腹に点々と明滅する十三の採灯の炎は、月山が死者の霊を浄化し、祖霊が集まる山中他界であることを、幻想的な美しさで浮かびあがらせたのである。

採灯祭は単に独立してあった祭ではなかった。明治の神仏分離までは、旧暦四月三日の月山御戸開きから、結願《けちがん》の七月十三日の採灯まで執行代《しゅうぎょうだい》という二人の山伏が荒沢と月山山頂に参籠し、採灯が終ると、翌十四日に執行代が湯殿山に駈け入り、八月八日の御戸閉めにいたる「夏峰《なつのみね》」の一連の修行の一つだった。(17)

四月三日の月山御戸開きは、羽黒山の荒沢地蔵堂の月山権現に対して、別当、執行代、十三人の月山王子の者らが法会をおこなった。この日、手向《とうげ》の村人から選ばれた行人が残雪をふみしめて月山と湯殿山に登った。現在も「春山」の名で五月三日におこなわれている。

四月八日、羽黒山頂の本社（三神合祀殿）で夏峰開闢の法会があり、この日から七月十四日まで、毎朝、羽黒山の本社の神前に九十六の花器に花を盛り、閼迦井《あかい》の水を汲んで供えた。このため夏峰は、一名〝花《はな》供《く》ノ峰《みね》〟とよばれた。

六月に入ると、執行代が十三人の月山王子の者らをつれて月山山頂に登り、御室（月山本宮）で遷宮式をおこなった。これが現在、新暦七月一日の月山山開きに相当する。以後、全国から白衣の道者たちが山麓修験に先達されて続々と登ってくる夏の登拝シーズンを迎える。この夏峰期間中で、最大の儀礼が六月十五日の花祭と七月十三日の採灯であった。現在、新暦の一か月おくれで、花祭は七月十五日、採灯祭は八月十三日にそれぞれおこなわれている。

花祭は、羽黒山頂の本社で、三基の神輿に羽黒山・月山・湯殿山の出羽三山の神霊を遷し、御手洗池《みたらしいけ》の周囲をまわり、再び本社に入る祭だ。三基の神輿には、それぞれ万灯が先導する。この万灯の造花を人々が家内安全のお守りとしてうばいあうところから、花祭の名でよばれている。花祭で出羽三山の神輿が御手洗池の周囲をまわるのは、各地の神社の祭礼と同じく、神霊を若々しく再生させる儀礼である。花祭がおこなわれるのは昼間だが、この夜は満月であることは実に興味深い。

採灯祭でも七月十三日、十三夜の月のもとで下界に下りた祖霊たちは、十五夜の満月の光に吸いよせられるように月山山頂に帰り、より高い祖霊へと再生したのである。

松例祭・松聖と玉川寺の鬼

羽黒山には、明治の神仏分離まで、〝四季の峰〟といって、春峰・夏峰・秋峰・冬峰の年四回の峰入《みねいり》がおこなわれた。これら四季の峰について、春峰は順峰、秋峰は逆峰。それに対して夏峰と冬峰は、共に順逆にとらわれない不二峰とする。夏峰は四月三日から七月十三日まで百日間、執行代が羽黒山荒沢や月山に籠り、結願に採灯を修する。冬峰は松聖《まつのひじり》が九月二十日から百日間籠り、大晦日に松例祭《しょうれいさい》をする。「夏峰」と「冬峰」は代表の山伏が百日間の参籠修行で得た呪力を示すという点で対応する。

冬峰で百日間の参籠をするのは、位上《いじょう》・先途《せんど》の二人の松聖とよばれる山伏で、その結願が松例祭である。松例祭は、位上と先途の両松聖側に分かれた村の若者や山伏がおこなう儀礼で勝敗を競い、位上が勝てば豊

鳥とびの神事

松聖

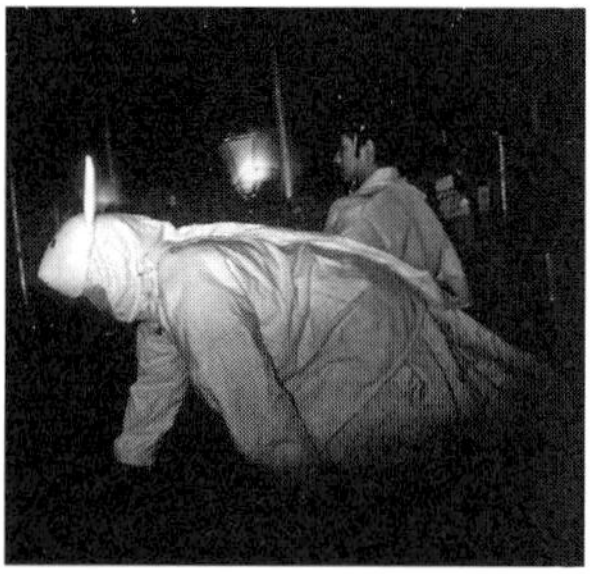

兎の神事

大松明ひき

大松明

輿屋聖

所司前の大先達

松打

アホウ

羽黒山松例祭

国分けの神事

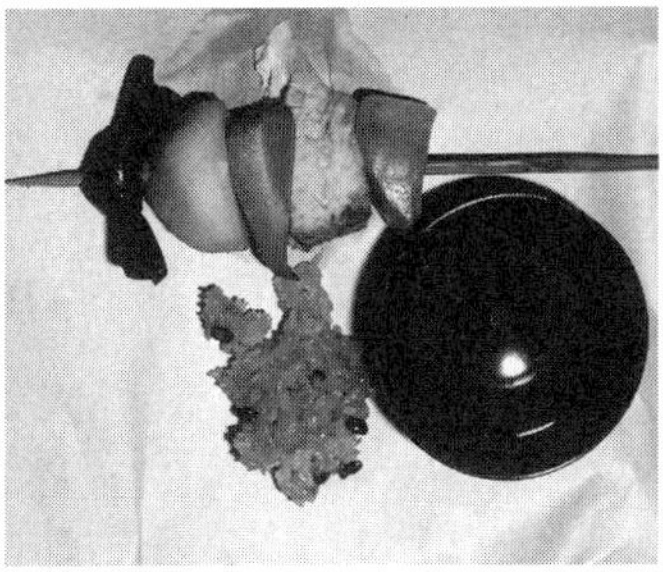

サシグシ

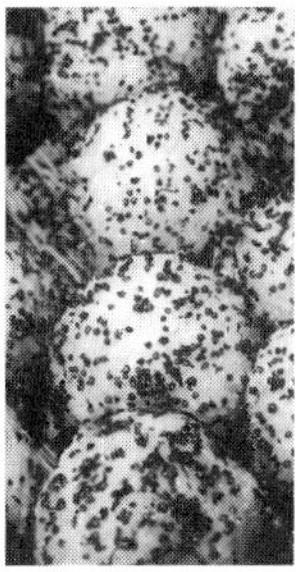

黒いニギリメシ

作、先途が勝てば豊漁と占うのである。

松例祭について、『拾塊集《しゅうかいしゅう》』に次のような由来が記されている。(18)

> 慶雲年間（七〇四～七〇八）の歳の暮、陸奥《むつ》国と出羽《でわ》国に、麤乱鬼《そらんき》という悪鬼が出現した。麤乱鬼は、身の丈が八丈余もあり、一頭三面六臂で、無数の異類、醜形の眷属《けんぞく》をひきつれ、黒雲のなかから降り下り、高い山々に充満し、鳥海山や岩鷲山（岩手山）などの頂上から悪臭をふきかけ、毒気、疾雨、疾病をはやらせ、多くの人々の命をうばった。そこで羽黒山本社の神前に五穀をはじめ多くの供物をあげて祈った。すると羽黒権現の十三王子の一神である遠賀《おが》の王子が、山本郡の郡司である乙部希古の七歳の娘に神憑り、神前の大前に十二人の験者をおいて十二か月に比し、加持をすると共に、鬼の形をかたどった大松明を作って焚きつくせ、と託宣した。そのようにすると、悪鬼たちは北海の小島に飛んで退散した。それが飛島である。また鳥海山の小物忌《おものいみ》神が射倒した小鬼の頭が陸奥国栗原郡に落ち、いまの鬼頭《おにこうべ》（首）という地名になった。また麤乱鬼を呪縛したところが月山一合目の大天縛《だいてんばく》で、悪鬼を射る弓矢を神々が作った場所が羽黒山の皇納原《すべのかわら》であるという……。

この縁起どおり、松例祭は麤乱鬼を象徴する大松明を中心に展開するが、すでに大晦日に先だつこと百日前から冬峰がはじまる。

九月二十日、両松聖は、開山能除太子の掛軸をかけ、「興屋聖《こうやのひじり》」を本尊として祭壇を作る。興屋聖は藁小屋形の容器に五穀を入れた曲物《まげもの》を入れたもので、両松聖は百日間、この興屋聖を祈りつづけるのである。以下、戸川安章が紹介する江戸時代の冬峰(19)を参考にしながら、松例祭を新しい視点から解読したい。

さて参籠初日の九月二十日、両松聖は山麓の手向《とうげ》にある黄金堂《こがねどう》と下居堂《おりいどう》を拝み、翌二十一日、羽黒山頂の本社と開山堂を拝む。

参籠初日に拝む山麓の黄金堂は、羽黒山頂の本社を大金堂というのに対して小金堂といい、羽黒山の本地仏・聖観音を中尊として三十三観音が安置されている。現在、〝秋峰〟で入峰修行の最初に、黄金堂で梵天《ぼんてん》投じという儀礼がおこなわれるが、江戸時代には下居堂でおこなわれた。下居堂は、イザナギ・イザナミの二神が天から「降り居たもう」地とされ、下居堂はイザナミに、投ずる梵天はイザナギに、見たてられていた。〝梵天投じ〟は、入峰修行に先だち、新しい生命を得て再生する重要な儀礼である。また参籠二日目に拝む羽黒山頂の本社は羽黒山・月山・湯殿山の出羽三山の神霊を祀る羽黒修験の信仰の中心であり、開山堂は現在の峰子神社で、羽黒修験の開山・能除太子（蜂子皇子）を祀っている。

いずれも参籠初日と翌日に松聖が拝むのは、羽黒山の山麓と山頂にある信仰中枢の堂宇である。ところが翌二十二日、松聖は玉川寺《ぎょくせんじ》に参詣するが、『羽黒山松聖舊事記并ニ改制帳写』に、「玉泉(川)寺江鬼を追入直ニ本尊観音を拝ス……」と、興味深いことが記されている[20]。松聖が玉川寺へ行き、鬼を追い出すのではなく、

三宝荒神（正善院蔵）

	表	裏
堂宇	羽黒本社	玉川寺
仏	聖観音	三宝荒神（三面六臂）
神	稲倉魂命	麤乱鬼（三面六臂）

第１表　羽黒山の表裏二重構造

鬼を追い入れてから本尊の観音を拝むというのだ。この玉川寺に追い入れた鬼は何を意味するのか。

玉川寺は羽黒山奥ノ院の荒沢聖之院の末寺だったといい、明治の末に火災で焼失するまで開山像を伝えていた。また後述する松例祭の験競べで、勝った松打の火打がねと火打石は羽黒本社に渡され、神事に使う火を切りだすのに用い、負けた松聖の火打がねと火打石は玉川寺に渡され、村人が死ぬと葬式の後に新しい清浄な火を切り出すのに使われた。いわば羽黒山の本社と玉川寺は、表と裏、光と闇といった関係になっている。

そもそも出羽三山では、羽黒山でも湯殿山でも、「御裏に三宝荒神《さんぽうこうじん》」といって、本尊の裏に三宝荒神を立てて守護した。三宝荒神は、色は青黒く、三面三眼六臂の憤怒相で、仏法不帰の者を罰する、という強力な仏教の守護神である。この三宝荒神の三面六臂の姿は、『拾塊集』の麤乱鬼と同じだ。

三宝荒神が仏教の守護神とすれば、麤乱鬼や玉川寺の鬼は、古くからの土地に棲む地主神《じしゅしん》としての守護神である。ここに羽黒本社と玉川寺、羽黒山本地仏の聖観音と三宝荒神、垂迹の稲倉魂命《うかのみたま》と麤乱鬼という表と裏の二重構造が浮かびあがってくる（表1）。

日本各地の修験道の霊山には、役行者《えんのぎょうじゃ》が鬼神を呪縛し、前鬼、後鬼を使役したという伝承のように、開山が鬼を退治し、鬼はその山の守護神になったという伝説が多い。これは修験道によって、その霊山が組織化されてゆく過程で、中央から新しく入ってきた神仏に、地主神が主座をうばわれて鬼とされ、その守護神とされていったことを物語る。

羽黒山にも、鬼名沢（木ノ沢）という所に麻石（魔）という鬼を能除太子が封じこめたという伝説がある。[21] むかし、ここの村人は「鬼徒」とよばれ、羽黒山の神前に犠牲《いけにえ》を奉る儀式で庖丁の役を勤めたという。この儀式は、十月二十日に阿闍梨《あじゃり》講式が終ってから、饗応の席でおこなわれた。鬼徒は、頭にサンバヤシをいただき、人参の角をつけ、麻糸をざんばら髪にし、篠掛、括り袴、荒縄の襷を十文字にかけ、右手に庖丁、左手に俎をさげて、草鞋ばきで、物凄い勢いでおどり出てくる。そして犠牲と称する二丁の豆腐を手荒く切り、これを庖丁にのせ、立ったままで客につき出した。(22)

麤乱鬼も、本来はこうした鬼徒や麻石のような素朴な出羽三山の地主神であり、羽黒修験にとって始源の神であった。それが『拾塊集』では、岩鷲山（岩手県）、鳥海山（秋田・山形県）、羽黒山（山形県）、鬼首（宮城県）と、舞台も東北一帯に広がり、巨大な悪鬼となっている。これは羽黒修験の勢力圏が広がると共に、麤乱鬼が、羽黒山の地主神から、陸奥と出羽国にまたがる東北の地主神へと拡大したためであろう。これら麤乱鬼などの荒ぶる鬼のイメージは、出羽三山の厳しい自然を象徴しているからにほかならない。玉川寺の鬼も同じ地主神なのである。

福岡県の求菩提山では、平安末期から明治三年まで千日行が続けられたが、新入りの千日行者は、十二月二十九日に入行すると、正月八日の鬼会で、深夜、先輩の千日行者に伴われて内陣に入り、〝深秘の筥〟の封を切って鬼の霊を拝した。(23)この鬼は開山・猛覚魔卜仙が退治した山霊と伝える。これから続けられる千日行に耐えるために、地主神の鬼を新入り行者に憑けたと推定される。

羽黒山の松聖が百日間の参籠修行に入るとすぐ、玉川寺の鬼を拝するのは、これから始まる長い苦行を、地主神の強い呪力で守ってもらうためと考えられる。

大晦日の午後二時、松例祭は、麤乱鬼である大松明を切り刻む〝綱まき〟からはじまる。大松明は、三把を一束とした刈草千三百三十三束を積み重ね、まわりを背綱とよぶ太綱十三尋を中軸とし、七尋の節綱七本で結び、次に十七尋の太綱で胴体の周囲をからげ、中縄で編んだ網を上からかける。この大松明を位上と先途の両松聖用に二つ作る。長さ約一〇メートル、高さ約四メートルで後方が細くなった四角錐形をしている。

〝綱まき〟は、この大松明を縛った大綱を二尺ほどの長さでずたずたに切り、両松聖が大松明の上から、この綱をつめかけた人々に投げるのである。この綱は戸口にかけておくと火防や家の守りになるといい、人々がうばいあう。

この大松明は、ツツガ虫を形どったものとされている。しかし羽黒修験の古老・原田長吉さんから生前聞いた話では、もともと大松明は鬼といわれていたが、明治になって文明開化の世の中に鬼では古くさいので、ツツガ虫だと言うようになったという。たしかに江戸時代の記録に大松明がツツガ虫と書かれたものはみつからない。そもそも東北ではツツガ虫という呼び方は新しく、毛ダニと言っていた。

大松明を作ることを〝大松明まるき〟という。現在は十二月三十日に作るが、江戸時代には十二月二十八日の朝に作った。『羽黒山年中行事』に、「マルキ終、両方ヨリニキリ飯ニ而打合。又、酒ニテカケ合也。国土豊饒ノ祝事、又ハ大晦日引明松・松打勝負ノ吉凶也[24]」と、〝大松明まるき〟が終ると、ニギリメシと酒をかけあうと、興味深いことが書かれている。この時、両松聖が投げるニギリメシの数は三十三個ずつで、古くは本社の拝殿で〝大松明まるき〟をしたので、かけあった濁酒と飯で拝殿の中はどろどろによごれたという。

この奇妙な儀礼について、鈴木正崇は、神聖な場所で酒をかけあいニギリメシを投げあうのは、一種の神聖冒瀆ないしは聖犯で、秩序ある世界を一旦混沌の状況、原初の始源にもどし、そこで再び新たな創造をなしとげようとしているのではないか、またニギリメシの両聖三十三個ずつという数も、日本六十六ケ国を表し、日本全土に見たてられた本殿が、神話のオノコロ島のようなカオスの状態におかれたことを示すのではないかと指摘している[25]。

つまり松例祭は、〝大松明まるき〟と〝綱まき〟により、宇宙の破壊と麁乱鬼の斬殺からはじまるのである。

黒米・日本稲作史の始源

大晦日の松例祭は、〝綱まき〟が終ると、両松聖は補屋《しつらえや》に移り、夕方から重要な儀礼が次々とおこなわれるが、この日、補屋では、一般の参会者にニギリメシがふんだんにふるまわれる。このニギリメシの形はまん丸で、表面はトンブリ（箒草の実）で黒い色をしている。トンブリをまぶすのは、かつて羽黒山では神田で黒米を栽培しており、その黒米時代を再現しているのである。

松例祭の箒草の実のニギリメシについて、大正九年（一九二〇）に松聖を勤めた成田双林が書いた『松例祭勤行諸事控帳』に「ホーキノ実よごし飯ムスビニ付用ナリ」と記されている(26)。黒米の代りにトンブリを用いるようになったのは、明治の神仏分離以後というが、少なくとも大正時代には、現在のようにトンブリが用いられていたことがわかる。なお「よごし飯」が、〝大松明まるき〟で投げあうニギリメシとすれば、その神事的な意味は大きい。

『阿闍梨講式目』に、十月二十一日、阿闍梨五人の「獻上之品々(27)」として、「黒米　貳斗五升、青銅　百八拾文、御樽壹雙但、壹升、豆腐　拾挺、五獻臺　但、五品入念」と記されている。これは鬼徒の犠牲の儀式がおこなわれた阿闍梨講式の翌日、新阿闍梨は別当の御目見が許され、その時の別当への献上品である。この黒米は、新阿闍梨誕生の儀礼として定められた献上品であり、神田で栽培された黒米と思われる。

『羽黒山松聖舊事記并改制帳写』にも、「宇治勘助宿払之覚」として、「白米五斗壹俵　松聖分、黒米一

日四升賄　小聖分、同米一日貳升賄　袋持、右之通、片松ゟ払レ之、以上」[28]とみえる。主役の松聖には白米なのに対して、補佐役の小聖や人夫には安価な黒米を支払って区別しているのは興味深い。この黒米は松例祭のニギリメシ用ではないが、羽黒修験の信者圏で江戸末期になっても黒米を栽培していたことを示しているのである。

菊池勇夫によると、青森県の津軽地方の江戸時代の記録に、「赤米」「黒米」、あるいは「赤もろ」「黒もろ」「青もろ」の名がみえ、「もろ」は「諸」や「室」の字もあてられている。津軽で栽培されていた「もろ」という品種は、短粒のジャポニカで、低温発芽性が高く、特に早熟で耐冷性があり、寒冷地に適した稲であったという。

津軽では赤米が年貢として納められており、赤米や黒米は市場価格が安いので、扶持米でもらうと武士は実質的な減収になる。そのため年貢には白米を上納させ、不足分のみを赤米で納めさせるように通達が出されている。青森県では「もろ」種が栽培されつづけ、明治三十年頃でも県下で百二町歩の「赤諸」の作付け面積があったという。[29]

津軽以外でも、上山藩（山形県）の山間地帯の小倉・棚木方面で赤米が作られ、年貢として上納されており、近世でも時代をさかのぼれば、東北の条件が悪い山間地では「もろ」種がかなり作られていたようだ。[30]おそらく羽黒山の神田で栽培されていたという黒米も、津軽などで作られていた寒さに強い「もろ」種だったと思われる。

日本では、現在のように白い米以前には、赤米や黒米が栽培されていた。おめでたいハレの日に赤飯を食べるのは、小豆で白米を赤く染めて、赤米時代を再現したものである。九州の種子島の宝満神社では、いまも神事用の赤米を同社の神田で特別に栽培している。新暦四月六日頃の御田植祭と旧暦九月九日の秋祭の翌日のマブリで、赤米のニギリメシを皆で食べる。この赤米のニギリメシは羽黒山と同じようにまん丸の形をしている。(31)

羽黒山の神田で栽培していた黒米を再現したというトンブリの黒いニギリメシには、種子島・宝満神社の赤米のニギリメシのように、日本稲作史の始源のイメーシが隠されていたのである。

ところで羽黒山のトンブリのニギリメシも種子島の赤米のニギリメシも、まん丸の形をしている。この丸いニギリメシの形は、柳田国男が丸餅でいうように、魂の形を表している。そもそも羽黒山に鎮まる神は羽黒彦命と玉依姫《たまよりひめ》命、伯禽洲姫《しなどりひめ》で、羽黒彦命は倉稲魂《うかのみたま》命の異名とされていた。現在も祭神を稲倉魂命としている。稲倉魂命は食物の神であり稲の神だ。丸い黒米のニギリメシは稲倉魂命、羽黒山の神霊そのものを表している。クライマックスを迎える松例祭の当日、夜になって松例祭の重要な儀礼が次々とはじまる頃、黒いニギリメシが参会者にふるまわれるのも、羽黒山の神霊を一人ひとりの体内にとり入れ、その呪力でこれからはじまる神事にそなえるためではなかろうか。

松打・再生する麤乱鬼

夜七時、〝まるきなおし〟によって、松例祭は新しい展開をみせる。昼の綱まきで寸断されて解体された大松明を、両松聖に分かれた若者たちによって、四分の一ほどの小型の大松明に作りなおされる。これは昼間、寸断されて退治された悪鬼は滅んだはずだが、劫を経た鬼神なので、太陽が沈み、夜になると、ふたたび命をとりもどすのだという。

その後、大松明をひく綱をもつ順番を、若者頭たちが討論で決める〝綱さばき〟、大松明を焼きすてる場所の三十三尋の長さを奉行役が計る〝検縄〟、大松明を焼きすてる場所にしるしをつける〝雪穴掘り〟などの儀礼が次々とおこなわれる。この間、補屋ではトンブリの黒いニギリメシがふんだんにふるまわれ、松例祭もいよいよクライマックスとなる。

深夜十一時、本殿で「験競《げんくら》べ」がはじまる。験競べは、まず〝烏とび〟といって、十二人の山伏が位上と先途の六人ずつに分れて、位上側は左まわり、先途側は右まわりに進みながら、空中に烏のようにとびあがり、その姿の美しさと高さを競う。十二人の山伏は一年の歳月を表し、左と右にまわるのは、陰遁、陽遁を表す。

次に〝兎の神事〟となる。白兎のぬいぐるみを着た役が、本殿正面の十二人の山伏のまん中に座る。十二人の山伏が一人ずつ机を扇でたたくと、兎が従うしぐさをする。この験競べの「烏」は羽黒権現の使者で太陽、「兎」は月山権現の使者で月であり、験競べは日月の運行を表す。

この宇宙論的に意味づけられた兎の神事で五番目の山伏になった時、本殿で法螺貝《ほらがい》が吹かれる。これを五番法螺といい、この音を合図に〝大松明ひき〟がはじまる。大松明につけた綱を若者たちがひっぱり、羽黒修験が支配する東国三十三ヶ国の国境を意味する三十三尋先で焼きすてる。こうして夜になって生き返った麤乱鬼も、大晦日の除夜の鐘の直前に、ようやく焼き殺されたのである。

除夜の鐘も打ち終り、新年を迎えるとすぐ、清浄な火を切りたす〝火の打替〟の神事がはじまる。高さ十二尺の鏡松明《かがみたいまつ》に火がつけられると、白衣に白い布を頭からかぶった所司前《しょしまえ》の大先達が神秘的な姿を現す。この所司前の大先達は羽黒権現とされる。これに対して熊野三所権現と英彦山《ひこさん》権現とされる四人の役者が出てきて、丈尺棒を中心に〝国分け神事〟をおこなう。この神事で、所司前の大先達と四人の役者は、さかんに五行の反閇《へんばい》という特殊な足のふみ方をするが、これは祭場の地霊を鎮める呪的儀礼である。

麤乱鬼が死んで混沌となった世界に秩序をもたらすためとみることもできる。

次に四人の役者が二人ずつ対になり、練松明を大きく左右に三回ずつ廻して火先をつけあう松明所作がある。これは陰陽和合の再生の呪術である。

ここで登場してくるのが「松打《まつうち》」である。松打は、顔にオシロイと口紅で化粧し、白衣に白袴を着て、背中から手首にかけて赤い布を針でとめ、頭には「出羽三山神社松例祭加護之攸」と書かれた長方形の板からシデをたらした斑蓋《はんがい》をかぶり、手に火打がねと火打石を持つ。松打は、補屋でこの異様な姿に装うと、火の打替神事に出陣する直前、サシグシを食べる。サシグシは、厚揚げ、ジャガイモ、人参、コンニャク、昆布の煮シメの串刺で、それぞれ地（黄）、水（白）、火（赤）、風（黒）、空（青）の五大五色で、宇宙を構成する五大元素を表わす。松打は、大事な神事を前に宇宙の全エネルギーを体内にとり入れたのである。

位上・先途双方の松打は、それぞれ二人ずつの役者に守られながら、鏡松明の周囲を三回まわると、カドモチのところへ走り、火打がねと火打石で点火剤に火を切りだす。この〝火の打替〟の神事で、新年の新しい浄火が作りだされたのである。

この後、「にしのすし」という直会があり、身欠きニシンを麹で発酵させたニシンのナレズシが出される。これはニシンは鰊とも書くが「鯡」とも書くところから、江戸時代には生臭ものの魚を食べない山伏もニシンは「魚に非ず」ということで、直会には特別に食べることが許されたのだという。百日間の参籠を厳修して松例祭が成就した後、日常へ無事移行するための精進落しである。

ところで、宮家準は、松例祭の構造は、大松明まるき、験競べと大松明ひき、国分けと松打の三つに大別でき、神事全体を眺めると、大松明に祈念をこめ、それを焼いて除災をはかる。その上で一山の始源にたち返って新しい火を作りだすという構造から成りたつと指摘している[32]。いわば松例祭は、火による浄化ののち、新しい清浄な火を作る火祭といってよい。主役は、焼却される「𪊲乱鬼」の大松明と、浄火を切りだす「松打」だ。

それにしても松打は奇怪な姿をしている。赤と白で化粧した顔に紅白の衣装。男でもなければ女でもない。人間でもなければ動物でもない。この得体の知れない松打とは、いったい何者なのか。

私には、松打は大晦日に殺害された𪊲乱鬼が再生した姿に思えてならない。松打の奇妙な姿は、阿闍梨講式の日、頭にサンバヤシ、人参の角をつけて出てきた〝鬼徒〟の、あのバタ臭い地主神のイメージとそっくりだ。ちなみにサンバヤシとは、サンダワラ（桟俵）のことで、藁《わら》で円盤形に編んだもの。これで米俵の両端をふさぐ。疱瘡神や流し雛をのせて川に流したり、胞衣《えな》をのせて埋めるなど、異界と交通する呪具として用いられる。

松例祭でも、サンバヤシをかぶり菰《こも》をまとった「アホウ」という役が登場し、鏡松明に点火すると、「火の打替」の一連の神事が開始される。このアホウに対して観客は悪態のかぎりをつくことを許されるが、鏡松明の火をあつかうことができるのはアホウだけである。この聖なる火の管理者・アホウは、鬼徒や松打と同類であり、頭上のサンバヤシは、松打がかぶる斑蓋と同じ機能をもつと考えられる。

「秋峰」の入峰修行では、〝梵天投じ〟と〝二ノ宿入り〟の儀礼の時、大先達が笈を背負って斑蓋（アヤイ笠）をかぶる。この笈は修行者の魂が宿る母胎、斑蓋は胞衣とされ、これ以外の修行中、斑蓋は笈の上にかけておく。〝梵天投じ〟は父母の陰陽和合を象徴する儀礼で、修行者は新しい生命を得て母胎内に宿り、死から再生する。〝二ノ宿入り〟は、一ノ宿の仏界から二ノ宿の衆生界へ移行する儀礼で、この時も陰陽和合を象徴する松明所作がある。(33) 大先達が斑蓋をかぶるのは、いずれも重要な再生儀礼の時であり、宗教的時空の境界を越える時である。

斑蓋をかぶる松打は、その道化的な姿からも、価値を逆転させる存在にみえる。大晦日から新年へと時間が更新されるなかで、悪鬼の麤乱鬼が善鬼の松打へと再生したのではなかろうか。

　ここで松聖が百ケ日の参籠修行に入るとすぐ、玉川寺の鬼を拝んだ意味が明らかになってくる。玉川寺には、〝火の打替〟で負けた松打が用いた火打がねと火打石が納められた。火打がねと火打石は松打の象徴である。あの玉川寺の鬼は松打ではないか、という疑いが強くなってくるのである。さらに〝綱まき〟でまかれる大松明（麤乱鬼）の綱は火防の守りとされている。つまり玉川寺の鬼―松打―麤乱鬼は、松例祭の「火」を通して限りなく近い関係で結ばれた「鬼」であることに気づくのだ。

　すると松打と共に、新年になって初めて姿を現す「所司前の大先達」は、松聖が百日間拝んできた興屋聖の穀霊が成長再生した姿なのではなかろうか。それは所司前の大先達は羽黒権現とされ、羽黒権現は稲倉魂命であり、興屋聖と同じ穀霊だからだ。

　松例祭全体をみても、すべての参加者のなかで、精進潔斎をするのは、松聖を除けば松打だけである。松打は十二月二十三日から別火精進の修行に入る。これに対して、所司前の大先達は、松例祭の最高神・羽黒権現である。〝火の打替〟の主役である所司前の大先達と松打は、聖なるペアの関係で結ばれている。

　羽黒本社の本尊が、裏から三宝荒神によって守護されているように、松聖が拝みつづける興屋聖の裏も地主神の鬼によって守られているのではなかろうか。興屋聖の穀霊が成長すると共に、あの玉川寺の鬼も興屋聖を裏で守りながら成長して巨大な麤乱鬼となり、大晦日直前に〝大松明まるき〟で姿を現すのではないだろうか。

　ところで〝火の打替〟で切りだされる新年の浄火について、戸川安章は、太陽のシンボルであり太陽そのものと指摘する[34]。羽黒修験の口伝では、羽黒山の聖観音は昼の太陽、月山の阿弥陀は夕陽であるとする。

また、開山縁起で能除太子が羽黒山を開く時、太陽の象徴である大鳥が出現する。こうした羽黒修験の太陽信仰からすれば、〝火の打替〟には「太陽の再生」というモチーフが重ねられていると考えてよいだろう。出羽三山では、羽黒山の聖観音、月山の阿弥陀如来に対して、湯殿山を即身成仏できる三山総奥ノ院とし、金胎両部の大日如来を本地仏とする。〝火の打替〟で再生する太陽は、宇宙の中心である金胎両部の大日如来なのかもしれない。

いま、松例祭の構造をまとめると表2のようになる。

松聖の百日間の参籠中に、興屋聖の穀霊が成長し、その裏を守る玉川寺の鬼も麤乱鬼へ成長する。大晦日、烏と兎の姿で出現した羽黒山（太陽）と月山（月）の宇宙的な神力の加護で、昼に斬殺されて再生し

第2表　松例祭の構造

日常	羽黒本社の稲倉魂命	玉泉寺の鬼
松聖の一〇〇日間参籠中	興屋聖の穀霊	興屋聖を裏から守護して麤乱鬼へ成長
大晦日（昼）	興屋聖、補屋の本尊	麤乱鬼の斬殺（綱まき）
神力の加護	黒いニギリメシ（羽黒山の稲倉魂命） 験競べ烏とび（太陽）、兎の神事（月）	
大晦日（夜）	興屋聖、補屋の本尊	麤乱鬼の再生（まるきなおし） 麤乱鬼の焼殺（大松明ひき）
新年	興屋聖は所司前の大先達（羽黒権現）に再生	麤乱鬼は松打に再生して浄火を点ける（火の打替）
日常へ移行	にしのすし（精進落し） 火打ちがねと火打石は、勝った方は羽黒本社へ、負けた方は玉泉寺へ	

た麤乱鬼も焼却される。新年を迎え、興屋聖の穀霊は羽黒権現である所司前の大先達になって再生する。殺害された麤乱鬼も松打になって再生し、羽黒権現の守護神となり、新年の浄火を切りだす。松打が火神的性格をもつのも、三宝荒神に対応する守護神だからであろう。そして松例祭の全体を通底するのは、穀霊の成長と太陽の再生、地主神の殺害と守護神への再生というモチーフである。

松例祭は、神々が再生し、増殖する生命の思想で綴られた、羽黒修験の神話劇なのである。

増殖する生命の思想

松例祭がおこなわれるのは大晦日、旧暦では月のない新月の夜である。新月の暗黒の闇のなかで麤乱鬼が再生する。

羽黒修験の荒行で知られる「秋峰」の入峰修行でも、晦日から朔日の新月の日に修行者の魂が再生をとげる。秋峰修行は、死んだ修行者が母胎である山中の修行で成長して出生するという擬死再生のモチーフと、仏教的世界観の十界の行がおこなわれる。現在は新暦で八月三十一日に出生して下山するが、陰暦の江戸時代には期間も倍近くの十五日間で、八月一日に柴灯護摩を焚き、三ノ宿入りした。三ノ宿入りは、六道の輪廻転生の世界を解脱して、四聖の悟りの世界に生れ返る儀礼である。秋峰でも八月一日（八朔）の新月の日に再生しているのである。

松例祭の冬峰と対応する夏峰では、旧暦六月十五日の花祭で出羽三山の神霊が再生し、七月十三日の採灯で里に下りた祖霊は、十五日の満月の夜、月山に帰って再生した。

夏峰は満月、冬峰と秋峰は新月の日に神霊や祖霊、修行者の魂が再生しているのだ。満月も新月も地球が月と太陽と直線に並び、地球が月の引力をもっとも強く受ける時期だ。満月や新月の時、カニやエビやサンゴなど海の生物が受精や産卵をすることは知られているが、人間の精神も月の影響を受けるという。(35)世界の神話では、月神は太陽神と並んで重視されるが、『古事記』『日本書紀』の日本神話では、太陽神のアマテラスと並んで活躍するのはスサノオであり、月神のツクヨミではない。日本神話では月神が無視されており、これは比較神話学的にみて特異なことといわれている。(36)

ところが出羽三山の主峰の月山には、月神の月読命が祀られている。しかもその本地は阿弥陀如来という死者の仏である。松例祭でも、月山の兎(月)が、羽黒山の烏(太陽)と共に出てくるが、暗い死のイメージはまったくない。松例祭の根底を流れるのは、再生し増殖する生命の思想だ。死んでも死んでも生き返る麤乱鬼は、羽黒山が修験道化される以前からの地主神であり、羽黒山始源の神だ。殺害される麤乱鬼は、大地から涌き出てきたような強い生命力に満ちあふれている。

いま再び松例祭を眺めると、黒いニギリメシや興屋聖の穀霊、羽黒山の稲倉魂命……と、松例祭は稲の祭にみえる。

明治の神仏分離以前、松例祭(冬の峰)が終わると、春の峰がおこなわれた。春の峰は座主会ともいい、別当宝前院と華蔵院、智憲院、正穏院の坊で、開山の御影を掛け、冬の峰の験競べで勝った松聖の興屋聖の穀霊を、仏供田で収穫した種籾に感染させる秘儀をおこなった。この種籾は牛玉宝印の紙を三角に折って入れ、旦那場の農家にくばり、農民は田の水口に立てて豊作を祈った。また一月七日には本社の羽黒権現の宝前で、白米をまきながら、「ありやの浄土の米なれば、まけどもまけども尽きもせず、天福、地福、福徳円満」と叫んで米まきの神事がおこなわれ、湯立て神楽や筒粥神事による豊凶の占いも執行された。

こうして羽黒修験に強くみられるのは稲の信仰である。しかし羽黒修験は、けっして稲作農耕民ではない。そもそも品種改良や農業技術が改良される近世以前には、羽黒修験が住むような東北の寒冷地は、稲作には適した土地ではなかった。

山伏は信者圏をカスミ（霞）という。よく仙人がカスミを食べて生きているというが、仙人つまり山伏は実際にカスミを食べるのではなく、カスミに住む農民からあがる米をたべて生きるのである。羽黒修験では、カスミは今も財産権として売買されている。羽黒山の冬の峰や春の峰に稲の信仰が強くみられるのも、羽黒修験が里の農耕民を呪的に支配するという構図からくることにほかならない。これは天皇の新嘗祭や大嘗祭が稲の信仰をベースにしていることと酷似している。近代天皇制になっても、天皇が皇居で田植や稲刈りのパフォーマンスをしてみせる姿と同じだ。

すでに私は、羽黒修験の開祖・能除太子が、崇峻天皇の皇子で聖徳太子の従兄弟と設定し、ことごとく聖徳太子のマイナスイメージで造形されていることを指摘した(37)。すなわち、能除太子は父・崇峻天皇が暗殺されたのに対して、聖徳太子はその死によって誕生した推古朝の摂政となる。能除太子は東北へ行脚という形で周縁に追放されるが、聖徳太子は摂政として政治の中心にいる。能除太子は魁偉な容貌で無知文盲なのに対して、聖徳太子は美男で聡明……と、聖徳太子が「光の太子」とすれば、能除太子は「闇の太子」として描き出されているのである。さらに能除太子には役行者のイメージも重ねられている。

役行者は、賀茂役公《かものえのきみ》の出身で、葛城山という宗教の中心から、伊豆という周縁に流罪となって追放され、富士山の山岳修行で昇天する。これに対して、能除太子は、崇峻天皇の皇子というヤマト国家の政治の中心から、東北へと周縁に追放され、出羽三山の山岳修行で昇天する……。まさに能除太子は役行者伝承と同じ構図で描かれているのである。

役行者が流罪になるのは、『続日本紀』では役小角が呪術で人々を妖惑し、弟子の韓国連広足が讒訴した、また『日本霊異記』では、役優婆塞が孔雀の呪法を修め、奇異の験術を顕し、天皇に謀反をたくらむ、と一言主の大神が讒訴したためとしている。いずれも役行者は反天皇、反国家的人物として描かれているが、もともと修験道は、平安な平地の共同体から、国家権力のおよばない山岳空間に生まれた「もう一つの国家」であったといってよい。

しかし、修験道の神は、天皇の祖神・アマテラスを最高神とする「記紀」の国家神とは異なり、仏教の如来や菩薩も、太陽の烏や月の兎も地主神の麤乱鬼も、記紀の神々も、皆んな同じ役割で松例祭の神話劇を共演している。そして、出羽三山の大自然がそのまま神格化された麤乱鬼が、斬殺されても、焼き殺されても、生き返ってくるように、出羽三山の神々は、増殖する生命のエネルギーに満ちあふれている。

注

(1)『豊浦の歴史』同刊行会、二〇〇三年。
(2) 内藤正敏「庄内浜・海と山と神の民俗誌」(『東北の風土に関する総合的研究――二〇〇三年度報告書』東北芸術工科大学東北文化研究センター・国土交通省、二〇〇四年)。
(3)「羽黒山神子職之由来」(『神道大系・神社編三十二、出羽三山』神道大系編纂会、一九八二年)。
(4) 戸川安章『新版・出羽三山修験道の研究』佼成出版社、一九八六年。
(5)「羽黒山縁起」(前掲注3)。
(6)「羽黒三山古実集覧記」(『山形県文化財調査報告書・第二十集』山形県教育委員会、一九七五年)。
(7) 東水『羽黒、月山、湯殿、三山雅集』宝永七年(東北出版企画、一九七四年)。
(8) 大和久震平『古代山岳遺跡の研究』名著出版、一九九〇年。

（9）速見侑『平安貴族社会と仏教』吉川弘文館、一九七五年。
（10）内藤正敏『修験道の精神宇宙』青弓社、一九九一年。
（11）内藤正敏「修験道の空間思想」（本書所収）、同「聖地としての日光――風水と鬼門」（『大日光』六六号、日光東照宮、一九九五年）、同『遠野物語の原風景』筑摩書房、一九九四年。
（12）「拾塊集」「羽黒三睡中問答幷縁起」（前掲、注3）。
（13）前掲（注3）。
（14）「羽黒山修験広報灌頂伝持血脈」（『日本大蔵経』四八巻、〈修験道章疏（三）〉、一九一九年）、「由良之浜辺ニ至給フ時。遥か東方ニ五雲棚引。不思議ナル一鳥来テ導ビク……」とあり、この「鳥」は「烏」の誤植と思われる。
（15）安部親任『筆濃餘理』（下巻）、鶴岡市、一九七八年。
（16）宮家準『羽黒修験』岩田書院。二〇〇〇年。
（17）戸川前掲書（注4）。なお、羽黒修験では、夏峰のサイ灯護摩にかぎり「柴」ではなく「採」の字を用いる。
（18）「拾塊集」成立年代不明。奥書に「夏一清順　于二元亀年中一　此書籍自二御殿箱底一乞下　奥夃長井庄有レ之由緒祐仙伝聞　頻作二懇望一　今所レ令レ書二写之一也矣」とある（前掲『神道大系』）。
（19）戸川安章『修験道と民俗』岩崎美術社、一九七二年。
（20）『羽黒山松聖舊事記幷ニ改制帳写』、慶応年間（一八六五～六八）に古写本を筆写（前掲『神道大系』）。
（21）「出羽国大泉庄三権現縁起」（前掲『神道大系』）。前掲注（7）。
（22）戸川前掲書（注4）、『出羽三山史（改訂版）』出羽三山神社、一九八二年。
（23）重松敏美編『豊夃求菩提山修験道文化攷』豊前市、一九六九年。
（24）「羽黒山年中行事」貞享四年（一六八七）、（前掲『神道大系』）。
（25）鈴木正崇『山と神と人』淡交社、一九九一年。
（26）成田双林「松例祭勤行諸事控帳」、大正九年（『出羽三山史料集』、出羽三山神社社務所、一九九四年）。
（27）『阿闍梨講式目』、元文元年（一七三六）に両性坊ら五人が阿闍梨講を勤めた覚書を安永五年（一七七六）に書いて提出したもの（前掲『神道大系』）。

(28) 前掲(注20)。元文五年(一七四〇)時の覚書の筆写。
(29) 菊池勇夫「赤米と稗田」(『宮城学院女子大学研究論文集』七七号、一九九三年)。
(30) 菊池勇夫『近世の飢饉』吉川弘文館、一九七九年。
(31) 下野敏見「宝満神社の赤米と神事」(『自然と文化』五三号、一九九六年)。
(32) 宮家準『修験道思想の研究』春秋社、一九八五年。
(33) 内藤前掲書(注10)。
(34) 戸川前掲書(注19)。
(35) A・L・リーバー、藤原正彦・美子訳『月の魔力』東京書籍、一九八四年。内藤前掲書(注10)所収の「月山・闇と兎のフォークロア」参照。
(36) 河合隼雄『中空構造日本の深層』中央公論社、一九八二年。
(37) 内藤前掲書(注10)。

岩木山の鬼と鉄——隠された鬼神

神さまがどういう時にみえるかというとですよ、目で見えるんです。はっきり見えます。五色の雲で出てきます。ええ、何回も拝みました。一番はっきり見えた時、すぐそばで見えました。赤倉山の頂上近くの八十八ケ所の木の下でね。背の大きな男の人がね。歳をとった老人ですよ。私は山の神さまと思って拝みましたけど。それからその近くの岩木山の方さ行く分れ道の、ちょっと上さ行ったところに五葉の松の上さ、神さまがお立ちになった時、これは私ばかりではねえ。オラの爺さま入れて四人も皆んなで一緒に見ました。それはありがたいことでありましたよ。

女の神さまも見ました。見たところ、髪をこう分けて、流し髪ですね。そして、やはり首飾りをつけて、ハカマはいでね。私ら着るような白衣着て、ハカマのヒモむすんでるのみな見えますもの。きれいな、年頃にすれば、二十六、七歳だべかな、というような、ちょうど良いカラダカッコウでね。そうして、あまりのありがたさに、私は叫んでバンザイやってまったんですよ。そうしたら、いた人が皆バンザイしていったら、その神さまもやはりバンザイしました。その時は唐傘五本ぐらい広げたような、大きなまん丸くなった五色の雲でありました。その中に、ちゃんと太陽が光って、あの太陽でも月でもお笠かぶったたっていうでしょう。そういう風な中に入ったんです。何間も離れてないんですよ。ホラ、その柱ぐれいのすぐ近くの五葉の松さ、お立ちになったの。きれいでありまし

相馬ヨシさん

た。そうしていたらば、もうその神さまのお姿、偶然に消える時でありました。消える時まで見ましたけども、その五色のまん丸い姿が静かに消える時に、ちょうど軍艦が青森の港さ入れば、探海灯（サーチライト）照らすでしょう。その探海灯の光のように、後光がさして、そして、自然に一本の照らしたとこ消えるように、自然に消えて形がなくなりました。

それから鳥海山（岩木山頂の一部）さ行った時、私、六月一日に御幣さあげに行った時、ネブタの絵に書いたような、顔の毛の太い男が、こうすぐ頭の上さ現れて、あのアニダの娘さ、大きな石が飛んできてぶつかって、私は、ああケガさせたんでねえかとおもったらば、それっきり、あの人の悪い病気とれてしまった。この時も行った人は何人もいて、皆おがみました……。

これは一九六九年、当時、赤倉山のゴミソで最長老だった相馬ヨシさんから聞いた神秘体験である。ゴミ

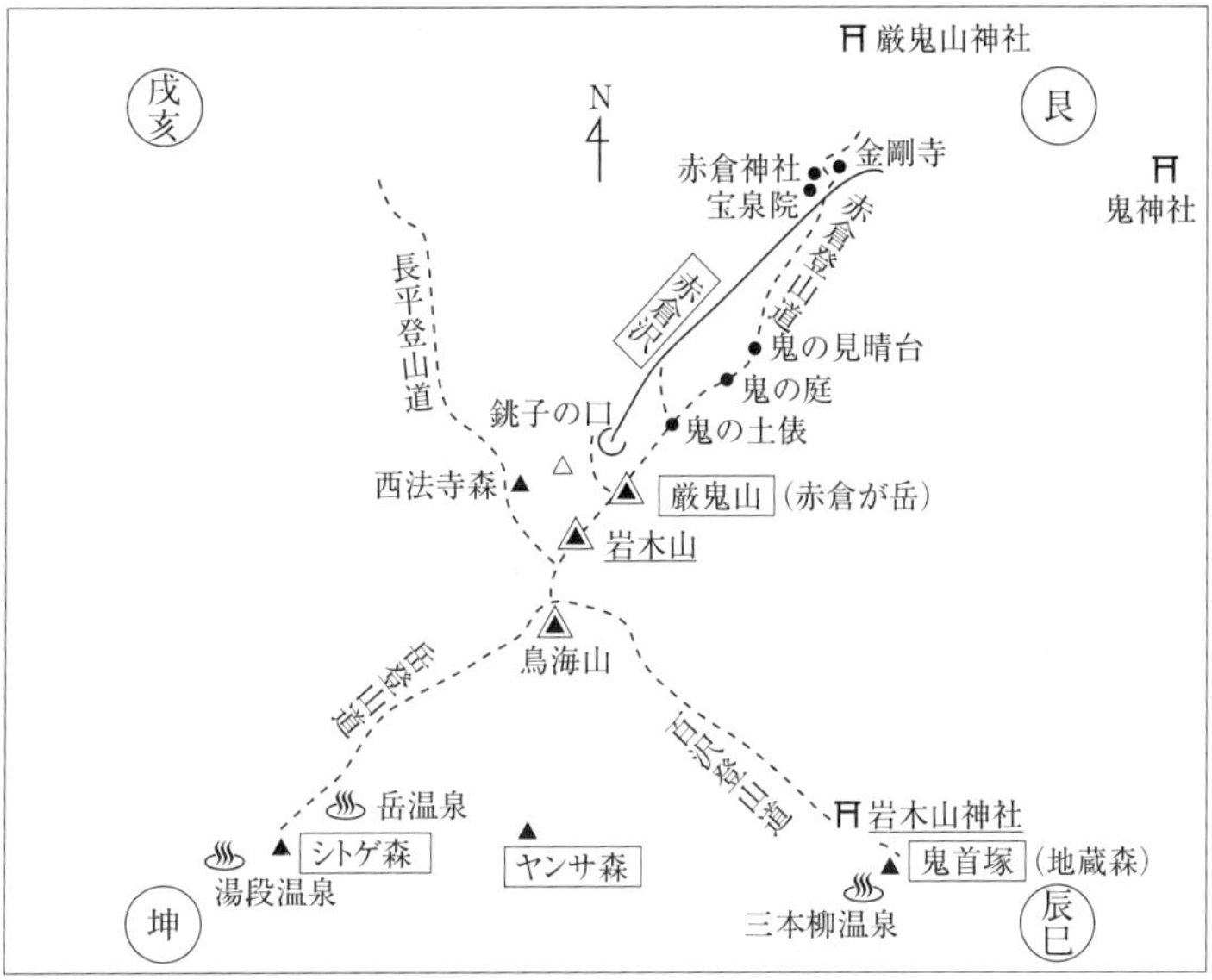

図1　岩木山地図

ソというのは、神憑りによって巫者となった者をいい、最近はゴミソという語感が悪いので、カミサマとよばれている。ここでいう赤倉山は通称で、岩木山の赤倉沢の登り口付近で、赤倉神社や宝泉院、金剛寺の御堂をはじめ、カミサマたちが建てた修行小屋が並んでいる。当時は電灯もなく、ランプの光のもとで、ヨシさんの話をテープで録音したものである(1)。

赤倉山とは、岩木山頂の一峰の巌鬼山をいうが、地元では赤倉山頂から赤倉沢にかけて一帯も赤倉山とよんでいる。青森県の津軽平野に独立峰としてそびえる岩木山は、その美しいコニーデ型の姿から〝津軽富士〟の名で親しまれている。しかし、よく見ると岩木山の山頂は、三つの峰に分かれており、弘前方面から見て、中央の主峰が岩木山、左が鳥海山、右が巌鬼山または赤倉山で、それぞれの標高は、一六二四、一五〇二、一四五六メートル。明治の神仏分離まで、この山頂の三峰をセットで「岩木山三所

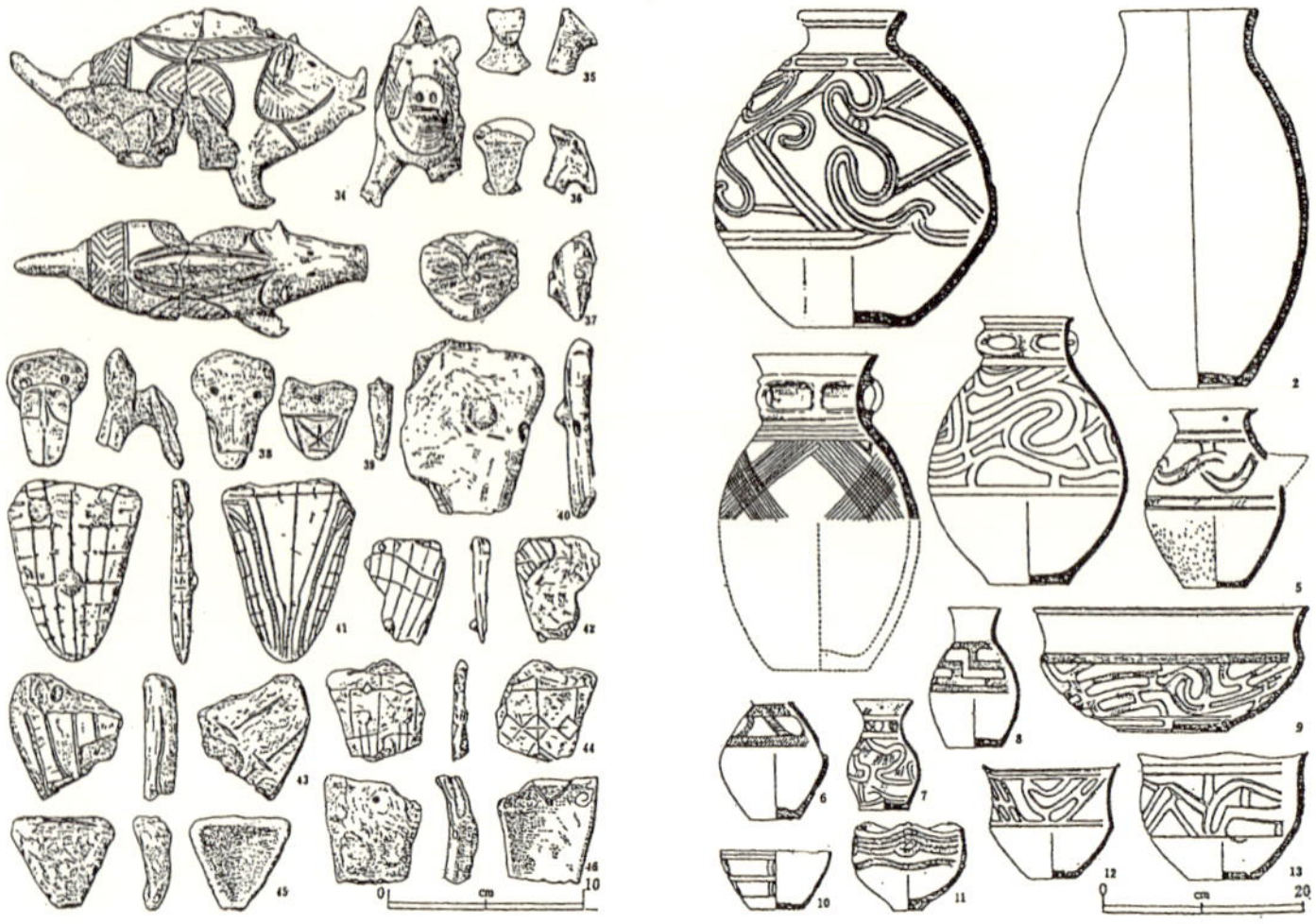

図2　十腰内遺跡の縄文土器と土偶（『岩木山――岩木山麓古代遺跡発掘調査報告書』より）

大権現」とよんで拝まれてきた。岩木山三所権現の本地垂迹は次のような仏と神とされていた。

	（本地）	（垂迹）
巌鬼山	十一面観音	多都比姫命
岩木山	阿弥陀如来	国常立命
鳥海山	薬師如来	大己貴命

岩木山へ登る道は、百沢《ひゃくさわ》口、赤倉《あかくら》口（大石口）、長平口、岳《だけ》口、弥生口があるが、岩木山信仰史上で重要なのは、岩木山を東南から登る百沢口と、東北から登る赤倉口で、それぞれの登り口を岩木山神社（中津軽郡岩木町百沢）と巌鬼山神社（弘前市十腰内猿沢）が守っていた。明治の神仏分離まで、岩木山神社は岩木山百沢寺《ひゃくたくじ》光明院、巌鬼山神社は巌鬼山西《さい》方《ほう》寺観音《かんのん》院といった。

岩木山信仰の中心的な祭祀を司っているのは、百沢口の岩木山神社（百沢寺）である。岩木山神社の壮麗な社殿群は、初代為信《ためのぶ》以来、代々の津軽藩主が寄進、修復したもので、山門、拝殿、本殿は国の重

赤倉沢上流

要文化財に指定されている。しかし岩木山信仰は、赤倉口の巌鬼山神社の方が古い。岩木山神社は、巌鬼山神社がある十腰内《とこしない》から現在地の百沢《ひゃくさわ》に移ったと伝え、その時期は明らかでないが、寛治五年（一〇九一）であるともいう。

一九六〇年におこなわれた考古学の発掘調査でも、巌鬼山神社付近の十腰内遺跡から、縄文土器や土製品、石剣、石鏃などと共に、人形土偶、イノシシ形土偶、ストーンサークル、甕棺《かめかん》、石棺墓などが出土し、巌鬼山神社付近が縄文時代から祭祠や埋葬の聖地であったことを物語っている。また、ここから出土した十腰内Ⅰ式からⅥ式土器は、東北地方北部の編年標式になっており、十腰内遺跡は亀ヶ岡や是川に匹敵する縄文遺跡とされている[2]。

菅江真澄も百沢口と赤倉口の両方から岩木山に登っている。百沢口を登ったのは寛政十年（一七九八）五月二十三日、それから九日後の六月二日に赤倉口を登り、『外浜奇勝』に次のような話を

書き残している。(3)

赤倉が嶽は、つねに霧深くたちこめてほの暗い。遠い昔には、山麓からいわきね（岩木峰）に登るには、まず、この赤倉が嶽を越えていたが、たいへんけわしく、しばしば遭難したので、今は百沢から登るようになった。

磐城山（岩木山）の三つの峰のうち、岩鬼山（巌鬼山）とて、この赤倉をあがめまつる。ここにはおに神（鬼神）も隠れ住んでおり、時には怪しいものが峰によじ登り、ふもとにくだるという。その身の丈は相撲取りよりも高く、やせ黒ずんだその形を見た人があるが、その姿を一目見ても病がおこる。また、それになれ親しんで兄弟《はらから》のように仲良くなり、酒や肴などを与えると、飲み食いして、その返礼に山の大木や級《しな》の木の皮を、馬二三頭に背負うほどの量をかかえて来てくれたなどと、案内の者がひそひそとささやきあっていた。それを大ひと、やまのひと、あるいは山の翁《おっこ》とよんで、山案内する荒男どもも、恐れわななき進んで行こうともせず、このような怪しいことばかり語りあっていた……。

赤倉山の鬼にまつわる一枚の古文書が岩木山神社に所蔵されている。

文久元年（一八六二）六月、百沢下居宮（岩木山神社本殿）の普請で地ならし工事をした際、不思議な石櫃が出土した。その石櫃の図も記されており、石櫃は円筒形で、高さ二尺、径九寸二分、胴廻り三尺一寸、上と下が石蓋で密閉できるように、上下三か所にクサビの孔が彫ってある。この石櫃の正体を知るために、旧記類を調べたところ、次のような文書を見つけたのだという。

赤倉
巌鬼ノ峯艮ノ深谷千尋ノ巓嶺数丈ノ巌窟魍魎精鬼ノ栖恐怖言絶峯巒峻峙トシテ振古未有往者矣　昔鬼神退治之節　九十歳老鬼女強乞降　故山神給仕之眷属ト成而此山可擁護則誓文書手形取赤倉令住云云
右証文当山霊物成箱開不時　風雨発度々怪変有　故石櫃納土中丈底埋今失其所

巌鬼峯の艮《うしとら》、つまり赤倉山の北東の鬼門の方位にある巌窟に魍魎精鬼が棲んでおり、むかし鬼神退治の時、九十歳の老鬼女が降伏してきたので、「山神給仕の眷属となってこの山を守る」という誓文と手形をとって、赤倉に住まわせた。この証文は石櫃に入れて土の中に埋めた……。

そこでこの出土した石櫃こそ、鬼の証文を入れたものではないかと考えたわけである。またこの時、石櫃の中から誓書手形の類は見つからなかったとも記している。

なお、この石櫃は、岩木山神社に所蔵されており、明治二十年の『東京人類学会報告』（二―十二）に、「陸奥岩木山神社石櫃ノ記」として実測図と共に載っており、先の「赤倉」と同じ文面が「津軽藩日記」にあると記している。[4]

「岩木山百沢寺光明院」という縁起には、岩木山の鬼について次のように書かれている。[5]

往昔、この山は阿蘇辺の森といい、魍魎精鬼が住み、人々を悩ましていた。このことが帝都に聞え、江州篠原の領主花輪何某に退治すべしと勅宣が下った。花輪は熊野、住吉、天王寺の三所に詣でて祈り、霊夢を得て、越前国敦賀の津より船に乗り、当国の深浦に着き、諸軍をひきいて山中深く入った。しかし敵は林や藪の中に隠れて姿をみせず、神力の加護を祈ったところ、「錫杖の印と曼字の旗の紋を用いて彼を責むべし」という瑞夢を得た。この託宣どおりにして責めると、魍魎が姿を顕したので、即時にこれを責め伏した。彼の頭梁が降伏してきたので、「今より以後、人民に怨を為すこと無く、山神給仕の眷属となり、登山信仰の衆人を擁護すべし」と誓わせて許し、右峰の赤倉に住まわせた。当時は十腰内村に別当寺院の坊舎があり、ここから山上に登っていたが、ややもすれば参詣人の中に消失する者があり、託宣によって百の澗谿を越えて南麓に社堂を建てて登り口にし百沢寺とした……。

この縁起は、元禄十四年（一七〇一）に藩命により、百沢寺十四世の朝祐が古記録や伝説などを基にまとめたという。

各地霊山の開山伝承をみても、羽黒山では一頭三面六臂の麤乱鬼[6]、鳥海山では仙翁、龍翁という青、赤の鬼[7]、岩手山では大武丸[8]、戸隠山では九頭一尾の鬼[9]、求菩提山では強暴な八鬼[10]が退治され、封じこめられている。

これは、その山が修験道化されてゆくと共に、古くからの地主神は鬼とされ、中央から入ってきた神仏に主座を譲っていったことを物語っている。菅江真澄が「外浜奇勝」で地元の人たちが、赤倉山の鬼を「大《おお》ひと」「やまのひと」「山の翁《おっこ》」と呼んでいたと記しているが、縁起の「魍魎精鬼」も、けっして角を生やした鬼らしい鬼ではなく、本来は岩木山の地霊であり地主神、岩木山始源の神である。

また岩木山の魍魎精鬼を攻める花輪何某という人物の名前も、岩木山があるのは津軽の花輪郡という地名だったことからきている。しかし天皇が発した鬼の討伐軍の大将の名前としては、地元の村長《むらおさ》みたいな花輪だけでは権威がなく、遠く近江国篠原の領主と設定したものであろう。

注目すべきことは、「錫杖の印と曼字の旗の紋」の瑞夢だ。それは津軽家の馬印が錫杖、旗印が曼字だからだ。馬印は戦場で大将のそばに立てる標識具で、豊臣秀吉の千成瓢箪や徳川家康の金の開き扇が有名。旗印は軍旗である旗指物の目印の紋や文字などである。「錫杖の印と曼字の旗の紋」で岩木山の鬼を攻める花輪には、津軽為信のイメージが重ねられているのではないだろうか。

津軽藩の官制の史書として、享保十六年（一七三一）にまとめられた『津軽一統誌』では、次のような話によって、「曼字と錫杖」に特別な意味づけがおこなわれている。(11)

為信が居眠りをしていると、「けだかき異容」が二人こつ然と枕元に現れ、為信が夢心地で何者かと問うた。すると二容は、次のように答えた。

我らは、往古よりこの西山（岩木山）に住み、勧善懲悪を宗とし民を教戒することを以って心としてきた。公（為信）は常日頃から秘する望みが叶う時がきた。急いで実行せよ。そもそも岩木山は、往古より三郡並びに糠部外の鎮守として当家の守護神である。いよいよ積善の余慶が子孫に及ぶ時が到来した。公は此事（津軽統一）ができる器である。そのため軍を擁護し、征伐攻撃ともに力をあわすべし、と大権現の神勅により出現した……。こう告げて二容が去ろうとしたので、為信が夢心地で彼らの姓名を問うと、「曼字錫杖」と答えて西をさして飛んでいった。為信は夢から覚めると、古今未曾有の霊験と歓喜して沐浴し、浄衣を着して西の方を三拝し、「南無岩木山大権現怨敵退散擁護の神力を合さしめ給へ」と祈った。為信は、旗の紋には卍字、馬印には錫杖を用い、征伐は心のままに勝利し、三郡全てを掌握することができた……。

こうして『津軽一統誌』では、津軽家の旗印と馬印の由来を岩木山大権現の使者である「けだかき異容」の曼字と錫杖としている。津軽為信は、南部氏から自立後、石川城、大光寺城、浪岡城などを攻め落として津軽地方を統一したが、その正統性を主張するために岩木山大権現の神勅であり、曼字・錫杖の旗印と馬印は、その証しと説いているのである。なお岩木山大権現に仕える二人の異容は、岩木山の地主神の鬼を思わせるが、『津軽俗説選』では、「昔日、此山有二鬼一曰其名卍錫杖……赤倉山上有レ洞名レ之。謂所二鬼所レ住岩屈《ママ》也[12]」と、津軽の人たちは、曼字と錫杖を赤倉山の鬼と考えていた。津軽藩主は、表の岩木山大権現ばかりでなく、裏の赤倉山の鬼神にも武運長久や御家安泰を祈ったのである。

今も熱心な修行をするカミサマや山伏、行者たちが拝むのは〃赤倉山の鬼神〃である。江戸時代にも天災に襲われた非常時に、しばしば赤倉山で藩命による祈禱がおこなわれた。

『津軽藩日記』によると、寛文六年（一六六六）五月、旱魃にさいし、津軽山伏の触頭《ふれがしら》の大行院が赤倉で雨乞い祈禱をした。また、享保十年（一七二五）は、四月から連日の日照りつづきで困り、大行院に大勢の山伏をひきいて祈らせ、城下の町中で各戸ごとに灯籠を一つずつ出させ、池の上で神楽をあげたが効きめがなかった。結局、大行院が赤倉沢に籠って祈ったところ、三か月目に雨が降りだした[13]。

こうした危機的な非常時に拝むのは、百沢寺（岩木山神社）の由緒ある神仏ではなく、〃赤倉山の鬼神〃という強い呪力を持った裏の神だったのである。

巌鬼山神社と鬼神太夫伝説

鬼神社の本社筋にあたる巌鬼山神社は十腰内《とこしない》村にある。先に紹介した鬼神社の鍬の[14]開帳を記した『津軽俗説選』の「鬼を祭る宮」に、十腰内村にまつわる興味深い鬼の伝説が書かれている。

伝ニ曰往古西郊に剛力の刀鍛冶あり、鬼神太夫と呼り、湯船邑、鉄敷邑は此太夫の古跡なりといへり、此の二邑藤代組にあり、カナシキ村今なし、今の小屋敷村ならんか或時十振の名剣を打出せり、自ら慢して名剣也といへり、右の内一振飛んで一樹の杉の上に輝く、里俗神と尊敬す、今の十腰内邑此所也と言、今世に此太夫の鍛し刀あり、中子に摑みし指の跡ありといへり……

同書には「鬼神太夫」として、同じ内容の伝説が書かれており、村の名前を「十腰無イ邑」としている。それは刀を数える時、一本を一腰というからで、刀が十腰のうち九腰しか無かったので、十腰無が十腰内になったというわけである。

菅江真澄も十腰内村の名前の由来について、『楚堵賀浜風《そとがはまかぜ》』に「あの麓のあたりに十腰内といふ村あり。むかし鬼のうちたる刀を鬼神太輔とて世に九腰ありて、十腰無きといふことを其まゝ村の名にせり……」[15]と記し、『雪の母呂太奇《もろたき》』にも「十腰内はむかし、かなたくみ月山が遠つおや鬼ノ神太夫がすみて、その太刀の世に九腰あれば、とこしなきよしの村名なりけり……[16]」と記している。この「かなたくみ月山の遠つおや」を内田武志と宮本常一は「刀鍛冶月山の先祖」と訳している。鳴沢《なるさわ》村には次のような恐ろしい鬼神太夫伝説がある。

往古、金舗村に名刀工がおり、美しい姉妹がいた。ある日、旅の若者が弟子にしてくれと訪ねてきた。刀工は、七日間で十腰の刀を鍛えれば入門を許すと命じた。若者は七日の間、作業場の様子を見ないように申し入れて仕事をはじめた。しかし、仕事場から鎚の音が聞こえてこないので、主人が不思議に思い、三日目の夜、約束を破って仕事場の壁に穴を開けてのぞくと、若者は龍となり、両眼と口から火をふき、手で白熱した鉄をひきのばして刀を作っていた。驚いた刀工は、自分の娘の婿としたら大変なことになると思い、出来あがった刀の中から一腰を盗んで鳴沢川に捨てた。約束の朝、若者が刀を持ってきたが一腰たりなかった。若者は悲しい声をふりしぼって「十腰無い、十腰無い」と叫んで立ち去った。そのためこの地が十腰内村となり、残りの九腰の刀は巌鬼山神社に奉納された。数年後、弟が訪ねて来て、十腰の刀を打って娘の入婿になった。弟は、この話を聞き、残鉄を見て自分の兄の鬼神太夫であることを知り、その残鉄を鬼神太夫の形見として祀った。(17)

この伝説では刀鍛冶が「龍」となっているが、(18)ほとんど同じ筋で「鬼」の刀鍛冶の話が津軽以外にもある。宮城県登米郡中田町の伝説はこうである。

むかし、ここに一軒の刀鍛冶がいた。ある時、この鍛冶屋が殿様に百本の刀を献上することになり、刀を打ち始めることになった。その時、妻に向って、今日から仕事を終えるまで、七日間絶対に鍛冶場に近寄ってはならぬ、と強く申し渡し、刀を打ちはじめた。刀鍛冶は不眠不休で刀を打ちつづけた。ところが不思議なことに、一人しかいないはずの鍛冶場から何者かが相鎚を打つ鎚音が聞こえてきた。不審をつのらせた妻は、ついに七日目になって、夫の言いつけも忘れて鍛冶場を覗いた。見ると赤鬼、青鬼が相鎚を打ち、夫はフイゴで真赤に焼けた鉄を口にくわえてのばし、たたいて刀を打っていた。あまりの恐ろしさに驚いた瞬間、今までの音は止り、赤鬼と青鬼の姿も消えてしまった。刀も九十九本までは仕上げたが、最後の百本目は打てなかった。この家の屋号は「めいけん（名剣）」とよばれている……。

石川県鳳至郡門前町剣《つるぎち》地は、江戸時代に針金産地として知られていたが、刀鍛冶の名が鬼神太夫波平行安の名で、次のように語られている。

むかし、この村にどこの者とも知れぬ若い男が来て入聟となった。この男は剣をよく打ち出したが、細工所を人に堅く見せなかった。妻が不思議に思って覗きみると、夫は、その姿が鬼となって口から焰を吹きかけ鉄をのばし刀を作っていた。この有様を妻に見られたのを恥じて、数百の打った剣を持って波の上を走っていった。この時、妻に一振の剣を投げあたえた。その銘に鬼神大王波平行安とあった……。

これと同じ話は、大分県東国東郡国見町鬼籠にもあり、刀鍛冶の名前は鬼神太夫行平で、村人が覗くと、向鎚は顔を真っ赤にした鬼であったという。ちなみに鬼籠には、豊後の刀工として有名な紀行平が住んだと伝える鬼神田という所がある。同県西国東郡香々地三重の夷にも行平伝説があり、ここでは行平が真赤に焼けた鋼を両手でひき伸して刀をつくっていたという(19)。

若尾五雄によると、全国的に鬼伝説は産鉄地に多くみられ、鬼は鍛冶屋とも関係が深い。出羽国鬼坂峠で、鬼が日も暮れて泊まるところが無くて困っている時、ふと鍛冶屋は鬼を嫌わないと聞いていたので、鬼が鍛冶屋を訪ねると、快く泊めてくれた、という伝説がある。刀鍛冶の信仰があつい岐阜県不破郡の南宮大社で出している掛本尊は、金山彦神の下で刀を打つ鬼が描かれている(20)。岩手県大船渡市日頃市町の坂本屋敷という屋号の新沼家に伝わる鍛冶神の掛本尊は、三宝荒神の下で、八匹の鬼たちがフイゴを押し、刀を鍛え、刀を研いでいる。かなり大きな掛軸で、かつてこの村は鍛冶屋が多く、旧暦十一月八日に坂本

鍛冶神の掛軸に描かれた鬼（岩手県日頃市町・新沼家）

屋敷に集まり、この掛軸をかけてフイゴ祭をしたという(21)。こうした鬼を描いた鍛冶神の掛本尊は各地の鍛冶屋でも伝えている。先の刀鍛冶伝説で、鬼の姿で刀を作っていたり、鬼が相鎚で刀を打っている話は、鍛冶屋神の掛軸のイメージが、そのまま物語化したものであることを示している。ところで、先に紹介した津軽の鬼神太夫も本来は龍ではなく鬼である。巌鬼山神社がある十腰内では、次のような鬼伝説が語られている。

むかし、赤倉山の鬼が、この村の万兵衛という長者の娘をほしいと言ってきた。困った長者は、明日の朝までに十腰の刀を鍛えあげれば娘をやる、と約束した。鬼は喜んで赤倉に帰り、十腰の刀を鍛えてきた。しかし長者が数えると一本足りない。長者が詰めよると、鬼はあきらめて赤倉の岩屋に姿をくらませた。刀が十腰無が十腰内になった(22)……。

この伝説では、鬼神社と同じ赤倉山の鬼が、巌鬼山神社のある十腰内に来ており、岩木山の古層の信仰軸の上に出没しているのは注目される。

ところで菅江真澄は、『雪の母呂太奇』で、十腰内に刀鍛冶月山《がっさん》の先祖鬼ノ神太夫が住んだ、という伝説を書いているが、永徳元年（一三八一）の『喜阿弥本銘尽《きあみほんめいつくし》』に、「月山、条々口伝有、鬼王丸出羽国にありし時打という、作者定まらず」と、鬼王丸という月山刀工の名がみえる。(23) 月山山頂の鍛冶小屋で、刀鍛冶が月山と銘をきざんだ刀を打ったという伝説があり、松尾芭蕉も『奥の細道』に書いている。しかし標高が一九七九メートルもの高い山の頂上であり、この鍛冶は、加持祈禱のカジからきたのだろうといわれているが、月山鍛冶の修験的な性格を物語る伝説である。

月山鍛冶は古くから実在した。出羽三山歴史博物館に、月山銘のある直刃調で匂口の弱くうるむ古刀が展示されており、南北朝時代の作とされ、重要美術品となっている。奈良の石上《いそのかみ》神社に残る日本刀の銘にも、陸奥国月山住俘囚臣宇久利、同賀久利、陸奥国月山住俘囚臣部首多久利の名がある。(24) 現存する月山作の内、銘文によって居住地が知られるのは、「月山　谷地之住人俊吉作」とある近世の刀で、谷地とは山形県西村山郡河北《かほく》町谷地《やち》のことである。

また『津軽俗説選』に、湯船《ゆふね》村、鉄敷《かなしき》村は鬼神太夫の古跡とあるが、湯は熔けた鉄をいう。船もタタラ製鉄炉を作る時、炉底や炉土を乾燥させるために大舟と小舟を作るが、大舟の位置が本床《ほんどこ》といって直接の炉底になる。(25) 鉄敷も鍛冶で、焼いた鉄を置いて金鎚で打つ台。いずれも製鉄や製鋼、鍛冶に関係する名前である。

湯舟村にも鬼神太夫伝説がある。源義家の前九年の役の時、猛房という鍛冶の名人が、帰陣の時に暇を乞い、この地に居ついて一生を送った。そのためここを猛房といった。ある時、一人の若者が来て弟子となり、一人娘の聟を鬼神太夫といい、後に十腰の刀を作って去った……、というのである。『青森県の地名』（平凡社）によると、天文年間（一五三二〜五五）の津軽郡中名字に「猛房」とあるのは、湯船村に比定されており、刀剣を作ったという伝説がある。また村域内に「もうくさ」という場所があり、無数の金屎（鉄滓）やフイゴの土管が出土するという。

舞草《もうくさ》は古くから名刀の産地として知られ、平泉《ひらいずみ》にも近いところにある。岩手県一関市舞川の舞草遺跡は、一九六七年に発掘され、土師器《はじき》やタタラ跡と共に、三尊仏と「安房」の名が彫られた石碑が見つかった。正和五年（一三一六）頃の『観智院本銘尽』に、舞草鍛冶として「安房」の名が記されているところから、ここが舞草鍛冶の遺跡と確認された。[26]

『観智院本銘尽』に幡房《もうふさ》、森房《もりふさ》の名があり、津軽の湯船村の「猛房《もうふさ》」と酷似した舞草の刀鍛冶の名が載るが、『富士《ふじ》の人穴草子《ひとあなぞうし》』に「もうふさづくりの太刀」、『桂川地蔵記』に「奥州舞房光長」とみえる。『義経記』にも、佐藤忠信が切腹する時、刀を左の脇腹に刺し貫き、右にするりと引廻し、次に胸元から臍の下まで切り下げてから、刀をぬいてしみじみ眺め、「あはれ刀や舞房に誂へて、よくよく作ると云（ひ）たりし効《しるし》あり、腹を切るに少しも物の障る様にもなきものかな……」と言うシーンがある。舞草刀は名刀として広く知られていたことがわかる。[27]

また石川県の鬼神大王波平行安や大分県の鬼神太夫行平にも名刀工のモデルがある。波平行安は薩摩国谷山郡の出身で寛弘年間（一〇〇四〜一二）の刀工。行平は英彦山《ひこさん》で三千八百坊の山伏の刀を精鍛した僧定秀の子供または弟子といい、一介の山伏鍛冶なのに後鳥羽上皇の御番鍛冶に選ばれた名刀工であった。[28]

これら鬼神太夫伝説は、真言系の行人や聖などが弘法大師伝説を全国に広めたように、鍛冶屋などが、実在の名刀工に鬼神の名をつけた伝説を創り、各地に持ち歩いたことを物語っている。鬼神太夫伝説の担い手は、単に刀鍛冶だけでなく、鍬や鎌などを作る農鍛冶、あるいはタタラ製鉄で鋼《はがね》を作る大鍛冶、などにまで広げたほうが良いと思われる。

津軽の鬼神太夫や猛房の伝説がある湯船村の湯船神社の御神体は玉鋼であり、高倉神社の御神体は鉄滓、小屋敷の桂山にある八幡神社にも鬼神太夫が残していったという玉鋼が祀ってある。桂山からは今も地面を掘ると多くの鉄滓がでる。

刀鍛冶は鉄という金属を精神的な結晶ともいえる日本刀にまで高めた点で宗教的色彩の強い技術者である。出羽三山の月山鍛冶や英彦山の鬼神太夫行平の伝説は、刀鍛冶の修験的な性格を暗示している。鉄をはじめとする金属や鉱山の技術は、農業や漁業、林業などの技術と異なり、特殊で高度な技術を必要とする。それは神秘的であり呪術的、まさに鬼神の技術といってよかった。

エリアーデによると、シベリアや中央アジアのシャーマンのイニシエーション体験には、鍛冶師の身振り、道具、シンボルを伝えており、ヤクート族では、始祖エルリエイは最初の鍛冶師であったとしており、鍛冶師にもシャーマンのような呪力があると信じられているという(29)。鍛冶屋とシャーマンの親縁性は田中克己も指摘している(30)。これは日本的シャーマンである修験道にも一脈通ずるところがある。

私は出羽三山の羽黒修験や遠野の早池峰《はやちね》修験などを調べ、古くは修験が金属・鉱山技術に通じていたことを指摘してきた(31)。岩木山で、古くから開けた巌鬼山神社がある赤倉側の鬼伝説も、かつての修験道がもっていた一面を伝えているのではなかろうか。

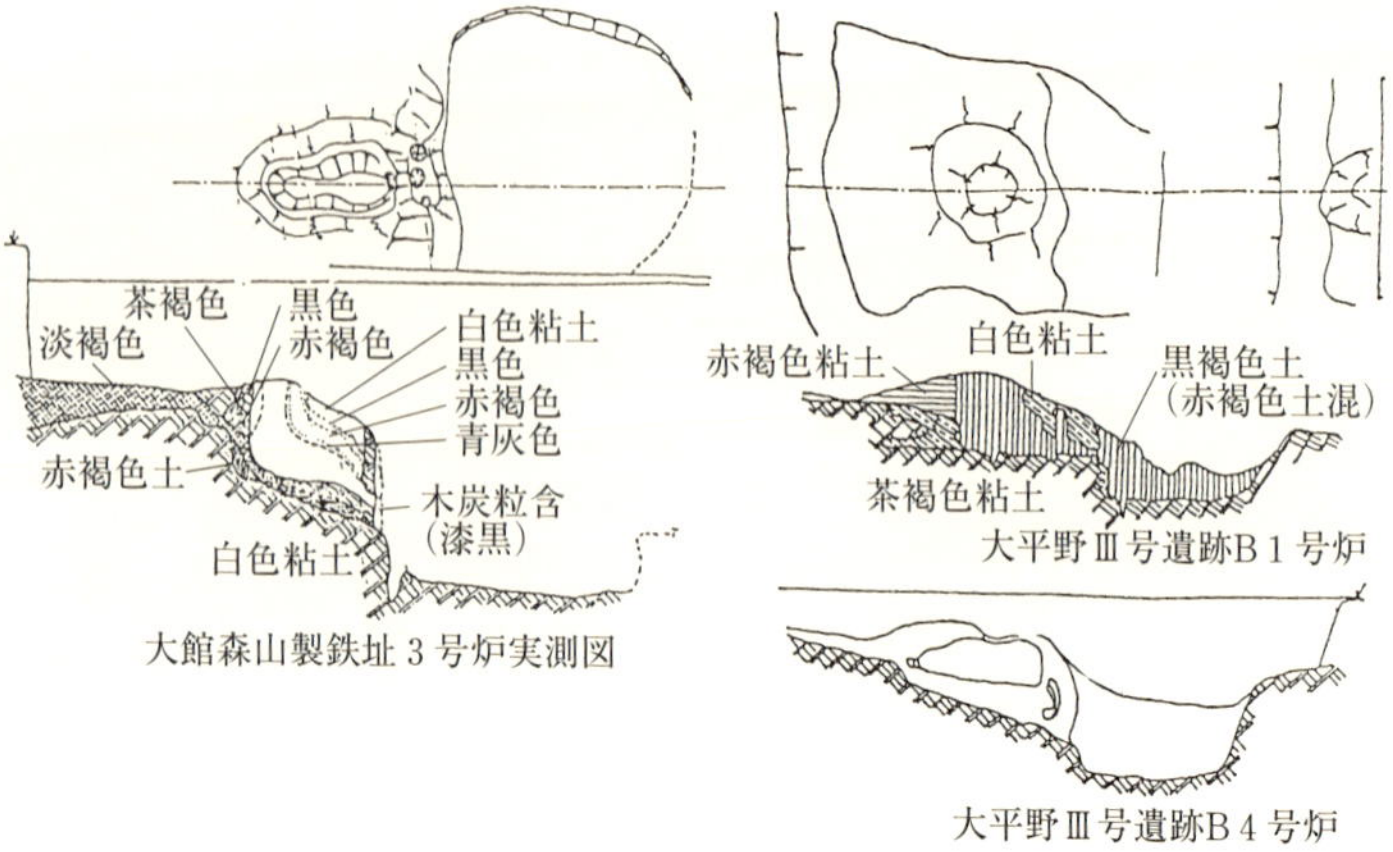

岩木山北麓の製鉄趾（『岩木山——岩木山麓古代遺跡発掘調査報告書』より）

岩木山麓の製鉄遺跡

興味深いことは、これら鉄と鬼の伝説がある岩木山の赤倉側の山麓一帯から、考古学の調査で、製鉄遺跡が集中して発掘されたのである。発掘は一九五八年から六一年にかけて、岩木山麓埋蔵文化財緊急調査特別委員会によっておこなわれ、一九六七年に『岩木山——岩木山麓古代遺跡発掘調査報告書』として刊行された。

製鉄遺跡が発見されたのは、常盤野《ときわの》、浮橋《うきはし》貝塚、外馬屋《そとまや》、若山《わかやま》、大曲《おおまがり》Ⅳ号、大平野《おおだいの》Ⅲ号、大館森山《おおだてもりやま》の七遺跡で、このうち常盤野だけが岩木山の南麓で、あとはすべて北から北東にかけての赤倉側に分布している。これらの遺跡から土師器や須恵器などと共に、鉄滓や鉄製の山刀、釘や鏃《やじり》、鍛冶用の金敷台などが出土した。なかでも大館森山から四基、大平野Ⅲ号から十数基の製鉄炉が発見されて注目された。

比較的に製鉄炉が完形に近く発掘された大館森山Ⅲ号炉の場合、炉体はいずれも幅二五センチメートル、長さ三〇センチメートル、高さ三〇センチメートル程度で、前方湯口に通じる開孔痕があった。後方には上部に向って一三〜一五センチメートルの煙筒に相当する開孔が設けられていた。

これら岩木山麓の製鉄遺跡の時代について、全調査を総括した八幡一郎は、奈良・平安のころに岩木山麓が製鉱地帯として開発されたと推定している[32]。斎藤忠らは、出土した壷形土器や把手土器などから、平安時代後半期から中世、大館森山遺跡を古代末期を前後する時期に岩木山麓に多く分布していた製鉄遺跡の一つと推定している[33]。

この調査とは別に桜井清彦が、この岩木山麓遺跡より北の森田村付近の製鉄遺跡を発掘しているが、森田村八重菊では平安時代初期、森田村赤坂では平安時代後期と推定している[34]。

これに対して戸沢武は、岩木山麓の大平野遺跡の場合は、炉の構造から江戸時代初期と推定している[35]。大館森山の製鉄炉は、燃料挿入口より木炭と原鉱を入れ、熔けた鉄を湯口より流し出し、自然冷却させる〝鉄押し法〟の製鉄炉であるという。

ところが、大平野B・C号は、すべて炉底のみで発見され、炉体は残存していない。そのため製鉄が終ると炉壁を壊して取りだす〝鉧《けら》押し法〟ではないかという。また大平野A1・2号炉は大鍛冶用の火床だという。大鍛冶とは、鉧押し法でできた銑《ずく》や鉧《けら》をこの炉で熱処理し、鎚でたたき脱炭して鋼にする作業をいう。つまり製鉄炉ではなく製鋼炉だというのである。

また大館森山の製鉄遺構には柱穴が無く露天操業の野鑪《のだたら》であるが、大平野B4・5号は屋根がある高殿《たかどの》操業で三基並列炉となっている。これは鉧鋼生産へと技術の進歩を示し、大量生産を計ったもので、従来知られている製鉄関係の古記録にはまったく記載のない独特の形式であるという。

しかし戸沢もすべての製鉄遺跡を江戸時代初期としているのではなく、大館森山土師住居址群と製鉄址群は、南北朝時代の可能性があると推定している。

考古学の発掘調査によって、岩木山の赤倉側の山麓一帯で、古代から近世にかけて、製鉄や製鋼、鍛冶がおこなわれていたことが明らかになってきたのである。

津軽藩では、慶長八、九年の頃、秋田から鉄吹きの一団を呼びよせて鰺ヶ沢港に上陸しているが、その後の記録がない。慶長九年（一六〇四）に相州の刀工・綱広を招き、慶長十一年までの三年間に三〇〇腰もの刀を鍛えさせている。慶長十五年、南部領の田名部《たなぶ》から一三〇余名の鉄吹きの集団を密かに呼び、津軽半島の小国山中で鉄を吹かせた。これらは慶長十五、六年の弘前城築城のためではないかという。

赤倉山の鬼神が鉄の鍬で灌漑工事をしてくれたという鬼神社の伝説や、十腰内の鬼神太夫伝説には、こうした岩木山麓に歴史的に実在した金属民のイメージも反映しているのではないかと思われる。

鬼神社の七日堂祭

巌鬼山神社から東南へ約七キロの鬼沢村《おにざわ》に〝赤倉山の鬼神〟を祀る鬼神社《きじんじゃ》（弘前市鬼沢字菖蒲沢）がある。明治六年（一八七三）まで赤倉山鬼神大権現といい、巌鬼山神社（巌鬼山西方寺観音院）から遷座したと伝え、次のような伝説がある。

むかし、この村に弥十郎という農民がいた。弥十郎が赤倉山に薪を切りに行った時、大人《おおひと》が現れて相撲をとって親しくなった。その後、弥十郎が田畑を開墾する時、大人が手伝ってくれた。しかし水利が悪くて草田になってしまった。困った弥十郎が大人に話すと、新田に水をひいてくれた。その水は

鬼神社　鬼の奉納額

「赤倉嶽ノ深谷ヨリ数丈ノ滝口、大石数百個を砕キ……」という大工事で堰《せき》を作り、王余魚《かれい》沢から水を逆流させ、村まで水路がひかれていた。喜んだ村人は、鬼神に感謝して、村の名前を鬼沢と改め、堰を鬼神堰とよんだ。ところが弥十郎の妻が、その姿を密かに見ようとしたため、大人は鍬とミノ笠を投げだして姿を消した。村人はその鍬とミノ笠をご神体として祀った。それが鬼神社のはじまりである。[36]

この鬼神社で旧暦の正月二十九日に、鬼神に由来する〝七日堂祭〟という特殊神事がおこなわれる。

鬼神社の七日堂祭は、まず弘前の天満宮宮司・宇庭定憲氏の祓詞《はらえのことば》、祝詞《のりと》の奏上ではじまる。宇庭氏は、あの赤倉沢で雨乞い祈禱をした修験・大行院の子孫で、明治の神仏分離で神道に改宗し、天満宮の宮司になっている。

宇庭氏の祓詞、祝詞奏上は、ごく一般の神道式で、この後、村人によって鬼神社の特殊神事となる。そ

鬼神社　鉄の農具の奉納額

の内容は、㈠御神火行事、㈡御柳《みやなぎ》行事、㈢御宝印行事、㈣三拍子行事、㈤臼鍋餅行事の五つの神事から成り立つ。

㈠御神火行事

御神火行事者は、火打石と火打金で火を切りだし、モグサに点火し、柾附木に火を移して、まず神前の護摩焚用のローソクに点火する。次いで春・夏・秋・冬の四本のローソクに点火する。この四本のローソクの燃え具合で、四季それぞれの気候を占う。

㈡御柳行事

御柳行事者は、祭場の中央に進み、典侍《てんじ》（補佐役）から柳の木を受ける。次に柳を高く捧げ、「一《ひ》二《ふ》三《み》四《よー》タリー」と高唱して左方に二回まわしてから盤上に垂直に強く打ち下ろす。次に「五《い》六《む》七《な》八《やー》タリー」と高唱し、柳を右方に二回転させてから盤上に打ち下ろす。最後に「九十《こと》十一《じゅい》十二《じゅーに》タリー」と左方に二回転させて盤上に打ち下ろす。

この柳について、鬼神社の「鬼神社七日堂祭式書」（以下「祭式書」と略す）に、「柳ハ凡ソ高サ八尺樹冠六尺木口二寸五分ノ柳ヲ樹齢三年生ヲ用フ」と定めている。枝には多くの神札や護符や種籾の穂の束がさげられており、柳の木を垂直に強く打ち下ろす瞬間に、神札が落ちなければ吉、落ちれば凶とし、三回の神事で、早稲《わせ》、中稲《なか》、晩稲《おく》の豊凶を占う。

㈢御宝印行事

行事者は宝印の棹を持ち、まず正面の神前を押す。次に垂直にして天を押し、次に下に向けて地を押

鬼神社七日堂祭　御柳行事

す。次いで南、東、西、北を押す。最後に神官や奉仕者、次いで一般観衆の面を押す。

宝印は、木口一寸五分で長さ八尺の棹に神印を取りつけ、その上部を牛玉宝印《ごおうほういん》を押捺した紙十二枚（各四枚をそろえて斜めに合せ重ねる）で包み、麻糸で結ぶ。除疫の神事とされている。

㈣三拍子行事

各行事者はそれぞれの位置につく。神前に向って左前方に太鼓、右前方に護摩、中央に大幣束《だいへいそく》、その後方に鎌、平鍬《ひらぐわ》、三本鍬、太刀が並列する。なお太刀とは田の畔《あぜ》を切る農具で田刀《たがたな》ともいう。

まず護摩行事者が典侍から神前の護摩用神火を授けられ、鉄釜（火鍋）に移す。鉄釜にはカンナ屑が入れてあり、よく燃えるように白シメ油がかけてある。（なお、カンナ屑の間には小さな餅が入れてあり、〝護摩ノ餅〟とよばれ、式終了後に参会者にくばられる）。

次に大幣束、太鼓、太刀、平鍬《ひらぐわ》、三本鍬、鎌の各行事者がそれぞれの道具を典侍から授けられ

鬼神社七日堂祭　三拍子行事

所定の位置に着く。ただし太鼓は鉄釜と共に最初から置いてあるので、授けられるのは太鼓の撥《ばち》である。

三拍子行事は、裃《かみしも》（導師役）の「各々本日ハ重キ御祭事ニツキ、毎々ノ通リ鬨ノ声ヲ上ケ給ヒ」という申し渡しではじまる。

裃が「揃ツタカ　揃ツタカ」と二唱し、行事者は「オーオー」と二唱、裃が拍子木を二回パンパンと打つ。行事書は「オーオーオーオー」と四唱し、太鼓はドンドンドンドンと四打する。太鼓の打ち終りの音に合わせ、護摩は蓋を一瞬開けて炎をあげ、大幣、太刀、平鍬、三本鍬、鎌は盤上に打ち下す。

この時、太鼓の音、護摩の火、大幣と四種の農具が床を打つ音が一致すれば吉とする。この行事で、太鼓は雷雨、護摩は暑気旱天、大幣は風、太刀、平鍬、三本鍬、鎌は農終いを占う。同じ所作を計三回おこない、早稲、中稲、晩稲を占う。

㈤臼鍋餅行事

前日に大きな臼鍋のような大きな餅を三個つくり、白米を敷いた上に置く。この時、餅にまぶすのは米の粉ではなく豆の粉を用いる。神前で祈禱をおこない、一昼夜置いて七日堂祭を待つ。典侍が神前の臼鍋餅を持ちあげ、餅の底を神官、行事者、観衆に見せて歩き、米粒のつき具合を示す。三つの餅で早稲、中稲、晩稲を占う。

以上で七日堂祭はすべて終るが、御柳行事、三拍子行事、臼鍋餅行事の三つの神事を総合して判断し、早稲、中稲、晩稲の豊凶を占う。

猿賀神社と岩木山神社

鬼神社は名神大社ではない。どこにでもありそうな村の鎮守といった小さな神社である。それにもかかわらず、七日堂祭が実に複雑な儀礼で構成された神事なのに驚かされる。なぜ、このような複雑な神事が鬼神社に伝えられているのだろう。

鬼神社は、岩木山神社の元宮にあたる巌鬼山神社から遷座したという伝承をもつ。巌鬼山神社の本尊は、明治の神仏分離までは十一面観音だった。ここから遷座してきたという鬼神社の鬼神は、出羽三山の三宝荒神のように、本尊の十一面観音を裏から守護する地主神であり、岩木山始源の神ではなかろうか。

鬼神社以外の津軽の寺社で、七日堂祭がおこなわれるのは、岩木山神社と猿賀《さるが》神社（南津軽郡尾上《おのえ》町猿賀）だけである（共に祭日は旧正月七日）。岩木山神社には、坂上田村麻呂の鬼退治伝説があるが、猿賀神社にも田村麻呂が岩木山の鬼を殺して境内の森に埋めたという伝説がある。津軽藩では、領内の古寺名刹を選んで、真言五山（最勝《さいしょう》院、岩木山百沢寺、橋雲《きょううん》寺、久渡《くど》寺、国上《こくじょう》寺）と天台四山（猿賀山神宮寺、報恩《ほうおん》寺、袋宮寺《たいぐう》、薬王院）に定めたが、岩木山神社（百沢寺）と猿賀神社（神宮寺）は、それぞれ真言五山と天台四山を代表する古寺名刹であった。岩木山神社の旧暦八月朔日のお山参詣と猿賀神社の旧暦八月十五日の大祭は、共に津軽最大の祭として、たいへんな賑わいをみせる。以下、鬼神社と猿賀神社、岩木山神社の七日堂祭を比較してみたい。

猿賀神社の七日堂祭では、〝柳からみ神事〟〝護摩ノ餅まき神事〟がおこなわれる。

〝柳からみ神事〟は、拝殿で太鼓の音に合わせて、柳の木を水平に盤上にたたきつける。柳の木の先には御幣がつけられており、枝には十二枚のシデ（閏年は十三枚）がさげられている。平年は十二回、閏年は十三回たたきつけ、小枝が折れてとび散る。枝が折れるほど吉とされ、早稲、中稲、晩稲の豊凶を占う。終ると観衆は散乱した小枝をひろいあい、家に持ち帰って春の種籾を水にひたす時に入れて豊作祈願をする。〝護摩ノ餅まき神事〟は、境内の大木に設けられたやぐらの上から、紅白の餅がまかれる。この餅は神饌《しんせん》田で収穫した餅米で搗き、護摩ノ餅といい、食べると無病息災の効験ありとされている。

猿賀神社の〝柳からみ神事〟は、同じ柳を使う神事でも、枝を水平に打ちつけ、数も十二回（閏年は十三回）、枝が折れるほど吉とする。それに対して鬼神社では垂直に三回、神札や護符が落ちないほど吉とする。〝護摩の餅まき神事〟の餅も、鬼神社のように実際に護摩の火で焼かない。猿賀神社の七日堂祭は、鬼神社とは大きく違っており、鬼神社とは別系統と思われる。

岩木山神社の七日堂祭

岩木山神社の七日堂祭では、〝御柳《みやなぎ》神事〟〝御宝印神事〟〝三拍子神事〟〝散米《さんまい》神事〟がおこなわれる。

岩木山神社の〝御柳神事〟は、鬼神社と同じように柳の木を二回転してから三回目に持ち上げて垂直に打ち下ろす。これを三回くり返して早稲、中稲、晩稲の豊凶を占うのも同じである。ただ、この時の唱え言が、「一二三四五《ひふみよいつ》ナリー」「六七八九十《むなやこと》タリー」「百千《ももち》万億兆《よろずおくちょう》ナルー」と、数字の桁が大きくなっているだけで内容は同じである。柳の枝には、柳守、虫除札、蘇民将来の札、種籾の穂がさげられている。

〝御宝印神事〟も鬼神社と同じく、神前、天、地、四方、神官、観衆と押してゆく。牛玉宝印の神印を長さ一丈余りの胡桃《くるみ》の若生の木につけ、牛玉宝印を押捺した大奉書紙四枚、美濃半紙四枚、普通半紙四枚の計十二枚を胡桃の木の先をくるむようにして付ける。疫病退散を祈る。

〝三拍子神事〟は、「三拍子そろったか」のかけ声に「オー」と答え（これを二回）、拍子木をパンパンと二回たたいてから始まるのは同じである。しかし、岩木山神社では、護摩、御幣、太鼓だけで、鬼神社のように太刀、平鍬、三本鍬、鎌の四農具は無い。

御幣は風、護摩は暑さ、太鼓は雨を表す。岩木山神社では、鉄釜から護摩の火を一瞬出すのではなく、鉄釜に木製の蓋をする時の音を重視する。すなわち御幣を打ち下ろす音、護摩の鉄釜に蓋をする音、太鼓の打ち終りの音、この三つの音がそろえば吉とし、三回おこない、早稲、中稲、晩稲の豊凶を占うのは同じである。

なお護摩の鉄釜の底には大きなお供え餅が入れてあり、そのつどカンナガラを入れてゴマ油をかけて燃やす。カンナガラは夏のお山参詣で奉納されたボンデン（大幣束）のものを用いる。また鉄釜で焼かれた餅は、小さく割って〝護摩ノ餅〟としてくばられ、無病息災の効ありとされる。

〝散米神事〟は、神職が「神徳高山《しんとくこうさん》、帝徳深海《ていとくしんかい》、岩木山大神の、大稔《おおみの》りの、稲穂なれば、撒けども撒けども、つきもせず、四方に撒いて、地に撒き止む」と呪言を高唱して、三宝に盛った御神米を天地四方に撒く。この時、田植の種籾を撒く所作でおこない、稲の豊作を祈る(37)。

こうして眺めると、岩木山神社と鬼神社の七日堂祭は非常に近いことが分かる。〝御柳行事〟〝御宝印行事〟〝三拍子行事〟は、ほとんど同じである。しかし両者には違いもある。異なる点は、鬼神社の〝三拍子行事〟には、太刀、平鍬、三本鍬、鎌の四農具があるが岩木山神社には無い。また、鬼神社には〝御神火行事〟と〝臼鍋餅行事〟があり、岩木山神社には〝散米神事〟がある。

このうち〝御神火行事〟〝臼鍋餅行事〟〝散米神事〟は民間でおこなわれていた小正月の民俗行事をアレンジして取り入れたものと思われる。岩木山神社の〝散米神事〟の種まきの所作も雪中田植など同じ正月の予祝行事であり、これに対応する鬼神社の〝臼鍋餅行事〟は、この地方で各家々でおこなわれていた民俗である。

鬼神社の〝御神火行事〟は、中津軽郡相馬《そうま》村沢田の神明宮で正月十五日におこなわれる〝ローソク祭〟をヒントに創られたのかもしれない。当日の夜、神明宮が祀られる洞窟の中に、村人たちが次々と太いローソクに火をともして立ててゆく。洞内に岩から落ちる水が太い氷の柱となっているが、翌日の神事で、この氷の柱と前夜に溶けて流れたローソクのロウの形から豊凶を占う。こうした民間の正月行事が七日堂祭の神事として取り入れられたのではないかと思われる。

神事の中に隠された鬼神

鬼神社と岩木山神社の七日堂祭で近似するのは、〝御柳行事〟〝御宝印行事〟〝三拍子行事〟である。このうち〝御宝印行事〟は、南都六宗や天台・真言宗の各地の古刹でみられる牛玉加持の一種で、修正会《しゅしょうえ》の結願として、本尊の分霊である牛玉宝印を信者に授けるという信仰からきている。そこで〝御柳行事〟と〝三拍子行事〟について検討したい。次にあげるのは、鬼神社の「祭式書」に書かれる定め書きである。

定メノ事

一、御柳行事ハ最モ重キ故　是レニ奉仕スル人ハ舘ノ家ノ正当ナル戸主是ニ当リ他ノ者奉仕ヲ許サス
　但シ忌ムヘキ事故生シタルトキハ
　　其ノ年ニ限リ代人ヲ以テスル事ヲ得
　　戸主幼少ナルトキハ介添ヲ附ス
二、御柳ハ鬼神堰ノ両側ニ栽植シタルモノ以外使用スルヲ許サス
三、神ヲ畏レ違背シマシキ事

この「定メノ事」からも、鬼神社では〝御柳行事〟が特別に重視されていることを示している。〝御柳行事〟をすることに定められた「舘《たて》ノ家」とは、鬼神社の氏子総代をする藤田湖一さんの家の屋号である。中世津軽の豪族・安東氏の家来だったと伝え、庄屋をつとめた旧家である。鬼神社の横にあり、後述する元旦の〝裸参り〟で若者たちが雪水の大桶に入って水垢離をとるのもこの家の庭である。むかし先祖が赤倉山に行き、鬼神社を守るようにお告げをうけたという言い伝えがあるという。御柳行事役は、しばらく氏子がまわり持ちでやっていたが、二、三年前から再び舘の家の当主・藤田さんが奉仕することになっている。

特に注目したいのは、〝御柳行事〟に用いる柳は「鬼神堰」の両岸から切ることが定められている点だ。

現在は適当な太さの柳を見つけるのがむずかしいので、別な場所でも切ってくるが、鬼神堰とは、鬼神社に祀られる鬼神が作ったという伝説の聖地である。この柳は鬼神の神霊が宿る神木なのである。

それはこの柳の枝に多くの神札や護符がつけられていることからもうかがうことができる。「祭式書」には、「柳ノ枝ニハ柳守、御符、除蝗神札、蘇民将来神札、種籾ヲ紙捻リニテ各十二個宛垂レ下ケ、恰モ稲ノ穂ノ態ヲシタ大嘉柳一本ヲ作ル」と記されている。

実際に柳をみると、もっと多くさがっている。その種類は「鬼神社祈禱脩」「鬼神大神の御影」「鬼神昆虫退散五穀成就」「鬼神社御守護　病虫害退散五穀豊穣　果実野菜成就」「鬼神大神御守護　家内安全　諸難退散」「蘇民将来」「鬼神社　交通安全」の神札や護符、それに金、銀、赤の御守、種籾の穂……と、実に多くの神札や護符などがさがっているのである。鬼神によせる村人の期待の大きさを示すと共に、この柳が鬼神の神霊が宿る神木であることを見ることができる。まさに鬼神社の御柳行事は、鬼神に託宣をあおぐ神事なのである。

次に注目したいのは〝三拍子行事〟である。〝三拍子行事〟の時、袮が「各々本日ハ重キ御祭事ニツキ、毎々ノ通リ鬨ノ声ヲ上ケ給ヒ」と申し渡すが、鬼神社七日堂祭のすべての神事で、このような申し渡しがあるのは〝三拍子行事〟だけである。

先にふれたように、鬼神社の〝三拍子行事〟は、岩木山神社にくらべて、護摩、太鼓、御幣は同じだが、鬼神社には太刀、平鍬、三本鍬、鎌の四つの農具が加わっている。この四つの農具はすべて柄の先に鉄の刃がついているが、鬼神社に独自のこの四つの鉄の農具には、特別な意味がこめられているにちがいない。

寛政二年（一七九〇）から寛政七年（一七九五）にまとめられた『津軽俗説選』に「鬼を祭る宮」として、「高杉県鬼沢村の産神、鬼の宮は鬼を祭りたる故端午に菖蒲を葺す。節分に大豆を打ぬは此村のなら

はしといへり。先年鬼の宮開帖の節此神の持し鍬なりとて、三尺位斗ある鍬などを見せたり……」と記している。(38)

鬼沢村では、今も節分に豆をまかないし、端午の節句に菖蒲や蓬を屋根にのせない。鬼沢村では鬼はありがたい神さまであり、鬼を追いだすことなど考えられないことなのである。当時、鬼神が使ったという鍬を開帳しているが、これは御神体の鍬なのだろうか。

菅江真澄も『津可呂《つがろ》の奥』に「北なる麓には鬼沢村の鬼神の祠とて、それに平五尺あまりの鍬あり。こは、こゝに田作らんとて水こひいのりしとき、一夜のほどに山みづの逆に流れ出て、山田にもせき入ぬ(39)」と記している。

そもそも鬼神社の祭神は、赤倉山から水をひいてくれた鬼神の神霊であり、御神体は鬼神が使った鍬であると言い伝えられている。しかし鬼神社の御神体を見ることはタブーとされ、秘密のベールにつつまれていた。ところが数年前に地元テレビ局で、はじめて御神体が映しだされたのである。鬼神社の御神体は、言い伝えどおり、ぼろぼろにさびた鉄の平鍬の刃で、古い形式のV型をしていた。ただ、三尺や五尺は少しオーバーで、テレビの画面なのではっきり分からないが、五〇センチ位のように見えた。

御神体が鬼神が使った鍬とされるところから、鬼神社の拝殿の周囲には、大きな平鍬や三本鍬、鎌、太刀などの鉄の農具を打ちつけた奉納額がかかっている。その異様な大きさの鍬や鎌などの鉄の農具をみていると、いかにも社殿の中に鬼神がひそんでいるようで、ここが特別な神社であると実感できる。鬼神社の〝三拍子行事〟に、四種の鉄の農具が加わり、ここ独自の呪具となっているのも、鉄の農具こそ鬼神のシンボルにほかならないからだ。

〝三拍子行事〟の時、大幣束は柄の底を盤上に打ち下ろす。しかし四種の農具は、その逆で鉄の刃の方を下にして打ち下ろす。一方、柄の上部には小さな御幣が立てられており、四種の農具は神霊が憑く呪具であることを示している。まさに鉄の農具が盤上に打ち下ろされてひびく音は、鬼神が発する声なのだ。鬼神社の〝三拍子行事〟は、鬼神の声によって豊凶を占う神事なのである。

国家的な非常時に再生した鬼神

七日堂祭の儀礼を解読したところ、御柳行事と三拍子行事の中に〝赤倉山の鬼神〟がシンボライズされていることが明らかになってきた。さらに〝赤倉山の鬼神〟には、十腰内の鬼神太夫伝説や考古学の発掘で浮かび上った金属民のイメージも重ねられていることも分かってきたのである。

しかし鬼神社の七日堂祭は、すべての神事が古いわけではない。実は私も二十数年前に訪れて以来、伝説や村人の話から、七日堂祭の神事がすべて中世あたりから続く古いものではないかと思っていた。特に南都六宗や密教系の古い寺院でみられる牛玉《ごおう》加持の一種である御宝印行事がおこなわれることから、その印象を受けてしまったのである。ところが現在の七日堂祭は、昭和十五年（一九四〇）に再興され、その時に新しく現在の形式に再構成されたらしいのである。

「鬼神社七日堂祭式書」は、表紙に「昭和十五年旧正月二十九日」の日付けがあり、丁寧な楷書体で神事の手順が書かれているが、巻末の三ページに、あきらかに本文とは別人とわかる走り書きのような字体で、「由来」として次のようなメモが書き加えられていた。文章がまわりくどいので要約して紹介する。

鬼神社では古き昔より農耕の神として津軽農民に信仰せられ、神社では、毎年旧正月に神官と村人によって七日堂祭がおこなわれていたという。それが中断せられたためにか、農家が各自家庭で、旧正月（歳の初）に臼鍋ノ餅、粟穂、雪中田植で豊穣祈願と占いをしてきた。村人有志で再興が企画され、昭和十四年から準備し、これまで各家庭でおこなわれていた事柄も参考に前記要項を定め、昭和十五年旧正月二十九日の例祭を期して再興した。七日堂祭が中絶した原因は、文化十年（一八一三）に起った農民一揆であるように伝えられる……、というのである。

鬼神社では、七日堂祭といいながら二十九日におこなわれるのは、昭和十五年に旧正月二十九日の例祭を期して再興されたからなのであろう。七日堂とは、七日の日に神事をする堂宇を特別にこう呼ぶのである。すると鬼神社の七日堂祭は、古くは元旦におこなわれる〝裸参り〟から七日目の修正会の結願《けちがん》の神事として催されていた可能性がある。

鬼神社の〝裸参り〟は、旧正月元旦の朝、若者たちが雪水を入れた大桶に首まで入って水垢離《みずごり》をとった後、フンドシ一つの裸になって大注連縄《シメ》をかつぎ、笛と太鼓の登山囃子の行列で進み、村内七か所の神社や祠に大注連縄を奉納する祭である。

次に、七日堂祭を再興する時、各家庭で旧正月におこなわれていた臼鍋ノ餅、粟穂、雪中田植などを参考にして祭式を定めたとあるが、七日堂祭には粟穂や雪中田植は取り入れられていない。おそらく民間に伝わる正月の民俗行事をアレンジして〝臼鍋餅行事〟と〝御神火行事〟として加えられたことをさすものと思われる。

また中絶した原因を文化十年の一揆としているが、この年、津軽各地で一揆が続発し、九月二十八日、鼻和《はなわ》庄の農民二〇〇〇人が弘前城におしかけて強訴した。この一揆で、鬼沢村の庄屋代理・藤田民次郎が二十二歳の若さで、全責任を一身に背負って斬首されたことをさす。ただ、この一揆で鬼神社が廃絶したわけではない。「祭式書」のメモも、「当村ノ義民藤田民次郎ハ其全責任負ヒ刑場ノ露ト化シタ事件ハ余リニモ人々ノ脳裏ニ深カッタ騒動デアッタ為メデアルヤウ伝ヘラル」と、いかにも遠まわしな書き方をしている。

鬼神社の役員だった故・須藤晃良《すどうあきよし》さんによると、鬼神社に弘化二年（一八四五）銘の三拍子行事用の鉄釜があり、少なくとも幕末までは〝三拍子行事〟が続けられており、文化十年から全面的に中断していたとは考えられないという。おそらく近世には、津軽修験の大行院によって神事がおこなわれていたのであろう。

この鉄釜や「祭式書」のメモからみて、鬼神社には現在の七日堂祭に先行する神事があり、明治の神仏分離以後、いつ頃からか中断していたのを、昭和十五年に現在の祭式に整えて再興されたようだ。再興時にどの神事が加えられたのか、さらに疑って、すべての神事が創始されたかもしれないということも視野に入れながら、今後調べる必要があろう。

ここで問題なのは、鬼神社の七日堂祭が再興されたのが昭和十五年であったことだ。昭和十五年といえば、紀元二六〇〇年にあたっている。明治五年（一八七二）の太政官布告で、明治政府は『日本書紀』の神武天皇即位の「辛酉」の年を学問的な根拠のないままに日本紀元と定め、西洋暦のBC六六〇年であるとした。昭和十五年（一九四〇）が二六〇〇年になるところから、日本全国で「皇紀二千六百年」の奉祝行事が盛大におこなわれ、現人神《あらひとがみ》の天皇を頂点とする神国日本の国威高揚がはかられた。鬼神社の七日堂祭再興も紀元二六〇〇年に合わせたものではないかと思われるのだ。しかし、時局は風雲急をつげていた。

昭和十二年（一九三七）七月七日、盧溝橋で日中両軍が衝突し日中戦争が起った。弘前の第八師団の兵舎は応召兵にあふれ、市内各所の民家にも兵士が宿泊し、弘前は戦時気運が高まっていた(40)。昭和十三年四月一日、国家総動員法が公布された。

昭和十四年（一九三九）三月九日、兵役法改正公布。五月十二日、ノモンハン事件。七月八日、国民徴用令公布。九月一日、ドイツ軍、ポーランドに侵攻し第二次世界大戦勃発。

昭和十五年三月九日、衆議院で聖戦貫徹決議案可決。九月二十三日、日本軍、北部仏印に進駐。九月二十七日、日独伊三国同盟調印。十月十二日、大政翼賛会発会式。

そして昭和十六年（一九四一）十二月八日、ハワイ真珠湾攻撃、太平洋戦争へと拡大……。こうして日本は破滅への道をつき進んでいった。

七日堂祭が再興されたのは、まさに国家的な非常時にあたっていた。ただ不思議なのは、紀元二六〇〇年を祝って再興されたのなら、〝万世一系〟とか〝天壌無窮〟、〝国家鎮護〟〝武運長久〟といった天皇や大日本帝国の繁栄を祈る言葉で、再興の趣旨が書いてありそうなものだが、「祭式書」のどこにもそんな言葉は見あたらない。御柳行事の柳の枝にさげることが定められているのも、鬼神や除蝗などの神札や護符であり、神武天皇や今上天皇の神札は無いのである。

しかも岩木山神社の縁起によれば、〝赤倉山の鬼神〟は、天皇の命により、征伐された魍魎精鬼や辺夷姦鬼であり、いわば天皇国家に対する逆賊である。むろん鬼沢村の人たちに、そんな反体制思想などあるはずがなく、〝赤倉山の鬼神〟は、先祖が古くから崇拝してきた津軽古層の土地の神であり、岩木山始源の神だ。

まるで国家存亡の危機を察知したかのように、〝赤倉山の鬼神〟が鬼神社七日堂祭の中で再生したのである。

注

(1) 内藤正敏「赤倉山のゴミソ」(『季刊現代宗教』一—一、一九七五年)。
(2) 『岩木山——岩木山麓古代遺跡発掘調査報告書』岩木山刊行会、一九六六年。
(3) 『菅江真澄全集』三巻、未来社、一九七二年。なお真澄は、岩木山を「磐城山」と書いているが、「岩木山縁起」(五来重編『修験道史料集(一)』名著出版、一九八三年)に「岩木山名号不一……曰く磐椅山」とみえる。
(4) 神田孝平「陸奥国岩木山神社石櫃ノ記」(『東京人類学会報告』二—十二、一八八七年)。
(5) 「岩木山百沢寺光明院」(五来編前掲書、注3)。
(6) 『拾塊集』(『神道大系・神社編三十二、出羽三山』同編纂会、一九八二年)。
(7) 「出羽国大泉庄三権現縁起」(前掲書、注6)。
(8) 「封内郷村志」(『南部叢書』(五) 歴史図書社、一九七一年)。
(9) 「阿沙縛抄」(『大日本仏教全書』五九巻、鈴木学術財団、一九七三年)。
(10) 『豊刕求菩提山修験道文化攷』豊前市、一九六九年。
(11) 『津軽一統誌』(『新編青森県叢書(一)』歴史図書社、一九七四年)。
(12) 『津軽俗説選』(『新編青森県叢書(二)』歴史図書社、一九七三年)。
(13) 和歌森太郎「津軽民俗の歴史性」(『津軽の民俗』吉川弘文館、一九七〇年)。
(14) 前掲書(注12)。
(15) 『菅江真澄全集』一巻、未来社、一九七一年。
(16) 菅江前掲書(注3)、内田武志・宮本常一訳『菅江真澄遊覧記』3、平凡社、一九六七年。
(17) 『西津軽郡史・全』名著出版、一九七五年。
(18) 『中田町史』中田町、一九七七年。
(19) 若尾五雄「金と鬼伝説」(『自然と文化』一九八一年、夏季号)。
(20) 若尾五雄『鬼伝説の研究』大和書房、一九八一年。
(21) 田口勇・尾崎保博編『みちのくの鉄』アグネ技術センター、一九九四年。

(22) 品川弥千江『岩木山』東奥日報社、一九六九年。
(23) 武田喜八郎「刀工」(『山形県芸術文化史』山形県芸術文化会議、一九七三年)。
(24) 石井昌国『蕨手刀』雄山閣出版、一九六六年。
(25) 『菅谷鑪――昭和四十二年度民俗資料緊急調査報告書』島根県教育委員会、一九六七年。
(26) 『一関市舞草古代遺跡発掘略報』、『一関市古代遺跡資料』一関市教育委員会、一九六七年。
(27) 『義経記』岩波書店、一九五九年。
(28) 若尾前掲書(注20)。
(29) エリアーデ、大室幹雄訳『鍛冶師と錬金術師』せりか書房、一九七三年。
(30) 田中克己「鍛冶屋と鉄文化」(森浩一編『鉄』社会思想社、一九七九年)。
(31) 内藤正敏『修験道の精神宇宙』青弓社、一九九一年。同『遠野物語の原風景』筑摩書房、一九九四年。
(32) 八幡一郎「総括」(前掲『岩木山――岩木山麓古代遺跡発掘調査報告書』〈注2〉)。
(33) 斎藤忠、岩崎卓也「大館森山遺跡」(前掲書、注2)。
(34) 西村正衛・桜井清彦「青森県森田村付近の遺跡調査概報――第一、二次調査」(『古代』五、一〇号、一九五二、五三年)、桜井清彦「青森県相内村赤坂遺跡について」(『古代』一七号、一九五六年)。
(35) 戸沢武「大館森山、大平野両製鉄址について」(前掲書、注2)。
(36) 品川前掲書(注22)。
(37) 鈴木正崇「津軽岩木山神社七日堂の神事」(『あしなか』一一五輯、一九八二年)。
(38) 前掲書(注12)。
(39) 菅江前掲書(注3)。
(40) 『弘前市史』(明治・大正・昭和編)、弘前市、一九六三年。

黒石寺蘇民祭
裸参り

柴灯木登り

別当登り（タチキリと蘇民袋）

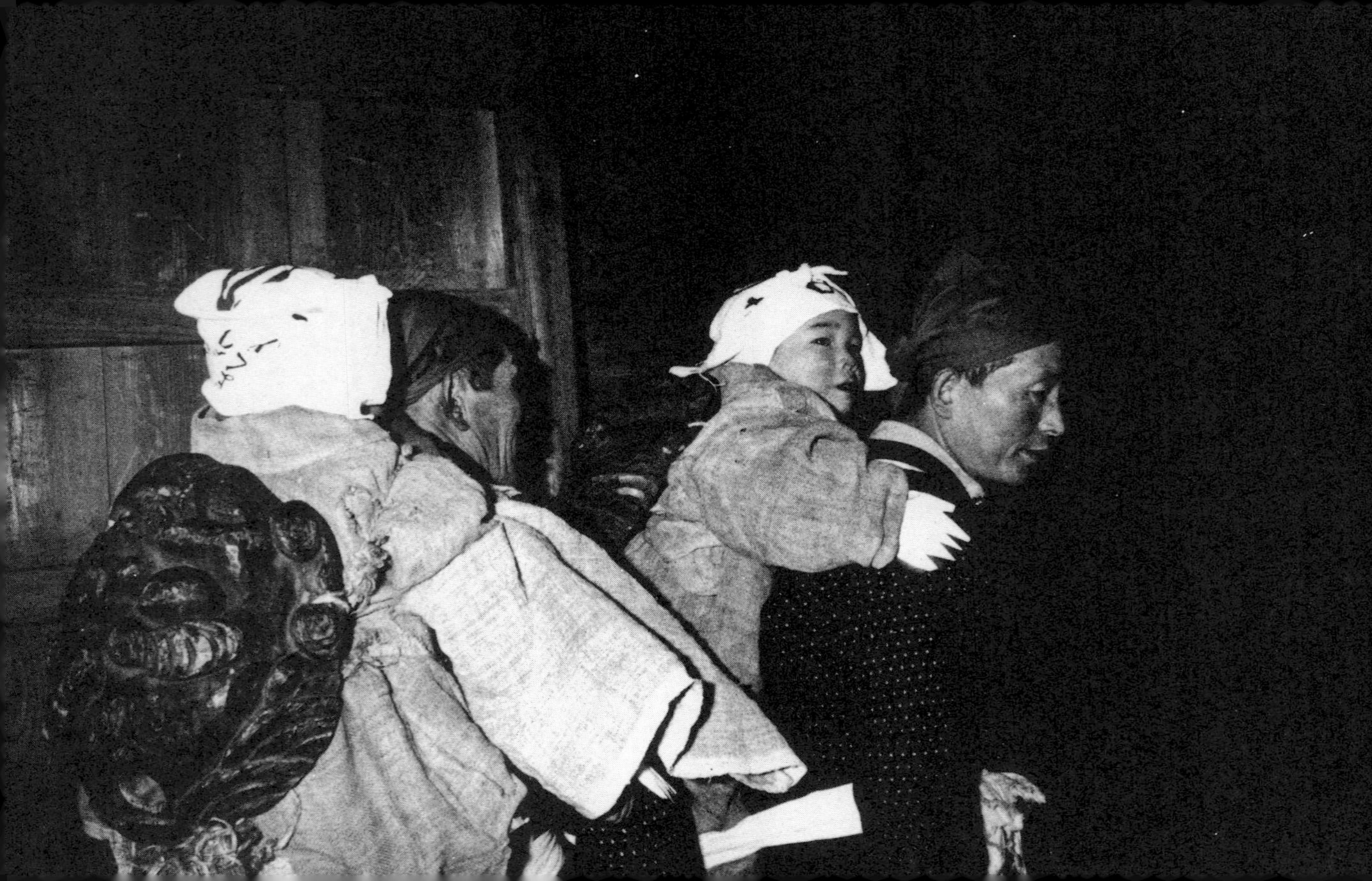

鬼子祭り

逆さまの鬼面

蘇民ひき（蘇民袋を待つ）

蘇民ひき　親方が蘇民袋を切りに行く

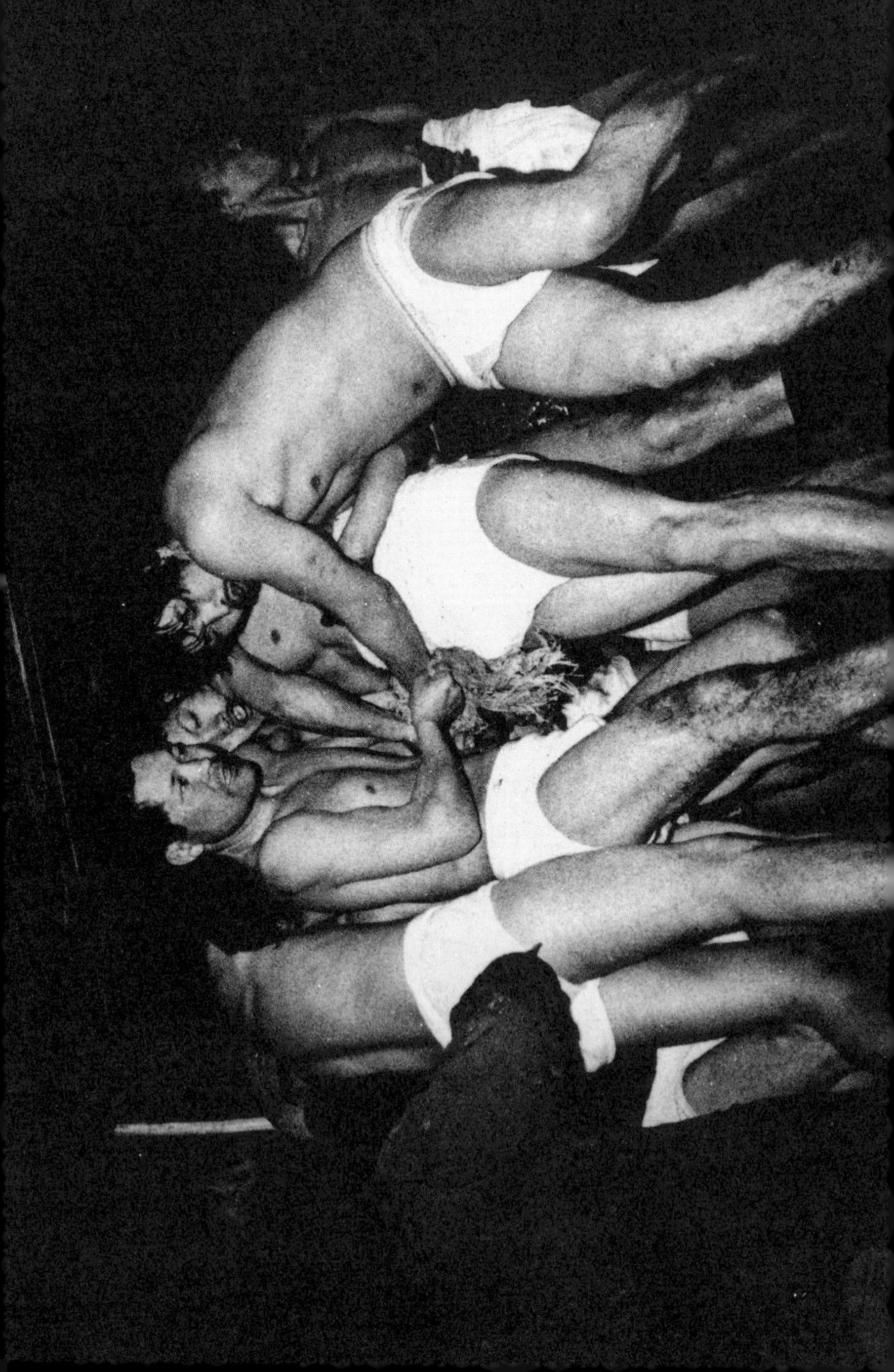

蘇民ひき　蘇民袋の争奪

鬼を神に変換させる祭——黒石寺蘇民祭の鬼子

妙見山黒石寺《みょうけんさんこくせきじ》という修験寺がある。正月八日の祭は、堂をうち叩き火を焚くので、積った大雪も如月、弥生のごとく、みな消えてしまうという。一番鶏が鳴くころ長三、四尺ばかりの科《しな》の木の二重の布で作った長袋の内に、蘇民将来《そみんしょうらい》の神符を三、四寸《たけ》ばかりの木に書き、千枚も入れる。袋には蠟を流し油をぬり、神前に供える。山伏が法螺貝《ほらがい》を吹き、経を読み、加持祈禱して長袋を群集の中に投げてやると、褌もつけない素裸の男たちが袋を奪おうと上を下へと捻じあい押しあう。この争いで、むかし褌の前垂《さがり》が袋の端にからまり、力まかせに捻じあい、ひきあううちに、陰嚢《ふぐり》が破れて死んだ人がいるので、褌は身につけないという。この蘇民将来の神符をとった組には、その年田畑がよく実るという。この妙見山黒石寺には、慈覚《じかく》大師円仁《えんにん》作の薬師仏が秘めおかれている……。

これは菅江真澄《すがえますみ》の「はしわのわか葉」の一節の要約で、天明六年(一七八六)、真澄が黒石寺(岩手県水沢市山内)を訪れた時、村人から聞いた話である。(1) 黒石寺では、いまも旧暦正月七日夜から八日早朝にかけて、夜を徹して蘇民祭がおこなわれている。

菅江真澄が書いている黒石寺の薬師仏は、本尊の薬師如来座像で、貞観四年(八六二)の胎内銘があり、貞観銘のある仏像は全国でも唯一で、国の重要文化財に指定されている。この胎内銘からみても、黒石寺は単なる東北の一地方寺院ではない。黒石寺が創建されたのは、東北古代史の上で激動期にあたっていた。現在、本尊の薬師如来像は重要文化財なので、耐火式収蔵庫に収められているが、本来は黒石寺本堂（薬師堂）の内陣厨子の中に、脇士の日光、月光菩薩と共に安置されていた。その厨子の左右は、いまも四天王と十二神将が護っている。黒石寺蘇民祭は、この薬師如来の前でくりひろげられてきた修正会結願の神事である。

黒石寺の蘇民祭は、菅江真澄も記しているように、裸の若者たちの勇壮な祭である。しかし、その陰で、鬼面を逆さまに背負った七歳の子供が登場し、鬼子の神事が静かに厳修される。なぜ七歳の子供が鬼子になるのか。なぜ鬼面が逆さまなのか……。黒石寺蘇民祭の鬼子を新しい視点から解読し、東北古代史の中に隠された宗教について考察したい。

黒石寺の蘇民祭

黒石寺の蘇民祭は、①裸参り、②柴灯木《したき》登り、③別当登り、④鬼子登り、⑤蘇民曳きの五種類の儀礼から成り立つ。

①裸参り

七日午後十時、裸の男たちが手に手に角灯を持ち、「ジョヤサ　ジョヤサ」の掛け声をあげながら、庫裡から山門の前を流れる瑠璃壺川まで行き、雪をふみわけて水中に入り、頭から水をかぶる。水垢離《みずごり》をとると本堂を拝んでから妙見堂を拝んで境内を巡る。これを三回くり返す。裸参りは夏参りともいい、祭に参加する若者たちと二十五歳、四十二歳などの厄年の男がおこなう。

②柴灯木登り

午後十一時半、柴、焚き付け、ゴマガラ、塩を持った行列が、庫裡から祭場に進む。この時、祓人《はらいど》とよばれる男たちが、ふりしぼるような「ユー、ユー」という掛け声をあげながら、中腰になり、左手に角灯を持ち、右手の手木で地面をたたいてなでまわすようにして祓う。その後をタチキリが木刀で威嚇するようにして守護し、行列が進んでゆく。この祓人とタチキリは、次の別当登りにも、鬼子登りの時にも、かならず行列の先頭につく。

行列が祭場に着くと、太い生松を二つに割った長さ四尺の柴灯木を井桁に積みあげ、二つの柴灯を並べて作る。柴灯の下のすき間に、柴やゴマガラが入れられ、塩で清めた火がゴマガラにつけられる。柴灯木が燃えだすと、若者たちは次々と柴灯木の上に登り、火の粉と煙をあびながら熱さに耐える。

柴灯木が大きく燃えあがると、若者たちは火のついた柴灯木の大木の端を持って、「ユーユー」の掛け声と共に、薬師堂への道を祓って進み、最後に薬師堂の床を祓ってから堂内に振り込んで清め、次の別当登りを待つ。

③別当登り

八日午前二時、祓人、タチキリ、太鼓、法螺貝役に先導され、三宝《さんぼう》にのせた蘇民袋、左右を世話人に守られた別当の行列が庫裡から薬師堂に進む。この蘇民袋は、幅一尺二寸、長さ六尺の麻の布でつくった袋で、この中にカツの木（ヌルデ）の一年枝苗を一寸二分に切った小間木が五升入っている。

行列が薬師堂の内陣に入ると、蘇民袋は仏前に供えられ、別当は護摩を焚き、鬼子登りを待つ。最近みかけなくなったが、この時、別当に対して悪口雑言をあびせる風習があった。悪口が多いほど豊作とされた。なお仏前には牛玉宝印《ごおうほういん》がつけられたカツの木の枝が供えられ、後で参詣人の額に押される。

④鬼子登り

午前四時、鬼子登りが始まるが、この直前、鬼子を背負う役をはじめ、鬼子登りに参加する役持ちの内子《うちこ》は、庫裡の裏庭で素裸になって水垢離をとる。鬼子登りの行列は、祓人、タチキリ、太鼓、法螺貝、焚き付け、松松明《まつたいまつ》二把持、松松明一把持、葭《よし》松明二人、水掛け、鬼子二人の順で庫裡を出発し、薬師堂に入る。

なお、このうちで松松明二把持というのは二把の松明を一つにしたもので先が二つに割れた形をしており、松松明一把持は先が一本の普通の松明である。

鬼子の装束は、頭に手ぬぐいをかぶり、麻衣を着て、一人は木槌、一人は斧を持ち、二人とも鬼面を上下逆にして背負う。

鬼子は薬師堂に入ると、内陣右手の内御堂《うちみどう》に入る。一九七五年、私は黒石寺門前の長老の故・渡辺熊治翁から、鬼子についての重要な秘伝を教えていただくことができた。鬼子は内御堂に入ると、内子の背からおろされ、ここで手にコッパゴテ、足にアシゴテといって、熊の手と足のような形に切った白紙がコヨリで二人の鬼子の手足に結ばれる。現在では鬼子は行列の時にすでに麻衣を着て鬼面を背負っているが、むかしは鬼子はふつうの姿のままで内御堂に入り、堂内で装束をつけ、手足にコッパゴテ、アシゴテをつけ、鬼面を背負わされたという。この後、よく見ていないと気づかないが、重要な秘事が次々とおこなわれるのである。

鬼子が内御堂に入っている間に、役僧が内陣から拝殿に出てきて、護摩台のそばで、まず五鈷鈴《ごこれい》を振って鳴らす。次に曼荼羅米《まんだらまい》とシン粉餅をまく。これは内陣の仏前に供えてあった五合の洗米と十二神将の十二個のシンコ餅である。

一方、内御堂の中では、松松明二把持に火がつけられ、打ち返してこの上に松松明一把持が重ねられる。両方の松松明が燃えあがると、タチキリに先導されて、両松明は内御堂から出てくる。拝殿の中央には護摩台がすえられ、内子が守っている。この護摩台の上に、まず松松明二把持がおかれて裏返し、この上に松松明一把持がのせられて裏返される。両松明役の脇には、それぞれ葮松明が並んで立つ。両松明は大きな炎をあげて燃えあがる。

この両松明が護摩台の上に重ねられた瞬間、鬼子を背負った二人の内子は、両松明の根元の辺をとび越え、両松明を右廻りに三回まわる。この時、門前の一人が懐に隠していた護摩餅をさっと両松明の火にかざして懐にしまいこむ。一方、鬼子はすばやく内御堂に駈けこみ、両松明に水掛役が水をかけて消し、一

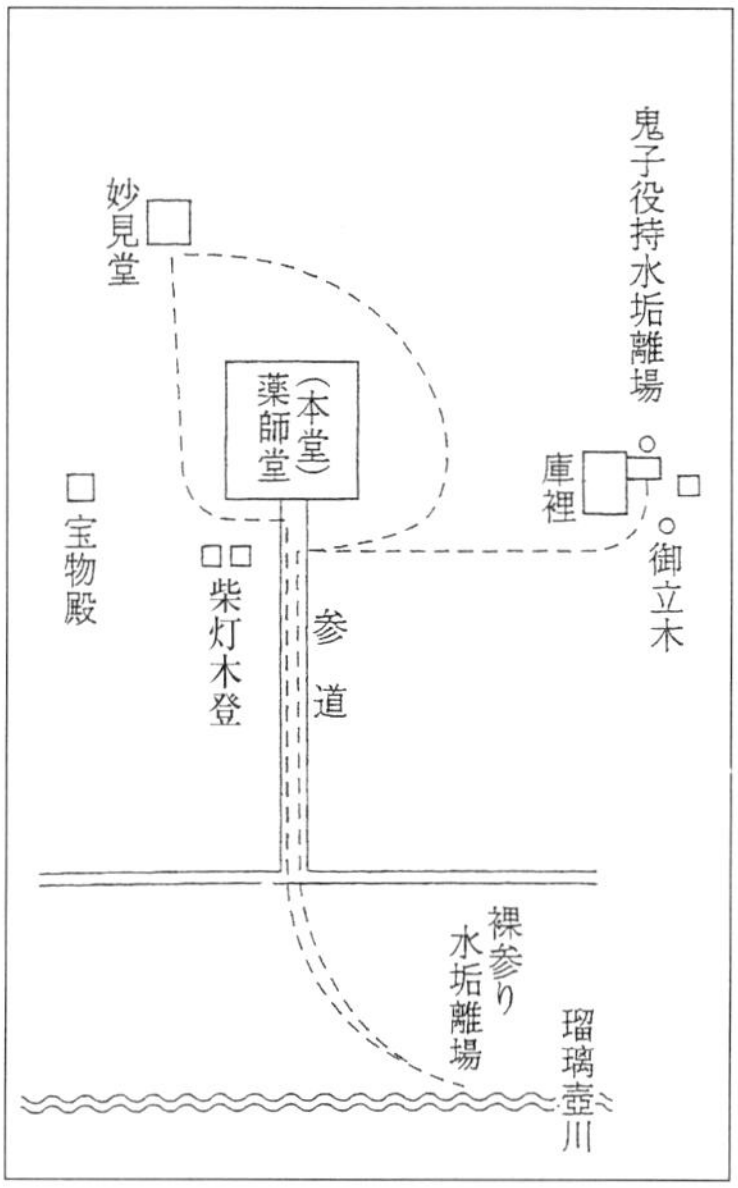

黒石寺蘇民祭々場略図

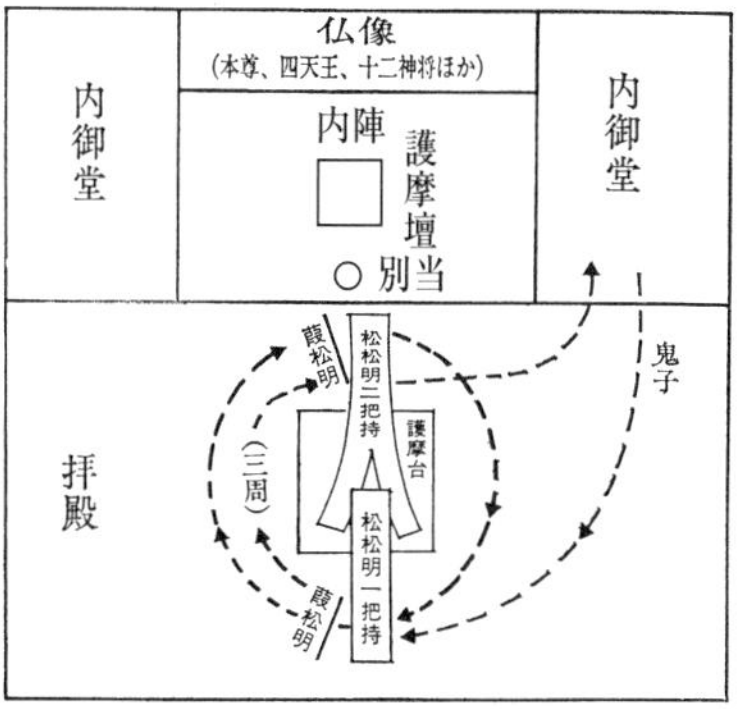

黒石寺薬師堂での鬼子の秘事

同は内御堂に逃げこみ扉が閉ざされる。

⑤蘇民曳き

午前五時、拝殿の中で待つ裸の男たちの中へ、内陣から蘇民袋が投げられる。すると裸の若者たちが蘇民袋をめざしてとびかかり、勇壮な争奪戦が始まる。しばらくもみあったころ、親方の一人が小刀を口にくわえて、裸の若者たちの頭上に飛びおり、蘇民袋を小刀で少し切り開く。これは蘇民袋の中の小間木を出しやすくするためである。

さらに争奪戦がつづき、袋の中の小間木が若者たちに取り出されてゆき、夜も明けはじめる頃、若者たちは空になった蘇民袋を奪いあいながら薬師堂の外に出て、参道から外の道路を押しあいながら、なおも争奪しつづけてゆく。かつては東磐井《ひがしいわい》方面の東方と、花巻や胆沢《いさわ》方面の西方の若者たちで奪いあい、勝った方角の村々が豊作とされた。最後に、若者たちの汗でよごれ、ぼろぼろになった蘇民袋は、小さく切って御守にされる。

鬼子への憑依

黒石寺蘇民祭の儀礼の構成は、①裸参りの〝水による浄化〟、②柴灯木登りの〝火による浄化〟ののち、③別当登りで、司祭者の別当が蘇民袋と共に堂内に入り、④鬼子登り、⑤蘇民曳きとなる[2]。

ここで注意したいのは、鬼子登りに参加する内子とよばれる役は、全員が素裸になり、厳重な水垢離をとることだ。鬼子登りが蘇民祭全体のなかで最も重要な儀礼であることを示している。

まず、鬼子は現在のように装束をつけたまま本堂に入ったのではなく、本来は普段着のままで入堂し、内御堂の中で鬼面や麻衣の鬼子装束をつけたという渡辺熊治翁の証言は重要である。一九七五年当時は、コッパゴテ、アシゴテといって、白紙を熊の手足のような形に切ったものをコヨリで鬼子の手足にむすびつける作業を内御堂に入ってからおこなっていた。当時は電灯もなく、真暗な内御堂の中でローソクの光の下で、この異様な作業を秘密裏におこなっていたのである。この時、子供は死に近い異常な状態におかれたことになる。

鬼子は七歳の子供がなる。羽黒山の『拾塊集』に、麤《そ》乱鬼《らんき》が出現して疾病が流行して困った時、羽黒山の本社で祈ると、七歳の娘に神が憑き、その退治法を託宣する話が載っている(3)。七歳の厄年の子供は、幼児と少年の境界の不安定な状態にあり、神仏が憑きやすい。鬼子は神仏がのりうつる憑人《よりまし》なのではないか。

それは次に役僧が拝殿に出てきて、曼荼羅米とシンコ餅をまく儀礼のなかにシンボリックに表れている。曼荼羅米とは、門前の維那《いな》役が水垢離をとってから、一升の神供米のうち、半分をシンコ餅につき、残り五合を洗米して曼荼羅米とする。この五合の曼荼羅米とシンコ餅は堂番にとどけられ、堂番の手で十二神将に供える十二支の小さなシンコ餅につくられたものである。

この時、役僧が五鈷鈴を鳴らすのは、本尊の神仏を呼ぶ作法である。役僧がまく十二個のシンコ餅は十二神将に供えたものである。すると五合の曼荼羅米は本尊の薬師如来と四天王の五仏を表すと考えられる。この儀礼で黒石寺の五仏と十二神将が、憑人である鬼子に憑けるために呼びだされたのである。

この直後、内御堂の扉が開かれて火のついた両松松明が拝殿に出てきて護摩台の上で重ねられる。両松松明が重ねられる時、女性を象徴する先が二つに割れた二把持が下である。両松松明が重ねられるのは、陰陽和合の再生の呪法と考えられる(4)。鬼子が重ねられた両松松明の周囲を廻るのも、ここで再生したことを示している。つまり鬼子に黒石寺本堂の五仏・十二神将が憑けられ、鬼子は鬼から仏、鬼から神へと再生したのである。

　この時の本尊、別当、鬼子、護摩台の位置にも、鬼子登りの本質がみごとにレイアウトされている。別当は、本尊を前に護摩を焚きつづける。その背後の拝殿中央に両松松明を重ねる護摩台が置かれる。一方、鬼子が入ってコッパゴテ、アシゴテをつけるのは内御堂の奥である。この別当の位置からみれば鬼門（北東）の方角にあたる。つまり別当を中心に、正面に本尊、後方に護摩台、艮《うしとら》（北東）の鬼門に鬼子となる。別当は内陣中央の護摩壇で護摩を焚きながら、艮の鬼門から鬼子を拝殿中央の護摩台に誘導し、ここで前方の五仏・十二神将を鬼子に憑依させる、という構図で配置されているわけである。[5] 蘇民祭のなかで、もっとも目だたない別当が鬼や神仏の霊をあやつるシャーマンとして働いているのである。

　鬼子に五仏・十二神将が憑けられて再生し内御堂に入ると、蘇民袋が拝殿に投げこまれ、裸の若者たちの蘇民袋の奪いあいがはじまる。

　ここで再び黒石寺蘇民祭の儀礼を検討したい。

　「柴灯木登り」は、現在、「火焚き登り」と書かれている。しかし「天保七丙申歳大不作ニ付立春ヨリ以後書留」という文書には、「六日ニハ先例之通、薬師堂ニ而護摩之柴灯木を切方仕……」[6]と、柴灯護摩を意味する「護摩之柴灯木」と書いている。井桁に組んで燃やす形をみても、修験道の柴灯護摩と考えられる。

　柴灯護摩の火は、一般に人間の煩悩を焼き尽くすとされるが、羽黒修験の秋峰修行では、柴灯護摩は自分自身の葬式を意味する逆修葬礼とする。そのため護摩木の数九十六本は人間の骨の数で、火に投ずる白小木七本は肋骨の数という。羽黒修験以外でも、英彦山の「修験道修要秘決」[7]に、「大採灯者表衆生大骨。小木者表小骨棺形。積小木事像依身五大家也。是則断焼衆生五大令帰本有阿字義也。閼伽水者表生本源。

採灯者示死所帰」とみえる。また同書に「四大和合身　骨肉及手足　如薪尽火滅　皆共入仏地」とあるが、当山派の「柴灯護摩次第」(8)や本山派の「本山修験深秘印信集」(9)にも同様の文がみえる。

修験道では、柴灯護摩は自身を焼く逆修葬礼と考えることが広くみられるので、黒石寺の柴灯木登りも同じ意味を持っていると思われる。若者が柴灯の火に入り炎の熱さに耐える姿は焼身を連想させる。柴灯木登りが「死の儀礼」とすれば、次の鬼子登りは「再生の儀礼」である。七歳の憑人である鬼子に本尊の五仏十二神将が憑けられ、鬼子は鬼から新しい神へと再生する。再生したばかりの生命力あふれる新しい神のもとで、裸の若者たちの蘇民曳きがおこなわれ、豊凶の神意を占う……。

こうして黒石寺蘇民祭は、全体が擬死再生の構造となっていることに気づく。すでに修験道の儀礼に擬死再生の思想が広くみられることは指摘されているが、黒石寺蘇民祭が現在の形に儀礼全体が構成されるようになったのは、黒石寺が修験道化すると共に、再編されていったものと思われる。

岩手の蘇民祭

黒石寺蘇民祭は、一名「裸祭り」とよばれるが、修正会の頃、裸の男たちがおしあって呪物を奪いあい、豊凶の神意を占う祭は多い。柳津虚空蔵堂の裸詣り（福島県）、四天王寺のどやどや（大阪市）、西大寺の会陽（岡山県）、筥崎宮の玉せせり（福岡県）などが有名で、国府宮の儺追神事（愛知県）も、神男に厄をつけようと裸の男たちが激しくもみあう修正会の裸祭りで知られている。現在、岩手県でおこなわれている「蘇民祭」は、黒石寺の他に九か所ある。

胡四王神社（花巻市）、興田神社（東磐井郡大東町）長徳寺（同郡藤沢町）、毛越寺（平泉町）、熊野神社

（江刺市）、永岡・観音寺（胆沢郡金ケ崎町）、光勝寺（稗貫郡石鳥谷町）、早地峰神社（同郡大迫町）、鎮守府八幡宮（水沢市）で、このうちで鎮守府八幡宮を除けば、裸の男たちが蘇民袋を奪いあう裸祭りが中心である。また、鬼子登りがおこなわれるのは、毛越寺と熊野神社、長徳寺だけで、いずれも新しい。

毛越寺常行堂の二十日夜祭（正月二十日）では、別当登り、柴灯木登り、鬼子登り、蘇民曳きがおこなわれるが、明治三十五年（一九〇二）に黒石寺から伝えられたものである。熊野神社の蘇民祭（正月十九〜二十日、現・新暦一月第三土・日）でも、火たき登り、別当登り、鬼子登り、蘇民曳きがおこなわれるが、四百年以上前に大凶作となった時、原因不明の疫病や火災が続いたため、黒石寺の蘇民祭を真似て始めたと伝えられる。長徳寺の蘇民祭（旧正月二十七〜八日）は、明治二十七年から始められた簡単な祭りである。現在は別当登りと鬼子登りだけで、蘇民曳きは中止されており、柴灯木登りも割木を積んだサイトに火をつけ、その周囲を別当や鬼子と共に参会者も一緒にまわるだけである。

岩手県教育委員会が出した『岩手の蘇民祭調査報告書』(10)によると、現在は廃絶、中止されているが、この他に二〇か所で蘇民祭がおこなわれ、ほとんどが近世以後で新しい。比較的に古いと思われるのは、八雲神社（胆沢郡前沢町）でおこなわれていた蘇民祭で、明治の神仏分離前まで牛頭天王宮といい、修験が祭祀した。建久三年（一一九二）に始まったという伝承はそのまま信じることはできないとしても、祭神が蘇民将来信仰と関係深い牛頭天王の古社である。『備後国風土記逸文』に、武塔神が旅の途中で夜になり、はじめ弟の裕福な将来に宿を請うたが断られ、貧しい兄の蘇民将来は粟飯でもてなした。武塔神は速須佐雄神であると名のり、疫病が流行ることがあれば、蘇民将来の子孫と名のり腰に茅の輪をつければ疫病から免れることができると教えた……。この武塔神は牛頭天王であり、須佐之雄神とされ、京都の祇園社（八坂神社）は、牛頭天王（現在は須佐之雄神）を祀る代表的な神社で、この八雲神社も祇園社から坂上田村麻呂が勧請したと唱えている。

八雲神社の蘇民祭（旧正月十四〜五日）は、夏参り（裸参り）、火焚き登り（柴灯木登り）、別当登り、王仁子登り（鬼子登り）、蘇民曳きがおこなわれていたが、王仁子登りは、次のような内容であったという。

鬼の面を背負った七歳の男子（王仁子）を背負う世話人二組が行列に守られ、もみ合いをかいくぐり、本宮に入る。神殿で祈禱した後、本宮右奥の斎庭の「火焚き場」に行き、王仁子は護摩台の上で燃え盛る松と葦の松明を飛び越えて無病息災を祈願した……。

黒石寺とくらべると、護摩台の松明の上を飛び越える再生儀礼はおこなわれているが、火焚き登りをする庭の柴灯木のところである。黒石寺のような鬼子に本尊を憑ける複雑な儀礼もおこなわれなかったようである。

黒石寺蘇民祭の全儀礼のなかで、黒石寺に独特の神事は「鬼子登り」であり、鬼子を鬼から神に変換させる「鬼子の秘事」である。この特殊神事は、古くからおこなわれてきたと考えられる。黒石寺の鬼子には、黒石寺そのものの謎を解く鍵が隠されているように思われる。

修正会に出現する鬼

黒石寺蘇民祭は、旧正月七日の修正会の結願におこなわれる儀礼であるが、修正会の起源は奈良時代にさかのぼる。『続日本紀』神護景雲元年（七六七）正月八日の条に、

勅、畿内七道諸国　一七日間、各於国分金光明寺、行吉祥天悔過之法、因此功徳、天下太平、風雨順

時、五穀成熟、兆民快楽、十方有情同霑此福、

とあり、正月八日から七日間、諸国の国分寺で、天下太平、風雨順時、五穀成熟などの国家の安全を祈願した。それが正月の恒例行事として固定してくるのが、同書宝亀三年（七七二）十一月十日の勅である。

詔曰、頃者風雨不調、頻年飢荒、欲救此禍、唯憑冥助、宜於天下諸国々分寺、毎年正月一七日之間、行吉祥悔過、以為恒例、

その後、『東宝記』に、京都東西両寺の修正会は、天長四年（八二七）正月、勅により七日間の薬師悔過がおこなわれ、修正会を薬師悔過でする寺院が多くなった。

修正会に鬼が登場してくるのは、『中右記《ちゅうゆうき》』大治五年（一一三〇）正月十四日条に、

参円宗寺、修正結願也、次第如常、龍天、毘沙門、鬼走廻之後、受牛玉印。

と、修正会の結願の日に、龍天と毘沙門天が鬼を追い廻したのち、牛玉印の授与がおこなわれている。『勘仲記』弘安二年（一二七九）正月十四日条の修正会にも次の記事がある。

大導師退下之後、龍天進、次毘沙門、次追儺、予於凡僧床、以杖打鬼、追儺以前東南両面扉閉之、為無浪藉

修正会の法会が終ったのち、龍天や毘沙門天《びしゃもんてん》が鬼を杖で打って追儺がおこなわれている。修正会は奈良時代に諸国の国分寺で天下太平や風雨順事などを祈る国家的な法会としてはじまり、平安中期から毘沙門天や龍天が鬼を追いはらう追儺が加わってくる(11)。

黒石寺の鬼子は、修正会結願におこなわれる蘇民祭に出現する鬼である。後掲の「全国の修正会の鬼」と表「全国修正会・修二会の鬼と本尊」(一六六〜一六七頁)とは、全国の寺社の修正会、修二会の鬼をまとめたものである。いま全国の修正会の鬼から黒石寺の鬼子について考察したい。

全国各地の修正会をみると、追儺、鬼追い、鬼払いなどとよびながら、実際に鬼を追っていないところが多い。それは本書でもとりあげてきた羽黒山の麤乱鬼《そらんき》や岩木山の鬼神のように、これらの鬼がその土地の古い地霊であり地主神だからであろう。後に紹介する全国の修正会をみると、鳳来寺(愛知県)の開山利修仙人が使役していたという二鬼、書写山(兵庫県)の開山性空上人の従者で毘沙門天と不動明王の化身という二鬼、常勝寺(兵庫県)の開山法道仙人役の男児に従って登場する火・水・風・雨を表すという四鬼などは地主神の例である。これらの鬼は、長谷寺(奈良県)の、むかし寺の戌亥(北西)の角の谷に棲んでおり撃鼓駆儺されたという鬼のように、新しく入ってきた仏教に主座をゆずっていった地主神であることを物語っている。

一方、奈良の薬師寺、法隆寺では、『中右記』『勘仲記』などに載る平安時代の修正会のように、毘沙門天が鬼を追いはらっており、京都の廬山寺や宝積寺でも、追儺師や導師が鬼を追いはらう。奈良や京都では文字通り鬼を追いはらう追儺がおこなわれている。太宰府天満宮(福岡県)でも、鬼をいぶしてから豆と柳杖で打ち追いはらっている。これは太宰府が国の外交官庁であったことからくるのだろう。浅草寺(東京都)では、鬼が楊の牛玉杖で追われるが、これは寛永寺にならったと伝える。寛永寺は徳川将軍家の祈願寺であり、浅草寺も家康が定めた最初の祈願寺だった。国府宮（愛知県）では鬼面はつけないが、儺追人にケガレを憑けて追放する。国府宮（尾張大国霊神社）は、国府にある尾張総社であった。

追儺は悪鬼を払い疫癘《えきれい》を除いて新年を迎える儀式で、中国では大儺といい、すでに『続日本紀』慶雲三年（七〇六）に「天下諸国疫疾。百姓多死。始作土牛大儺……」とあり、日本に伝えられていた。やがて追儺は宮中の年中行事となり、平安時代に寺社の修正会、修二会の結願にとり入れられた。

全国の修正会で鬼を追いはらう追儺の形を強く残しているのは、奈良、京都、太宰府、江戸の国家的な大寺や由緒ある古刹である。これら追放される鬼は、国家鎮護や風雨順次などのために、追放されるケガレの象徴である。いわば政治的に追放される鬼である。

それに対して各地の修正会に登場する鬼たちは、地を鎮め、ケガレを払い、人々を加持し、家々を祝福し、先祖供養をしたりする。

新野の雪祭り（長野県）で、三匹の鬼が禰宜との問答に負けて逃げてゆくが、村人は「鬼さま」と呼んで親しみをこめて神聖視している。西浦の田楽（静岡県）でも、最後はシズメがトガメに責められてのけぞるが、このシズメは地を鎮める呪力をもつ地主神であり、別当が演ずる最も重要な役である。滝山寺（愛知県）では、住職が鬼塚で鬼供養をしてから鬼祭をはじめている。国東半島の六郷満山の修正会では、三鬼は参詣人を加持し、村の家々を廻って人々を加持し、仏壇を拝んで先祖供養をしている。これらの鬼は、奈良や京都などの国家的大寺のように、追われる鬼ではなく、人々に幸せをもたらす地主神的な鬼となっている。黒石寺の鬼子は、追われる鬼でもないし、人々を祝福する地主神的な鬼でもない。

黒石寺の鬼子は子供であるところに最大の特徴がある。全国の修正会に登場する鬼のなかで、愛知県の豊橋神明社、滝山寺、兵庫県の近江寺、妙法寺、多聞寺、勝福寺、転法輪寺、鶴林寺、蓮花寺、随願寺などに子鬼（小鬼）が登場するが、これらの子鬼は、父鬼と母鬼に対する子鬼、爺鬼、婆鬼に対する孫鬼という関係で、あくまで家族のなかの子供の鬼である。黒石寺のような独立した子供の鬼は一例もない。

兵庫県の常勝寺で開山法道上人役の男児を鬼の子と呼び、神積寺の旧家十四軒を鬼子というのは、地主神としての鬼を考える上で大切だが、あくまで呼び方である。

黒石寺の鬼子は、全国の修正会に登場する鬼のなかでも特異な存在であることが明らかになってきたのである。これは黒石寺の鬼子が神仏をのりうつらせる憑人《よりまし》であることからくるものと考えられる。

逆さまの鬼面

全国の修正会、修二会の鬼を調べてわかったのは、黒石寺の鬼子の最大の特徴は、鬼面を、上下逆に背負っていることである。実は私が全国の修正会の鬼について調べた目的は、他でも子供が鬼面を逆さまに背負う例を探し、黒石寺の鬼子の逆面の意味を探ろうと思ったのである。しかし、黒石寺以外ではすべて鬼面を顔や頭につけており、上下逆の鬼面の鬼など一例も無いのである。黒石寺の鬼子は、なぜ鬼面を逆さまに背負うのだろう。

『曾我物語』にみえる「逆さま」の密教呪法にその手がかりがありそうだ。

恵亮《ゑりやう》心うくおもはれて、絵像の大威徳をさかさまにかけたてまつり、三尺の土牛《どぎう》を取て、北むきにたて、おこなはれけるに、土牛おどりて、西むきになれば、南にとりておしむけ、東むきになれば、西にとりておしなをし、肝胆をくだきてもまれしが、なをいかねて、独鈷《とっこ》を以て、みづから脳《なづき》をつきくだきて、脳《なう》をとり、罌粟《けし》にまぜ、炉にうちくべ、黒煙をたて、一もみもみ給ひければ、土牛たけりて、声をあげ、絵像の大威徳、利剣をさゝげて、ふりたまひければ、所願成就してけりと、御心のべ給ふ所に、「御方こそ、六番つゞけてかちまひ候へ」と、御つかひはしりつきければ、喜悦の眉をひらき、いそぎ壇をぞおりられける……。(12)

これは比叡山の僧・恵亮が惟仁《これひと》親王を皇位につかせるために、ライバルの惟喬《これたか》親王を呪詛《じゅそ》調伏《ちょうぶく》する話で、大威徳明王の絵像を逆さまに掛けている点が注目される。大威徳明王は、五大明王の一つで六面六臂六足で水牛に乗る。修法がおこなわれると、絵像の前に置かれた土牛が向きを変えたり、猛り声をあげるのは、牛が大威徳明王の乗る動物だからである。それにしても逆さまの本尊の前で、自ら独鈷で頭骨を突きくだき脳をとりだし、護摩の炉にくべるという恵亮の調伏法には身の毛がよだつような恐ろしさをおぼえる。

説経節の「山椒太夫」にも、山椒太夫のもとを逃げだしてきた厨子王丸をかくまった国分寺の聖が、「湯垢離七度、水垢離七度、潮垢離七度、二十一度の垢離をとって、護摩の壇をぞ飾られたり、矜羯羅制吒迦、倶利迦羅、不動明王の剣を呑うだる所をば、真逆様に掛けられたり……」と、厳重な垢離をとって、不動明王の絵像を真逆様に掛け、山椒太夫を調伏している。(13) これらは密教の調伏法だが、陰陽道の流れをくむイザナギ流にも逆さまの呪法がみられる。

イザナギ流の太夫（祈禱師）の呪法には、呪いをかける「呪い調伏」、かけられた呪いを相手に返す「呪詛の返し」、かけられた呪いを相手に返さずに祈り鎮める「呪詛の祝直《いわいなお》し」がある。その由来を説くイザナギ流の「呪詛の祭文」では、唐土じょもんという名前の祈禱師が、〝さかさま川〟に降り入り、七段の壇を飾り、ひとがた人形に色ぎぬを逆さに縫い着せ、逆刀を使い、六道御幣を打ち振り、呪い調伏や呪詛の返しをおこなっている。

小松和彦は、逆さまが秩序の反転や状態のひっくり返しを意味しており、こうした逆さまの呪法は、呪詛や調伏の呪力をパワーアップする方法であろうとしている。(14)

『日本霊異記』下巻に、麻の縄を二つの足に繋ぎ、巌に懸け身を投げて死んだ修行者が、死んで三年過ぎて白骨になっても、髑髏の中の舌は爛れずに、法華経を読んでいた……という話がある。これも巌から逆さまの宙づりになって死ぬという異常な行法による奇跡を示すものであろう。

服部幸雄は、江戸時代の歌舞伎や浄瑠璃や説経節などで、幽霊は逆立ちをした姿で出現することが近世都市民の共通認識となっていたといい、次のような「さかさまの幽霊」を紹介している。(15)

『因果物語』(巻二の一)に、足を上にして逆さまに立った幽霊が、庄屋の家に入って女房をとり殺す話がある。この幽霊は、庄屋の妾で、女房の命令によって下男に井戸に突き落されて死んだ。その怨念が「さかさまの幽霊」となって出現し、敵をとり殺すと、身の苦しみをのがれ、真様《まさま》の姿になることができた……。

「念仏大道人崙山《ろんざん》上人之由来」という説経節に、荒れ果てた無人の寺で上人が念仏修行していると、夜半に、髪は長く、逆さまに、足を空におし上げた幽霊が出現した。上人が十念をさずけると、逆さまの浅ましい姿は消え失せ、金色の光の中に真様の形を現して西の空へ昇天した……。

服部は、これらの話のなかに、「さかさま」そのものがもつ畏怖すべき攻撃性や不可思議な霊威があることを指摘している。東北の宮城県牡鹿郡女川町江ノ島にも、次のような興味深い伝説がある。

栄存法印は、もと石巻長全寺の住職で、北上川の航行安全のために改修工事を仙台藩に陳情し、その功績で五反の田をもらった。それを妬んだ石巻の代官・笹町新左衛門が讒訴し、栄存法印は島流しになった。江ノ島へ流罪になった栄存法印は、日夜熱心に祈禱をしたところ、ある日、石巻は大火事になって全焼した。法印は死が近づくと、墓は石巻の港の見える所に立て、遺体は逆さに埋めるようにと島民に遺言した。しかしいくら遺言でも逆さには埋葬できないと、尋常に葬ったところ、島中に悪い病気が流行した。そこで島民は、これは栄存法印の並々ならぬ念力の故であると思い直し、遺体を掘り起して逆さに埋葬し直したところ、たちまち疫病は止んだという(16)。

残念ながら、〝逆さまのフォークロア〟についての研究はほとんどない。黒石寺の鬼子の逆さまの鬼面についても口伝や伝承もなく、よく分からないが、何か怨霊的なるもの、強力な呪法といった異常なものがシンボライズされていると思われる。

蝦夷と怨霊

黒石寺は、本尊・薬師如来像の胎内銘によれば、貞観四年（八六二）に創建された寺である。当時、この付近は古代東北史上、重要な時期にあたっていた。

延暦八年（七八九）、桓武天皇が発した征討軍五万二八〇〇余人は衣川付近に集結、うち精鋭六〇〇〇人を選び、衣川付近から北上川沿いに北上して攻めるが、田茂公《たものきみ》阿弖流為《あてるい》ひきいる蝦夷軍に大敗した。その後、延暦十三年に第二次征討軍十万、延暦二十年に第三次征討軍四万が投入された。第二次征討には、坂上田村麻呂が征夷副使、第三次には征夷大将軍として登場し、延暦二十一年、阿弖流為が降伏、胆沢城が造られ、北上川流域が征圧されていった[17]。この三次にわたる征討で征夷軍が大敗した延暦八年の戦いがおこなわれたのは、現在の平泉から水沢の北上川流域で、黒石寺から一〇キロから一五キロほどの近いところにある。

その後、『文徳天皇実録』によると、天安元年（八五七）に極楽寺（北上市稲瀬町）が定額寺にされており、『三代実録』によると、黒石寺の薬師如来が造立された同じ貞観四年（八六二）に、陸奥鎮守府正六位上の石手《いわて》堰《い》神社が官社に指定されている。この石手堰神社は黒石寺のすぐ近く、黒石寺を北上川方面に下りたところに現存する。

圧倒的な軍事力による延暦期の征夷戦から約五、六十年して、極楽寺、黒石寺、石手堰神社などが格上げ、あるいは造営されている。まさに武力による征討ののち、宗教による呪的鎮圧がおこなわれていることを物語る。『三代実録』貞観十五年（八七三）十二月五日条に、次のような注目すべき記事がある。

古代東北地図

> 先レ是。陸奥国言。俘夷満レ境、動事二叛戻一。吏民恐懼。如レ見二虎狼一。望請准二武蔵国例一、奉レ造二五大菩薩像一。安二置国分寺一。粛二蛮夷之野心一。安二吏民怖意一。至レ是許レ之。

陸奥国の辺境には、俘夷が満ちていて、いつ叛乱を起すかわからない。吏民は虎狼を見るごとく恐れている。武蔵国の例のように、五大菩薩像を造って国分寺に安置し、蛮夷の野心を粛め、吏民の恐怖を安んじてほしい、と言上している。これは黒石寺が建てられてから十年後、同じ貞観時代のことである。虎狼のごとく恐れた蛮夷は、蝦夷そのものに対する恐怖と共に、大量に殺戮した蝦夷の怨霊も恐れていたにちがいない。

現在、黒石寺に残る仏像をみると、いかにも怨敵調伏の相をした四天王や十二神将と共に、目をつりあげ、荒々しく威嚇してくるような薬師如来の形相は、そのまま当時の黒石寺の性格を物語っている。

薬師信仰は怨霊を退散させるためにおこなわれた薬師悔過の儀礼と結びついていた。例えば聖武天皇の天平時代にしばしば薬師悔過がおこなわれているが、これは病気がちであった天皇の治病祈願と怨霊鎮魂のためであった。平安京遷都をおこなった桓武天皇も自身の弟を含めて怨みをのんで死んでいった人々を鎮魂慰撫するために薬師悔過を盛んにおこなわせている(18)。

中野玄三によると、薬師如来が御霊を鎮圧する仏として信仰され、桓武天皇は崇道《すどう》天皇の怨霊の祟りを恐れ、延暦十五年(七九六)、四十僧を請うて宮中で七日間の薬師悔過を修している(『日本後紀』)。承和十年(八四三)五月八日、内裏の物怪を鎮めるために、清涼殿で薬師経を読み、常寧殿で薬師法を修している(『続日本後紀』)。天長十年(八三三)から貞観十七年(八七五)に、昼は般若経を転読し、夜は薬師悔過を修している例が九回あり、当代の薬師悔過は御霊の祟りの予防と排除のためにおこなわれているという(19)。

そもそも延暦時代に三次にわたる征夷戦を敢行した桓武天皇は怨霊に悩まされた天皇であった。

延暦三年(七八四)、桓武天皇は平城京から長岡京に遷都したが、長岡京造営使の藤原種継が暗殺されるという事件が起り、桓武天皇はその犯人として早良親王を廃太子にして淡路国に流した。しかし早良親王は自ら食を断って流罪地への護送の途中に憤死した。

延暦八年（七八九）、桓武天皇は延暦期の第一次征夷をおこなうが、この頃、桓武天皇皇太后や皇后、夫人がたてつづけに死亡する不幸がつづいたため、延暦十一年、早良親王の怨霊を鎮めるために、淡路にある親王の墓に勅使を派遣して参拝させた。そもそも桓武天皇が皇位につけたのも、井上《いのえ》皇后と他戸《おさべ》皇太子の廃除と死であり、その怨霊も恐れていた。[20]

延暦十三年、桓武天皇は不吉なことがつづく長岡京を捨て、平安京に遷都するが、この年、十万もの大軍を投入して第二次征夷をおこなった。その後、延暦二十年（八〇一）に坂上田村麻呂を征夷大将軍として第三次征夷を敢行したが、その前年に桓武天皇は、早良親王の怨霊を恐れて、死者の早良親王に崇道天皇の名を贈っている。

延暦時代の桓武天皇は、政権争いの犠牲者の怨霊を恐れて遷都し、いっぽうでは東北に大軍を投入して軍事的侵略をおこなっているのである。

黒石寺が創建された翌年の貞観五年（八六三）、平安京の神仙苑で御霊会がおこなわれた。これは怨みをのんで死んでいった早良親王、伊予親王、藤原夫人、橘 逸勢《たちばなのはやなり》、文室宮田麻呂らの御霊を鎮めて疫病などの災禍を防ぐためであった。

さらに貞観十一年（八六九）には、悪疫が流行したのは、牛頭《ごず》天王の祟りであるとして祇園御霊会が催され、祇園社（八坂神社）から全国の国数にあたる六十六本の鉾をたてて神仙苑に送り、祇園祭のはじまりとなった。

まさに黒石寺が創建された貞観時代は、京の都では怨霊信仰の最盛期だったが、同時代の『三代実録』貞観十五年の記事に、「陸奥国の辺境には、俘夷が満ちていて、吏民が虎狼のごとく恐れている……」とあるが、吏民が恐れているのは蝦夷ばかりでなく、蝦夷征討で殺戮した蝦夷の怨霊をも恐れていたにちがいない。

　こうした時代背景を考えると、黒石寺の創建には、蝦夷の怨霊鎮撫という目的があったのではないかと考えられるのだ。

黒石寺の薬師如来

　黒石寺は独立した天台宗の一山寺院として、檀家とよばれる十三軒の家で支えられてきた。黒石寺周辺の山内に住む門前八軒と前沢町生母の五軒である。このうち門前八軒は、戦後の農地解放まで、黒石寺から宅地や田畑を借り、黒石寺に年貢は米で納め、屋敷まわりの畑は金銭でおさめた。

　蘇民祭の準備や運営をするのも門前の人たちである。十二月十三日の御立木づくりの柴の切り出し、二十三日の御煤はき、正月六日の柴灯木の切り出し、松松明、葮松明、蘇民袋づくり、七日朝の維納役による曼陀羅米とシンコ餅づくり、そして七日夜から八日早朝にかけて、蘇民祭の当日は、タチキリで行列を護衛し、厳寒の中で素裸で水垢離をとって鬼子を背負う内子になる。

　蘇民祭を支える門前の人たちは、大晦日から正月八日まで厳重な精進生活に入る。これは一九七五年に渡辺熊治翁から聞いた当時の話だが、門前の人間は普段からニワトリをかわず、鶏肉や卵は食べず、大晦日から八日の精進期間中は、夫婦の交わりや生臭物は断ち、一汁一菜の食事をとる。

　この精進期間中はキセルの火をもらうのも、門前以外の俗人のけがれた火は絶対にもらわなかった。特に産の忌みを嫌い、子供が生まれそうな嫁は実家なり親類にあずける。町の店で買い物をする場合でも、最近、お産のあった店では買わない。死の忌みも嫌い、精進期間中に死者がでた場合、家族や親類は蘇民祭に参加できないばかりでなく、精進明けまで、隣近所に住む門前の人たちもお悔みに訪れることができず、葬式もだせなかった。現に正月三日に死者がでたことがあるが、葬式は精進明けの九日までだすことができないため、家族は一週間も死体と一緒にすごさなければならなかったという。

こうした極度にケガレを嫌う厳重な精進は、黒石寺の一山寺院としての歴史的な古さを物語るものだろう。

黒石寺の性格を知る上で手がかりとなるのは、本尊・薬師如来像の胎内銘である。黒石寺の薬師如来像は、重要文化財に指定されているので、胎内銘の解読も専門家によっておこなわれている。ここに代表的な五例を紹介したい。①竹内理三編『平安遺文・金石文編』[21]、②丸尾彰三郎ら編『日本彫刻史基礎資料集成・平安時代造像銘記篇一・解説』[22]、③『水沢市史』[23]、④岩手県教育委員会編『岩手県金石志』[24]、⑤久野健『東北古代彫刻史の研究』[25]に載るものである。

① **竹内理三編『平安遺文』**

　　　　　　愛子額田部藤山
　　　榮最　常人加四人
貞観四年十二月　保積部岑雄
　　　　　　宇治部百雄
　　　　　　法名最恵

蔦人女五物部近延十四
交名物部朝□□
花豊此法名
愛子物部哀黒丸

② 丸尾彰三郎ら編『日本彫刻史基礎資料集成』

愛子額田部　藤山
筞最　常人加四人
貞観四年十二月　保積部□雄
宇治部百雄
法名最□

□人女五物部□□十四
□名物部□
花豊此法名
愛子物部□□丸

③『水沢市史』

愛子　額田部藤山
策最　楽人加四人
貞観四年十二月　保積部空雄
宇治部百雄
法名　最恵
薦人女五　物部止理十四
二人名物部為中　花豊此法名
愛子　物部念黒丸

④

『岩手県金石志』

愛子額田部藤山
策最　常人加四人
貞観四年十二月　保積部岑雄
宇治部百雄
法名最恵

薦人女五物部止□十□
穴名物部□□□
花豊此法名

愛子物部哀□丸

⑤　久野健『東北古代彫刻史の研究』

愛子額田部藤山
策(栄カ)最　常人加四人
貞観四年十二月　保積部岑?雄
宇治部百雄
法名最忠
蔦(薦カ)人女五報(?)部近(止?)□十(?)四
穴名報(?)部□□□
花豊比法名
愛子丸子哀黒(?)丸

これらの胎内銘で共通するのは、一行目の額田部藤山と四行目の宇治部百雄で、三行目の保積部岑雄は『水沢市史』が空雄、『日本彫刻史基礎資料集成』は読めずだが、保積部であることは共通している。問題は「花豊比法名」を除く最後の四行である。①『平安遺文』は、「蔦人女五物近延十四」「交名物部朝□□」「愛子物部哀黒丸」。②『日本彫刻史基礎資料集成』は、「□人女五物部□□十四」「▭名物部□□」「愛子物部□□丸」。③『水沢市史』は、「薦人女五　物部止理十四」「二人名物部為中」「愛子　物部念黒丸」。④『岩手県金石志』は、「蔦人女五物部止□十□」「穴名物部□□□」「愛子物部哀□丸」。⑤

『東北古代彫刻史の研究』は、「蔦(薦カ)人女五報(?)部近(止)?□十(?)四」「穴名報部(?)□□□」「愛子丸子哀黒丸(?)」と読んでいる。

以上①〜④はすべて「物部」と読んでいるが、⑤では「報部」「丸子」で異なっている。このことについて著者の久野健は、この解読は本人ではなく、福山敏男がおこなったこと、「報部」にはクエスチョンマークがつけられ、丸尾彰三郎らの『日本彫刻史基礎資料集成』では、「物部」と読んでいることを注記している。これらの解読の成果から、ここでは最後の四行の読みは「物部」に従うのが妥当であると思われる。

この胎内銘によれば、額田部、保積部、宇治部、物部の四氏により、貞観四年十二月に黒石寺が創建され、本尊の薬師如来像が造像されたと推定されるが、物部氏は三行にわたって名前が記されているところから、黒石寺でリーダー的な存在であったことを示している。

物部氏の呪術

平安時代の物部氏の呪術を物語る興味深い遺物が、黒石寺から一〇キロほどの近い所で発見されている。一九七二年、岩手県胆沢《いさわ》郡前沢町赤生津のS家の土台工事をしていた時、三個の不思議な河原石が出土し、元奥州大学教授で北上市史編纂委員の司東《しとう》真雄のもとにとどけられた。

その石は薄紅花色をしており、二個の石には「火水木金土」の五行や「一白二黒」の九星が書かれていたが、他の一個が読みにくいので岩手県警察本部の鑑識課には赤外線写真の撮影を依頼し、司東が判読したのを整理してまとめると、次のようになる。

直
神止弘仁大歳甲
手天地気退散
□直道　照□
藤原　親有無退□
○土火金丰木杏留辺ヨ良
公古留辺由良ヨ良
ハルベノユラユラ
ハルベノユラユラ

司東によると、この文の意味は、「□□郷の郷長、藤原道親が弘仁五年（八一四）春に逝ったが、死に直面した時の天地の気と、土火金水土の五行が停止退散してもらいたい。そして郷長は再び故《もと》の家に蘇ってもらいたい。そのために祈りをこめたユラユラの呪文を書いて証しておく」というものだという。そして陸奥国では、すでに弘仁三年（八一二）に鎮守府に陰陽師が一人配置されており、この呪文石は、朝廷から胆沢鎮守府へ配置された陰陽師が、官人の葬祭も司っていたことを示すものではないかと述べている。(26)

たしかに五行や九星などが書かれており、嘉祥四年（八五一）にも出羽国、元慶六年（八八二）には陸奥国鎮守府に陰陽師がおかれている。しかし、この「ハルベノユラユラ」は、物部氏が氏神として祭祀する大和の石上《いそのかみ》神宮の鎮魂祭で使われる呪文なのである。

石上神宮の祭神は、神剣フツノミタマで、物部氏は朝廷の軍事をも担当し、のち石上氏を称した。鎮魂祭は、物部氏の遠祖宇摩志麻治《うましまじ》尊が天皇のために、十種の神宝を用いて鎮魂の業をおこなったのに始まると伝え、現在、十一月二十二日に次のような鎮魂祭がおこなわれている。

宮司は「十代物袋」を結びつけた鈴榊を右手にもち、左手に玉緒の土器をもち、「神勅の事由」を黙禱し、鈴榊を禰宜に渡す。宮司は「布留《ふる》の言《こと》の本《もと》」を唱えて玉緒を結び、禰宜は「和歌の本《もと》」を唱え、鈴榊を右より左へ振り動かす。次に「和歌の末《すえ》」を唱えて左より右へ振りつつ返す。これを宮司と禰宜が交互に十回くり返す。

「十代物袋」とは、十種の神宝の図形紙を入れた紙袋で、表に「振御玉神」と書いてある。「神勅の事由」とは、「瀛都鏡《おきつかがみ》、辺都鏡《へつかがみ》、八握剣《やつかのつるぎ》、生玉《いくたま》、足玉《たるたま》、死返玉《しがえしたま》、道返玉《みちがえしたま》、蛇比礼《へびのひれ》、蜂比礼《はちのひれ》、品物比礼《くさぐさのもののひれ》、天神の御祖の教え詔し曰く、若し痛む処あらば、この十種をして一《ひ》二《ふ》三《み》四《よ》五《いつ》六《む》七《なな》八《や》九　十《ここのたり》と謂ひて、布留《ふる》部由良由良止乎布留部《へゆらゆらとをふるへ》、かくのごとくこれをすれば死人は返りて生きむ」という内容である。「十種の神宝」とは、この瀛都鏡や死返玉、蛇比礼などの十種の呪物のことである。また宮司の唱える「布留の言の本」とは、「一二三四五六七八九十ハラヒタマヘキヨメタマヘ」の祝詞《のりと》で、禰宜の唱える「和歌の本」とは、「フルヘユラ」、「和歌の末」とは「ユラトヲフルヘ」の呪詞である。

上田正昭によると、この「十種の神宝」は、『先代旧事本紀《せんだいくじほんぎ》』に、物部の始祖の饒速日《にぎはやひ》尊に天神の御祖が授ける天璽《てんじ》の瑞宝《ずいほう》十種の「瀛都鏡一、辺都鏡一、八握剱一、生玉一、死反玉一、足玉一、道反玉一、蛇比礼一、蜂比礼一、品物比礼一」とほとんど変わりなく、また「神勅の事由」も、同書の「天神御祖教詔曰、若有㆓病処㆒者、令㆓茲十種㆒、謂一二三四五六七八九十、而布瑠部由良由良止布瑠部、如㆑比為㆑之者、死人反生矣、是則所謂布瑠之言本矣」とほとんどかわりない。

また『令集解《りょうのしゅうげ》』にも瀛都鏡が息津鏡、辺都鏡が部津鏡などの表記の違いがあるが、同じ十種の瑞宝をあげ、「神勅の事由」も「教え導き、もし痛む処あらば、この十宝を合せて、一二三四五六七八九十と云ひて、布瑠部由良由良止布瑠部、かくのごとくこれをすれば死人反り生きぬ」と、ほとんど同じである。同書が編集された貞観年間（八五九～八七七）以前には、宮廷の鎮魂祭にも物部氏系の鎮魂呪法がとり入れられていたことを傍証するという。[27]

この前沢町から出土した呪文石の「ハルベノユラユラ」は、あきらかに物部氏系の鎮魂の呪文である。この呪文石が書かれた弘仁五年（八一四）は、坂上田村麻呂と阿弖流為《あてるい》の戦いがあった延暦二十年（八〇一）から十三年後のことである。ここは黒石寺にも近く、鎮守府の胆沢城にも近い。

物部氏は蘇我氏と崇仏の争いで敗れたが、貞観八年（八六六）には石上神宮に神宮寺が創建され、神仏習合していた。黒石寺を創建した物部氏もそうした流れで天台密教をとり入れていたと考えられる。

八～九世紀にかけて奥羽支配の拡大にともない、鎮魂・教化策の一つとして仏教が導入される。その先兵役をはたすのが天台宗であり、霊山寺、松島寺、黒石寺、天台寺、立石寺など、拠点となる天台寺院が北進にともない各地に創建されていった。[28]また山折哲雄は、坂上田村麻呂の軍事的制圧ののち、天台教団が東北へ浸透していることについて、征服された土地の霊と犠牲者の死霊を祈り鎮めるための宗教政策を反映しているのではないか、坂上田村麻呂と慈覚大師は、軍事的征服と宗教的鎮撫を象徴する伝説的な人物である、と述べている。[29]

黒石寺も慈覚大師の開山伝説をもち、本堂に慈覚大師像と伝える僧形座像が安置されている。黒石寺が創建された貞観四年（八六二）は、田村麻呂の延暦二十年の征夷戦から約六十年後にあたっている。

前沢で発見された物部氏の呪文石は、時代的にも距離的にも黒石寺に非常に近い。黒石寺は関東から移住してきた氏族によって建てられたと考えられており、今後の研究に待たなければならないが、黒石寺の物部氏も、天台密教と共に「ハルベノユラユラ」の物部氏の古い鎮魂呪法をおこなっていた可能性が浮かんでくる。

生玉や死返玉などの十種の神宝をあやつり、「ハルベノユラユラ」の呪文を唱え、肉体から遊離した霊魂、あるいは遊離しようとする霊魂を肉体に呼びもどして鎮め、生命力を再生させ、死人も生き返らせようとする物部氏の鎮魂の呪術。まさに物部氏は魂をコントロールする呪術者であった。

あるいは鬼子が背負う鬼面が逆さまなのも、「死」を象徴しているのかもしれない。それは人間が死んだ葬式の時、ふだんは決してしない逆さまの儀礼がおこなわれるからだ。死人には着物を逆さまにかけ、着物は左前に着せる。湯灌の水は「逆さ水」といい、水を先に湯を後に入れる。ヒゲは下から上に逆さ剃りにする。死人にかける湯も杓を逆手にもち、死人の膳は飯椀と汁椀は左右逆にする。(30)

鬼子の逆さまの鬼面が「死」を象徴するとすれば、次の二本の松松明を重ねる再生儀礼へと続く流れとも整合性がある。鬼子は死と生の境界にあり、神と人の境界にある憑人の両義性とも重なってくる。

こうして新旧の呪法を総動員するかのごとき秘儀によって、蝦夷の怨霊を象徴する鬼子は、鬼から神仏へと変換される。そして新しい神として再生した鬼子のもとで、蘇民袋を争奪する蘇民曳きがおこなわれ、その勝敗で神意を占うが、この蘇民袋は、坂上田村麻呂に斬り殺された悪路王の首だという言い伝えがある。

悪路王とは、延暦期の征夷戦で、坂上田村麻呂ひきいる政府軍と激しく戦った蝦夷の首領・阿弖流為の伝説化した名前である。この蝦夷の怨霊のイメージで語られる蘇民袋には、一寸二分の小間木が五升入れられる。この五升と一寸二分という数字にも、五仏と十二神将がシンボライズされており、鬼を神に変換させる原理が隠されている。

鬼子に憑ける五仏と十二神将。つまり薬師如来・四天王の五仏と十二神将とは、どういう仏なのか。

先に薬師如来が、薬師悔過の本尊として、怨霊調伏のために使われたことを述べたが、「仏説薬師如来本願経」(31)に次のような一節がある。

> 爾時衆中有㆓十二夜叉大將㆒。倶在㆓會坐㆒。所謂
> 宮毘羅《くびら》大將　跋折羅《ばさら》大將
> 迷佉羅《めきら》大將　安捺羅《あんてら》大將
> 安怛羅《あにら》大將　摩涅羅《まにら》大將
> 因陀羅《いんだら》大將　波異羅《はいら》大將
> 摩呼羅《まごら》大將　眞達羅《しんだら》大將
> 招度羅《しょうずら》大將　鼻羯羅《びがら》大將
>
> 此等十二夜叉大將。一一各有㆓七千夜叉㆒以爲㆓眷屬㆒。皆同一聲白㆓世尊㆒言。我等今者蒙㆓佛威力㆒。得㆑聞㆓世尊藥師琉璃光如來名號㆒已。不㆓復更有㆓惡道之怖㆒。我今相與皆同一心。乃至壽盡歸依佛㆒歸依法㆒歸依僧㆒。皆當㆘荷負一切衆生㆒爲作㆗義利饒益安樂㆖。隨㆓於何等村城聚落阿蘭拏處㆒。若流布此經㆒。若復持㆓彼世尊藥師琉璃光如來名號㆒親近供養者。我等眷屬衞護是人㆒。皆使㆑解脱一切苦難㆒。諸有所求悉令㆓滿足㆒。爾時世尊讚㆓諸夜叉大將㆒言。善哉善哉。大夜叉將。汝等若念㆓彼世尊藥師琉璃光如來恩德㆒者。當念饒益一切衆生㆒(ルビは筆者)

釈迦が薬師如来の本願功徳について説いている時、会座に十二神将(十二夜叉大将)がいて感動し、今

後、薬師瑠璃光如来の名号を唱える者がいれば、この人々を衛護し一切の苦難を解脱せしめんと誓った、というのである。興味深いことは、十二神将にはそれぞれ七千夜叉の眷属がいるという。すると十二神将全体では八万四千の強大な夜叉軍団が従っていることになる。薬師如来はこの強大な夜叉軍をひきいる十二神将に守られているのである。

庶民の信仰では、温泉の神や病気の神として慈悲深い薬師如来も、国家守護のために祈る時には、恐るべき夜叉軍団を従えた怨敵降伏や怨霊調伏の強力な本尊とされたのである。

本尊を守る四天王は、毘沙門天、増長天、持国天、広目天で、世界の中心である須弥山に住み、四方四州を守護するとされる。四天王のなかでも、北方を守る毘沙門天は最強とされ、インドの古代神話では、闇黒界の悪霊の長であった。ヒンズー教で財宝や福徳を司る神に転じても、夜叉、羅刹の統領であり、仏教に入ってからは夜叉をひきいて北方を守護する護法神となった。「北方毘沙門天王随軍護法真言」に、「もし諸国の兵賊衆を降伏せんと欲する者は、毘沙門天の一像身を描き、浄室において名香を焚き、その真言を十万遍誦すれば、他国の兵敵自ら退散する」と説いている。

まさに鬼子に憑ける五仏十二神将は、限りなく鬼に近い仏であり、鬼以上に恐ろしい仏だったのである。黒石寺蘇民祭の鬼子の秘儀にみられるのは、鬼子に鬼以上に恐ろしい五仏十二神将を憑け、蝦夷の怨霊を調伏し、新しい強力な守護神を創り出す原理である。黒石寺が創建されたのは、桓武天皇がおこなった延暦期の蝦夷征討から約五〇年後のことである。これは古代日本の政治史上で最大の戦争であり、黒石寺の創建も国家的な武力戦の後の呪力戦といってよかった。

黒石寺の鬼子の背後から垣間見えるのは、古代東北に展開された〝国家と宗教〟の戦慄的な姿である。

全国の修正会の鬼

〈青森県〉

●鬼《き》神社の七日堂祭（弘前市鬼沢《おにざわ》字菖蒲沢《しょうぶさわ》・旧一月二十九日）

村人のために堰を作り水をひいてくれたという赤倉山の鬼神を祀る。「御柳《みやなぎ》行事」と「三拍子行事」で鬼神ゆかりの神具により、早稲、中稲、晩稲の豊凶を占う。本来は修正会結願の神事[32]。

〈宮城県〉

●篦峰寺《こんぽうじ》の正月行事（遠田郡涌谷《わくや》町篦岳《ののだけ》、一月三、二十五日）

正月三日、修正会・後夜の法会ののち、アズマサの木で本堂外陣の床を強くたたいて鬼を追い、木を外に放りだす。二十五日、この鬼やらいに使った木で弓を作り、篦宮の矢柄竹で矢を作り、「御弓神事」で、二人の稚子が白山社の前で「鬼」と書かれた的を六本ずつ十二本（閏年は十三本）射て、その年の天候を占う。坂上田村麻呂創建の縁起をもち、本堂の床下には田村麻呂が退治した鬼の胴体が埋まっているという伝説がある。元旦から二十六日までつづく正月行事の一連の行事の一部[33]。

〈茨城県〉

●東金砂《ひがしかなさ》神社の嵐除祭《らんじょさい》（久慈郡水府《すいふ》村天下野《けがの》、二月十一日）

田楽堂で護摩餅の上に護摩木をのせて、猿面をつけた神猿役が護摩を焚き、吉凶を占う。「羽目板破りの神事」となり、赤、青、黒の三鬼が拍子木に合わせて荒々しく堂を三周し、拍子木役の正面に立つ。この時、岡方と浜方が堂の東西に分かれて羽目板を樫棒で打ち抜く。その早さで大漁、豊作を占う。次に田楽舞となり、四段目の「三鬼舞」で、赤、青、黒の三鬼がそれぞれ松明、金棒、斧を持って床音を高くたてながら階段を降り、堂を一周して反対側からまた上がりこむという所作を三度、この後、護摩を焚く神猿を追いちらし、護摩餅を奪って去る。嵐除祭の名は乱声からくる。(34)

〈東京都〉

●浅草寺《せんそうじ》の修正会（台東区浅草二丁目、一月六日）

読経のなか、急に鉦と太鼓が乱調子に鳴り、一人の僧が袈裟法衣に鬼面を顔にあてて飛び出し、別な僧が楊《やなぎ》の牛玉杖で床を叩きながら追い、内陣を三周する。もと寛永寺の追儺の古式で、元禄年間（一六八八〜一七〇四）に寛永寺にならってはじめたと伝える。(35)

〈静岡県〉

●智満寺《ちまんじ》の鬼払い（島田市千葉《ちば》、一月七日）

本堂で僧侶の読経が終ると、四方の扉が閉められ、床や柱をつき、鉦、太鼓が乱打される乱声のなか、本尊の千手観音の背後から三匹の鬼が松明を持って現れて乱舞する。次に内陣から外陣に出て、逃げ惑う参拝者に火を振る。こんどは本堂正面の扉が開かれ、三匹の鬼は回廊に出て並び、松明の火を左右に三度振ってから庭に投げる。参拝者たちはその松明の燃えさしをうばい、戸口にさして魔除けにする。(36)

●宝蔵寺《ほうぞうじ》のひよんどり（引佐《いなさ》郡引佐町寺野《てらの》、一月三日）

観音堂近くの伽藍さまとよばれる丸石の前で順の舞と万歳楽が舞われると、観音堂で火踊りがはじまる。ひよんどりの名は、この火踊りからきており、松明の火が観音堂で乱舞する。その後、太郎（赤）、二郎（青）、三郎（黒）の三鬼が登場して舞い、手にした鉞棒、掛け矢が振られ、介添えが持つ松明が消される。むかしは「田農」とよばれる田遊びもおこなわれた。かつての観音堂の修正会延年である。(37)

●西浦の田楽（磐田《いわた》郡水窪《みさくぼ》町西浦・観音堂、旧一月十八日）

夜、観音堂の舞庭で、能三十三番とはね能十二番が夜を徹して舞われ、夜が明けて「獅子舞」ののち、別当が鬼面をつけてシズメの呪法をする。別当はござの上で反閇《へんばい》を踏んで面をつけ、正座して印を結ぶ。すると太刀と扇を持ったトガメ役が立ち、「毘沙門の出でさせ給う所に汝は来まいものだぞ、なにしに来た……」と責めると、シズメは苦しそうに「ウォーッ」とそり返り、呪文を唱え印を結ぶ。そして、別当の息子に手をとられて幕屋にひっこむ。(38)

〈愛知県〉

●豊橋神明社鬼祭（豊橋市八町《はっちょう》通、二月十、十一日）

十日、神殿前の八角台で岩戸の舞があり、終りに青鬼（手力男命《たぢからおのみこと》）が現れ、所作事ののち、お供え物を参詣人にまく。その後、たくさんの子供の赤鬼が町内を走りながらタンキリ飴をまぶしたうどん粉ごとまきちらす。この粉をかぶると夏病みしないという。十一日が本祭で、鬼の字を書いた的を二人の射手が十二本（閏年は十三本）の矢を弓で射る「御的神事」があり、「天狗のからかい」となる。これは鼻高面に鎧を着て長刀を持つ天狗と、真赤な衣装に白い力綱で身を固めた赤鬼が争う。赤鬼は鼻糞や陰毛を投げつけて戦うが、天狗に負けて退散する。追われた赤鬼は、町内を走りまわりながらタンキリ飴をまきちらす。(39)

●滝山寺《たきさんじ》の鬼祭（岡崎市滝町、旧一月七日、現在は二月の第一日曜日）

修正会結願の七日夕方、住職が鬼塚で鬼供の作法をし、庭祭りで薙刀《なぎなた》廻し、田遊びがある。その後、半鐘、太鼓、法螺貝などの乱声の中、爺鬼、婆鬼、孫鬼が本堂外陣に出て、松明を持った白衣の厄男数十人と外陣と浜縁を走りまわる。鬼の取り物が鉞《まさかり》から鏡餅に替わり、孫鬼が欄干を三度渡る。拍子木が鳴り、松明が消されて終る。鬼の由来について、むかし鳳来寺《ほうらいじ》の山伏と名のる二人の男が、強引に鬼の面をかぶって演じたところ、面が顔から離れずに死んだ。この二人を葬ったところが鬼塚だという伝説がある。(40)

●鳳来寺の田楽（南設楽郡《みなみしたら》鳳来町、一月十四日）

現在は正月三日に田楽がおこなわれるだけで鬼は出現しない。明治の神仏分離以前は、正月三日、十四日に万歳楽《まんざいらく》、獅子舞、田楽があり、十四日の修正会結願の晩、三人の僧が赤、青、黒の三鬼になり、手に斧と槌を持ち、足拍子を踏み、山内を鎮めてまわった。村人も松明や棒を持って堂の内外を夜を徹して踊り回ったという。『鳳来寺興記』によると、開山の利修仙人は、赤、青、黒の三鬼を使役しており、入定《にゅうじょう》する時、三鬼に自分と共に往生して、この山を守護するように命じ、三鬼の首を切り、本堂の柱の下に封じこめたという。(41)

●国府宮《こうのみや》の儺追《なおい》神事（稲沢《いなざわ》市国府宮町・尾張大国霊神社、旧一月十三日）

十三日午後三時ごろ、儺追人《なおいにん》（神男）が裸男の群の中に飛び出す。裸の男の群は神男にふれて厄を落そうと突進し激しい押しあいをする。やがて神男は儺追殿に入り、裸祭が終る。その後、十四日午前三時から夜追儺神事となる。白衣の神男は、茅で作った人形と紙燭に火をつけた土餅を注連縄で背負わされ、神職の打ち振る大鳴鈴に追われながら、庁舎の周囲を三周する。この時、一寸ほどの桃と柳の枝を麻でしばり白紙に包んだ礫《こいし》を神職や参拝者から投げつけられ、神男は境外に追い出される。神男は逃げる途中で土餅を捨てて、後を見ずに逃げ去る。土餅はただちに神職により土中に埋められ、神男に投げられた礫は拾い集められて焼かれ、灰は翌年の土餅の中に神灰として入れられる。『尾張名所図会』をみると、髪の毛を油で固めたのか三本の角のように頭上にとがらせた儺追人が、手に枝をもった男たちにたたかれながら走っている。かつては旅人や乞食を捕えて儺追人にした(42)。

〈長野県〉

●新野《にいの》の雪祭り（下伊那《しもいな》郡阿南《あなん》町新野・伊豆神社、一月十四、十五日）

十四日の夜、本殿での祭事ののち、庭で夜を徹し「夜田楽」がおこなわれ、「天狗《てんごう》」で三鬼が登場する。太郎、次郎、三郎と名づけられた鬼で、それぞれ斧、片槌、両槌を持ち、介添えを従えて笛、太鼓で現れ、足を踏み、斧と槌を打ち合わせて踊り、最後に三人の禰宜《ねぎ》が登場して鬼と問答する。鬼は「愛宕山の大天狗、小天狗」などと名のり、その修行の深さや年の多さをいうが、結局問答に言い負かされて庁屋にすごすごと退散してゆく。この時、見物から「鬼様負けてお帰りだ」の声がかかる(43)。

〈三重県〉

●観音寺の鬼おさえ（津市大門《だいもん》町、二月一日）

観音寺でおこなわれる修正会行事。二匹の鬼が鉄槌と斧を持ち、前後に付添いを従えて現れる。白刃を持った若者たちが鬼を討とうと付添いの者と打ち合い、堂の周囲を三回まわって鬼を追う(44)。

〈京都府〉

●宝積寺《ほうしゃくじ》の鬼燻（乙訓《おとくに》郡大山崎村大山崎、四月十八日）

むかし正月十八日におこなわれた追儺会《ついなえ》。白、赤、青の三鬼。大導師、擬勅師、陰陽寮、謡曲僧、松明僧などが堂内に入って法要があり、その後で松葉でいぶすと三鬼が堂外に逃げだす。これを導師が剣をふりかざし、行事は桃弓に蓬矢《よもぎや》をつがえて追いまわし、鬼が退散した後に豆をまく。(45)

●盧山寺《ろざんじ》の鬼の法楽（上京区寺町広小路、二月三、四日）

赤、青、黒の三鬼が、それぞれ剣、斧、槌をもって本堂で踊り、松葉でいぶされて堂外にとび出し、追儺師が法弓、ほうらい豆、福餅を投げて鬼を追いはらう。(46)

〈奈良県〉

●長谷寺《はせでら》のダダオシ（桜井市初瀬《はつせ》町、二月十四日）

修二会結願の法要の後におこなわれる。太鼓と法螺貝の音と共に、青鬼と緑鬼が松明をもつ数人の法被《はっぴ》姿の男と共に出てきて、本堂の周囲を三周し、松明を本堂脇の広場に捨てて鬼が消える。次いで赤鬼が同じように出てきて三周して消える。これは現在のダダオシだが、『和州祭礼記』によると、昭和十年前後には、赤鬼が松明を持って現れると、群集が松明を奪おうとおしよせて争い、赤鬼は西口から内陣に入り東口から出る。三度目に西口の扉が閉ざされて内陣に入れず、群集に追いつめられ、ついに松明が奪い取られ、鬼は姿を隠した。寺伝によると、むかし寺の戌亥（北西）の角の谷に悪鬼が棲んでおり、寺に招き寄せて撃鼓駆儺の法を修したのがはじまりという。(47)

●薬師寺の花会式《はなえしき》（奈良市西ノ京町、四月五日）

修二会の七日目結願の法要の最後におこなわれる鬼追式。明かりが消され、梵鐘や法螺貝が鳴らされると、黒、赤、青の三鬼が松明と剣をもって現れ、雄叫びをあげて回廊をあばれまわる。やがて毘沙門天が鉾《ほこ》を持って現れて鬼を追いはらう(48)。

●法隆寺の追儺会（生駒《いこま》郡斑鳩《いかるが》町、二月三日）

二月一日から三日間、西円堂《さいえんどう》修二会の結願法要後におこなわれる。堂外の壇上に黒、青、赤の三鬼がそれぞれ斧、鉄棒、剣をもって登り、松明を受けとり、三度ふりかざして参詣人へ投げる。やがて毘沙門天が鉾をもって鬼を追い、堂を三度巡って終る(49)。

●陀々堂の鬼走り（五条市大津町・念仏寺、一月十五日）

修正会結願の夜、四本の大きな松明に火がつけられ、サキテが大松明をさしあげて「水」の字を宙に書く。つづいて父鬼、母鬼、子鬼が現れて堂の正面に並び、介添人に助けられ松明をふり上げる所作を三回くり返す。その後、三鬼は松明と共に三周して鬼走りする(50)。

〈兵庫県〉

●長田《ながた》神社の追儺式（神戸市長田区長田町、二月三日）

七人の鬼役が本堂裏の鬼室に入って鬼面をつけ鬼衣を着す。まず一人旅鬼が拝殿前の舞台で足を高くあげて踏みつけるように歩く。次に一人旅鬼、赤鬼、青鬼、姥鬼、呆助鬼の五匹の鬼が松明を手に踊り、次に餅割鬼、尻くじり鬼が踊る。最後に餅割鬼と尻くじり鬼が木斧と木槌をもって現れ、日月の餅と十二か月の餅を割る。明治の神仏分離以前は、長田神社の本地薬師堂の修正会結願の行事だった(51)。

●近江寺《きんこうじ》の鬼踊り（神戸市垂水区押部《おしべ》谷《だに》町、二月十一日）

修正会の結願に、赤鬼と青鬼の親鬼、ババ鬼が二匹、それに多くの小鬼が鬼踊りをする。まず小鬼が二人一組で櫨《はぜ》の木の棒を打ちあう。次にババ鬼二匹が槌を腰にさし、剣、斧と松明を持って踊る。これを「走り」という。次に赤鬼と青鬼の親鬼が槌を腰に差し、斧と松明を振りながら本堂外陣を走る。次いで大きく足踏みをするように外陣を一周する。これが二番つづくと、松明の火を打ち合わせる「火合せ」があり、次に仏前に松明をもって礼拝する「火供え」がある。最後に親鬼二匹は外陣にかけた鏡餅二個を斧で割る「餅切り」をした後、造花を持って「花の踊り」をする。[52]

●常勝寺《じょうしょうじ》の鬼こそ（氷上《ひかみ》郡山南町谷川、二月十一日）

開山の法道仙人が化け物を退治するために鬼こそを始めたと伝え、法道仙人役の男児（鬼の子）を先頭に、松明、鉾、刀、錫杖をそれぞれ持った四鬼が本堂に現れる。この四鬼は火、水、風、雨を表すという。松明持と鉾持の鬼が、掛餅を三回切る所作をする「餅切り」をおこなう。その後、松明と鉾を三回突き出す「火供え」、三度交叉させる「火合せ」をする。最後に二鬼は外縁をまわり、鬼役が松明を参拝人に投げる。[53]

●東光寺《とうこうじ》の鬼会（加西市上万願寺町、一月八日）

修正会の初夜勤行の後、福太郎と福次郎による田遊びが終ると、次に腰に槌を差し松明をもった赤鬼と鉾をもった青鬼が堂内を巡ること十二回くり返す（閏年は十三回）。六回目の時、赤鬼が松明を捨てて、槌で東西の大鏡餅を叩き、青鬼は鉾で切りつける所作をする。[54]

●書写山円教寺《しょしゃざんえんきょうじ》の鬼追い（姫路市書写、一月十八日）

法堂の艮《うしとら》の隅にある溜部屋で、赤鬼と青鬼役が面をつけて鬼衣を着す。本堂で修正会結願の法要が始まると、赤鬼と青鬼は、頭から黒い布をかぶり、鬼係の先導で白山権現社の舞堂へ上がる。ここで赤鬼は松明を振りかざして鈴を振り、青鬼は鉾をかまえて足を高くあげて床を踏みしめて歩く。次に二鬼は鏡餅を二周し、赤鬼が松明で鏡餅を割るしぐさをする。こんどは二鬼は本堂に移り、すべての扉が閉じられる。赤鬼は松明を高くかかげ、四隅で鈴を鳴らす。二鬼は堂内を二周した後、赤鬼は松明を横に高くかかげ、青鬼はそこへ鉾を合わせる。二鬼は踊ったのち、本堂の艮の隅にある溜部屋へ帰る。寺伝によると、この二鬼は性空《しょうくう》上人の従者だった若丸（赤鬼）と乙丸（青鬼）で、それぞれ毘沙門天と不動明王の化身とされる[55]。

●神積寺《じんしゃくじ》の鬼追い（神崎《かんざき》郡福崎《ふくさき》町東田原《ひがしたわら》、一月十五日）

鬼株をもつ鬼子十四軒の家の者が、山の神、赤鬼、青鬼になり、鬼の舞、餅まきなどをする。山の神は本尊薬師如来、赤鬼と青鬼は脇士の不動明王と文殊菩薩とされる。

●御井《みい》神社の追儺祭（養父《やぶ》郡大屋町宮本、一月十四日）

拝殿前に待つ氏子たちの松明に祭壇のローソクから火を移す。鬼役が鬼面を顔につけ、右手に神の依代《よりしろ》が納まる箱を持ち、左手に木鉾を持つ。鬼役がでてくると、氏子たちは松明で鬼役が持つ箱をたたく。終ると二番鬼に持ち物をひきつぎ、三番で終る。

●妙法寺《みょうほうじ》の鬼追い（神戸市須磨区妙法寺、一月三日）

黒鬼（ジカ鬼）五、白鬼三（太郎鬼、次郎鬼、ババ鬼）、子鬼二が登場し、松明を持って踊り、最後に太郎鬼が鏡餅を木斧や木槌で切る所作の餅切りをする。同じく鬼踊りと餅切りをする追儺は兵庫県に多く、以下祭事名、場所、日時、登場する鬼の種類を列挙する。

●明王寺《みょうおうじ》の追儺式（神戸市垂水区名谷《みょうだに》町、一月四日）

太郎鬼、次郎鬼、ババ鬼と子鬼四。鬼踊りののち、太郎鬼が斧で餅を突く。

●多聞寺《たもんじ》の鬼追い（神戸市垂水区多聞台、一月五日）

太郎鬼、次郎鬼、ババ鬼と子鬼四。本堂の東北隅の鬼部屋で装束をつけた鬼が出てきて、鬼踊り、ミカンまき、餅切りをする。

●勝福寺《しょうふくじ》の追儺式（神戸市須磨区大手町、一月七日）

大鬼五（赤、白、黒、青鬼と天狗）、小鬼四。鬼踊りののち餅切り。

●転法輪寺《てんぽうりんじ》の鬼追い（神戸市垂水区名谷町中山、一月七日）

太郎鬼、次郎鬼、ババ鬼と子鬼四。鬼踊りのみ。

●鶴林寺《かくりんじ》の鬼追い（加古川市加古川町北在家、一月八日）

赤鬼、青鬼と子鬼四。鬼踊り、松明合せ、餅切り。

●高薗寺《こうおん》の鬼追式（加古郡稲美町野寺、二月九日）

赤鬼、青鬼の鬼踊り、松明投げ、餅切り。

●随願寺《ずいがんじ》の鬼追い（姫路市白国《しらくに》、二月十一日）

空鬼、赤鬼、青鬼一、男の子鬼八、女の子鬼八。松明を振りながら廻る。最後に餅まき。

〈福岡県〉

●太宰府《だざいふ》天満宮《てんまんぐう》の鬼燻《くす》べ（筑紫郡太宰府町、一月七日）

鬼役は祓いをうけてから、身体を四十八か所縛られて鬼面と共に鬼燻堂（旧薬師堂）に入る。やがて燻べ方が青松葉とわらの山に火をつけ、堂内の鬼を煙でいぶす。警固方が鬼を救い出すために堂の板を木槌で打ちこわそうとして燻べ方と争う。警固方は鬼をつれだし、堂下を三周する。神官は鬼に豆を投げつけ、柳杖で鬼面を打ち、燻べ方も灰を投げる。もとは通りかかった者を捕えて鬼役にしたという。明治の神仏

分離までは、天満宮の神宮寺であった安楽寺の修正会結願の行事だった。(56)

●玉垂宮《たまたれ》の鬼会《おによ》（久留米市大善寺町、一月七日）

もと玉垂宮大善寺の修正会。大松明六本が境内に並び、鬼面尊神を祀った本殿横戸から「一番なあれ」と叫ぶと鐘が鳴り、「二番なあれ」の声で二番鐘で鬼火が近づき大松明に点火される。大松明が本地堂や本殿を二組に分かれて七周する。この間、本地堂の鬼は人目を盗んで縁の下を六周する。子供たちが鬼を守りながら縁板を棒で乱打する。やがて大松明は汐井かき（みそぎ）して境外に去り、鬼も汐井かきして本殿に帰る。(57)

●熊野神社の鬼の修正会（筑後市熊野、一月五日）

境内の明かりが消されて暗闇になり、宮司が社宝の鬼面を捧持し、十二人の竹を結んだ鬼笹に守られて社殿を三周する。この間、大声があげられ床板が踏みならされる。(58)この後、宮司は鬼火を鑽りおこして大松明に移し、二頭の汐井獅子を先頭に行列で進み、境内の大松明に点火する。

〈佐賀県〉

●竹崎《たけさき》観世音寺の鬼祭り（藤津郡太良《たら》町大字大浦字竹崎、一月二、三日）

もと五、六日におこなわれた。それは海中の鬼と山上の観音堂の箱に封じこめてある鬼が、正月五日夜の満潮時に呼びあうのを村人たちが喚声をあげて防ぐ祭りと伝えている。修正会の法会の後、法印が「鬼よ」と叫ぶと、堂内の鬼箱が四人の鬼副《おにぞえ》に守られて庭上に出る。それを追って裸の若者たちが突進する。鬼副が箱を守って逃げまわり、激しいもみ合いになる。やがて堂前で箱に薦がかけられてもみ合いは終り、鬼箱は堂内に納められる。(59)

●唐津天満宮の追儺祭（唐津市西十人町、一月七日）
神前で宮司から六本の竹松明に御神火をもらい、町内で待つ長さ一〇メートルの大松明に点火される。六本の御神火を先頭に若者たちが大松明をかつぎ、「オンジャ、オンジャ」のかけ声で鬼を追いながら市内を一巡し境内の松の櫓の中にとじこめて天に焼き払う。むかしは青鬼と赤鬼に扮した二人の男が逃げて走ったが、危険なので鬼役は戦後取りやめになった(60)。

〈大分県〉
●成仏寺《じょうぶつじ》の修正鬼会（東《ひがし》国東《くにさき》郡国東町、旧正月五日）
国東半島の六郷満山《ろくごうまんざん》に伝わる修正会で、岩戸寺、天念寺では七日におこなう。伽陀、懺法《せんぼう》導師、序音……などの勤行があり、夜、鈴鬼が五色の幣と鈴を持って舞い、鬼招きをする。災払鬼、荒鬼、鎮鬼の三匹の鬼が登場して仏前を拝む。院主が般若心経を唱え、三鬼に酒をふきかけると、三鬼は外に暴れ出る。まず三鬼は十二人のテイレシ（松明入れ衆）と手をつなぎ、その中に参詣人を入れて加持する。その後、三鬼は「鬼はヨー　ライシャハヨー」と叫び、村の家々をまわって仏壇を拝んで供養をし、酒食をふるまわれる。明け方に本堂にもどり、暴れる三鬼に院主が鬼鎮めの餅をくわえさせ経を読んで鎮める(61)。

全国修正会・修二会の鬼と本尊

所在地	寺社名	本尊	祭名	月日	内容	文献
青森県弘前市鬼沢字菖蒲沢	鬼神社	鬼神（旧巌鬼山神社は薬師、宝泉院は十一面観音）	七日堂祭	旧一月二十九日	御柳行事と三拍子行事で鬼神の神意を占う	内藤正敏「赤倉山の鬼神」（『東北学』2）
岩手県水沢市黒石山内	黒石寺	薬師	蘇民祭	旧一月七・八日	鬼面を逆さに背負った鬼子に本尊の薬師、四天王、十二神将を憑け、蘇民袋の争奪が始る	内藤正敏『黒石寺蘇民祭の鬼子』（『東北学』4）
宮城県遠田郡涌谷町箟岳	箟峰寺	十一面観音	鬼やらい、御弓神事	一月三日、二十五日	三日アズサの木で本堂外陣の床をたたいて鬼を追う鬼やらい。二十五日、十二本の弓で鬼と書いた的を射る御弓神事	『涌谷町史』上
茨城県久慈郡水府村天下野	東金砂神社	—	嵐除祭	二月十一日	赤、青、黒の三鬼が堂を三周し、羽目板神事。三鬼舞ののち、護摩を焚く神猿を追い、餅を奪い去る	『祭礼行事・茨城県』
東京都台東区浅草二丁目	浅草寺	聖観音	修正会	一月六日	鬼面を顔にあてた袈裟法衣の僧が、別な僧に楊の牛玉杖で床をたたきながら追われる	『民俗東京の祭り』
静岡県島田市千葉	智満寺	千手観音	鬼払い	一月七日	三匹の鬼が松明を持って乱舞し、最後に松明を三度振って庭に投げる	『静岡県の祭ごよみ』
静岡県引佐郡寺野	宝蔵寺	観音堂	ひよんどり	一月三日	火踊りののち、赤、青、黒の三鬼が舞う。むかしは田遊びがおこなわれた	〃
静岡県磐田郡水窪町西浦	観音堂	聖観音	西浦の田楽	旧一月十八日	田楽の最後に鬼面をつけたシズメが鎮めの呪法をし、トガメに責められて去る	須藤功『西浦の田楽』
愛知県豊橋市八町通	豊橋神明社	—	鬼祭	二月十、十一日	十日、青鬼が所作事ののち供物をまく、十一日本祭で赤鬼が天狗に負けて退散し、タンキリ飴をまいて逃げる	『祭礼行事・愛知県』
愛知県岡崎市滝町	滝山寺	薬師	鬼祭	旧一月七日	爺鬼、婆鬼、孫鬼が松明をもった厄男と外陣と浜縁を走りまわる	『新編岡崎市史・民俗2』
愛知県南設楽郡鳳来町	鳳来寺	薬師	田楽	一月十四日	赤、青、黒の三匹の鬼が足拍子を踏み、山内を鎮めてまわった。現在は田楽だけで鬼は出現せず	『山の祭と芸能』下
愛知県稲沢市国府宮町	尾張大国魂神社	—	儺追神事	旧一月十三日	裸の男たちが神男（儺追人）にふれて厄を落そうともみあう。深夜、神男は土餅を背負って追われ、土餅は土中に埋められる	『日本民俗芸能事典』
長野県下伊那郡阿南町新野	諏訪神社	—	雪祭り	一月十四、十五日	太郎、次郎、三郎の鬼が禰宜との問答に負けて退散する。	『大系・日本歴史と芸能3』
三重県津市大門町	観音寺	聖観音	鬼おさえ	二月一日	二匹の鬼が白刃をもって若者に追われて堂を三周	『日本「鬼」総覧』
京都府乙訓郡大山崎村山崎	宝積寺	十一面観音	鬼燻	四月十八日	白、赤、青の三鬼を松葉でいぶしたのち、導師が剣で行事が桃弓に蓬矢で追いはらい豆をまく	『年中行事辞典』
京都府京都市上京区寺町広小路	廬山寺	元三大師堂	鬼法楽	二月三、四日	赤、青、黒の三鬼が本堂で踊り、松葉でいぶされ、追儺師に法弓、ほうらい豆、福餅で追われる	〃
奈良県桜井市初瀬町	長谷寺	十一面観音	ダダオシ	二月十四日	鬼が松明をもつ男に守られて本堂内を三周する	『日本「鬼」総覧』
奈良県奈良市西ノ京町	薬師寺	薬師	花会式	四月五日	黒、赤、青の三鬼が松明をもって回廊をあばれまわり、毘沙門天が鉾をもって現れ追いはらう	『大系・日本歴史と芸能3』
奈良県奈良市斑鳩町	法隆寺	薬師（西円堂）	追儺会	二月三日	黒、青、赤の三鬼が松明を三度ふって参詣人に投げ、毘沙門天に追われ、堂を三周	『日本民俗芸能事典』
奈良県五条市大津町	念仏寺	阿弥陀	陀陀堂の鬼走り	一月十五日	父鬼、母鬼、子鬼が松明を三回ふりあげたのち、松明と共に三周して鬼走りする	『日祭本礼風土記2』

兵庫県神戸市長田区長田町	長田神社	旧薬師堂	追儺式	二月三日	五鬼（一人旅、赤、青、姥、呆助）が松明を手に踊り、次に二鬼（餅割、尻くじり）が踊り、日月と十二ヶ月の餅を割る	『祭礼行事・兵庫県』
兵庫県神戸市垂水区押部谷町	近江寺	千手観音	鬼踊り	二月十一日	親鬼二匹（赤、青）ババ鬼二匹、多くの小鬼が踊り、最後に親鬼が外陣を走り、火合せののち餅切りをする	『日本「鬼」総覧』
兵庫県神戸市垂水区名谷町	明王寺	不動明王	追儺式	一月四日	太郎鬼、次郎鬼、ババ鬼と子鬼四匹が鬼踊り、太郎鬼が斧で餅を突く	『ひょうごの民俗芸能』
兵庫県神戸市垂水区名谷町	転法輪寺	阿弥陀	鬼追い	一月七日	太郎鬼、次郎鬼、ババ鬼と子鬼四匹が鬼踊り	〃
兵庫県神戸市垂水区多聞台	多聞寺	毘沙門天	鬼追い	一月五日	太郎鬼、次郎鬼、ババ鬼と子鬼四匹が鬼踊り、ミカンまき、餅切りをする	〃
兵庫県神戸市須磨区妙法寺	妙法寺	毘沙門天	鬼追い	一月三日	黒鬼（ジカ鬼）五匹、白鬼三匹（太郎、次郎、ババ）、子鬼二匹が松明をもって踊り、太郎鬼が餅切りをする	〃
兵庫県神戸市須磨区大手町	勝福寺	聖観音	追儺式	一月七日	大鬼五匹（赤、白、黒、青鬼と天狗）、小鬼四匹が鬼踊り、餅切り	〃
兵庫県姫路市書写	書写山円教寺	如意輪観音	鬼追い	一月十八日	赤鬼と青鬼が松明をもち鈴を振って踊り、餅切りのしぐさをする	〃
兵庫県姫路市白国	随願寺	薬師	鬼追い	二月十一日	空鬼、赤鬼、青鬼と男の子鬼八、女の子鬼八、松明を振りながらまわる、のち餅まき	〃
兵庫県氷上郡山南町谷川	常勝寺	千手観音	鬼こそ	二月十一日	法道仙人役の鬼の子を先頭に四鬼が現れ、餅切り、火供え、火合せののち松明を参詣人に投げる	〃
兵庫県加西市上万願寺町	東光寺	薬師	鬼会	一月八日	赤鬼、青鬼が松明をもって堂内を巡り、鏡餅を切る所作をする	『祭礼行事・兵庫県』
兵庫県神崎郡福崎町東田原	神積寺	薬師	鬼追い	一月十五日	山の神、赤鬼、青鬼が鬼の舞、餅まきする	『ひょうごの民俗芸能』
兵庫県養父郡大屋町宮本	御井神社	―	追儺祭	一月十四日	鬼が神の依代が納まる箱をもって現れ、氏子たちが松明で箱をたたく	〃
兵庫県加古川市加古川町北在家	鶴林寺	薬師	鬼追い	一月八日	赤鬼、青鬼と子鬼四匹が四股をふむように進む、松明合せ、餅切り	〃
兵庫県加古郡稲美町野寺	高薗寺	千手観音	鬼追式	二月九日	赤鬼、青鬼の鬼踊り、松明投げ、餅切り	〃
福岡県筑紫郡太宰府町	太宰府天満宮	旧薬師堂	鬼燻べ	一月七日	鬼が青松葉でいぶされ、神官に豆を投げられ卯杖で打たれて退散する	『民衆宗教史叢書12・薬師信仰』
福岡県久留米市大善寺町	玉垂神社	―	鬼会	一月七日	大松明が本殿を七周。本地堂の鬼は子供たちに守られて縁の下を六周。汐井かきして本殿に帰る	『年中行事辞典』
福岡県筑後市熊野	熊野神社	―	鬼の修正会	一月五日	宮司が鬼面を捧持し、十二人の鬼笹に守られて社殿を三周	〃
佐賀県藤津郡太良町大浦竹崎	観世音寺	千手観音	鬼祭り	一月二、三日	鬼箱を守る鬼副に裸の若者たちが奪おうともみあったのち、鬼箱は堂内に納められる	『日本祭礼風土記1』
佐賀県唐津市四十人町	唐津天満宮	―	鬼儺祭	一月七日	若者たちが大松明をかついで鬼を追いつめ、松の櫓で焼きはらう	『祭礼行事・佐賀県』
大分県東国東郡国東町	成仏寺	不動明王	修正鬼会	旧一月五日	災払鬼、荒鬼、鎮鬼が参詣人を加持し、家々を訪れて仏壇を拝んでまわる	『大系・日本歴史と芸能3』
大分県東国東郡国東町	岩戸寺	薬師	修正鬼会	旧一月七日	災払鬼と鎮鬼が参詣人を加持し、家々を訪れて仏壇を拝んでまわる	『山の祭りと芸能』上

注

(1)『菅江真澄全集』(一巻)、未来社、一九七一年。

(2)内藤正敏「黒石寺蘇民祭」(『季刊現代宗教』一―二、一九七五年)。末武保政の『黒石寺蘇民祭』(文化総合出版、一九七六年)も拙稿を図と共に引用紹介している。

(3)『拾塊集』(『神道大系・神社編三十二、出羽三山』神道大系編纂会、一九八二年)。

(4)羽黒修験の秋峰修行で、二の宿入りの時、二本の松明を左右に三回ずつまわして一回ごとにくっつけあう所作がある。これは男女の性交を象徴した再生の儀礼で、松例祭で新年の浄火を切りだす〝火の打替〟の直前におこなわれる(内藤正敵『修験道の精神宇宙』青弓社、一九九一年)。黒石寺蘇民祭では松松明二把持が下、一把持が上であることに注意。

(5)日光山でも常行堂の修正会で、三日目の初夜と五日目の初夜、東北の隅に祀られる魔多羅神の正体を御輿迎で後戸のコク部屋に迎えて延年がおこなわれた。松尾恒一「常行堂修正会の後戸」(『課願としての民俗芸能研究』ひつじ書房、一九九三年)。山本ひろ子『異神』平凡社、一九八八年。鈴木正崇『神と仏の民俗』吉川弘文館、二〇〇一年。魔多羅神は、臨終の人のところに行き、肝屍を食う。その故に臨終正念を得るという鬼神(『渓嵐拾葉集』)。なお、日光の常行堂は東照宮創建時に現在地に移されて方位も変っている。兵庫県の書写山や多聞寺の修正会の鬼追いでも東北の艮の溜り部屋や鬼部屋で鬼の装束をつけて現れる。

(6)「天保七丙申歳大不作ニ付立春ヨリ以後書留」(『経済論集』一八号、一九七三年)。

(7)「修験道修要秘決」(『修験道章疏』(二)図書刊行会、二〇〇〇年)。

(8)「柴灯護摩次第」(『修験聖典』同編纂会、一九二七年)。

(9)「本山修験深秘印信集」(前掲書、注7)。

(10)岩手の蘇民祭調査会議『岩手の蘇民祭調査報告書』岩手県教育委員会、二〇〇二年。

(11)山路興造「修正会の変容と地方伝播」(『大系・仏像と日本人・七巻・芸能と鎮魂』春秋社、一九八八年)。鈴木正崇「修正会」(『東洋思想・十五巻・日本思想I』岩波書店、一九八九年)、中村茂子「民俗行事・民俗芸能に見る鬼の形態」(『芸能の科学』二四号、一九九六年)、廣田律子『鬼のきた道』玉川大学出版部、一九九七年。

(12) 市古貞次・大島建彦校注『日本古典文学大系・88・曾我物語』岩波書店、一九六六年。
(13) 荒木繁・山本左右吉編注『説経節』平凡社、一九七三年。
(14) 小松和彦『憑霊信仰論』ありな書房、一九八四年。
(15) 服部幸雄『さかさまの幽霊』平凡社、一九八九年。
(16) 岩崎敏夫編『東北民俗資料集』(二)、万葉堂出版、一九七一年。
(17) 高橋崇「坂上田村麻呂と阿弖流為」(『古代の日本・8・東北』角川書店、一九七〇年)。
(18) 山折哲雄『日本人と浄土』講談社、一九九五年。
(19) 中野玄三『悔過の芸術』法蔵館、一九八二年。佐藤道子「悔過法要の形式」(『芸能の科学』一八号、一九九〇)では、奈良時代から平安初期にかけて、薬師悔過は不慮の災害、特に病難、疫難に対応する臨時的な催行に位置づけられていたという。
(20) 村尾次郎『桓武天皇』吉川弘文館、一九六三年。
(21) 竹内理三編『平安遺文・金石文編』東京堂出版、一九七〇年。
(22) 丸尾彰三郎ら編『日本彫刻史基礎資料集成』中央公論美術出版、一九六六年。
(23) 『水沢市史』同刊行会、一九七四年。
(24) 岩手県教育委員会編『岩手県金石志』同刊行会、一九八五年。
(25) 久野健『東北古代彫刻史の研究』中央公論美術出版、一九七一年。
(26) 司東真雄『岩手の歴史論集・1』北上市史編纂室、一九七八年。
(27) 上田正昭「石上の祭祀と神宝」(和田萃編『大神と石上』筑摩書房、一九八八年)。
(28) 伊藤清郎『霊山と信仰の世界』吉川弘文館、一九九七年。
(29) 山折哲雄『仏教信仰の原点』講談社、一九八六年。
(30) 斎藤たま『死とものの け』新宿書房、一九八六年。
(31) 「仏説薬師如来本願経」(『大正新脩大蔵経』一四巻、経集部一、一九二五年)。十二神将のうち、摩涅羅大将は、「薬師瑠璃光如来本願経」では珊底羅大将となっている。

(32) 本書「岩木山の鬼と鉄」参照。
(33) 本書「鬼の神事に隠された〝東北〟」参照。
(34) 高橋秀雄・加藤健司・茂木栄『祭礼行事・茨城県』おうふう、一九九六年。
(35) 中村規『民俗東京の祭り』鷹書房、一九八〇年。
(36) 静岡県民俗学会『静岡県の祭ごよみ』静岡新聞社、一九九〇年。
(37) 前掲書(注36)。
(38) 島崎良「西浦の田楽」(『山の祭りと芸能』下、平河出版社、一九八四年)。
(39) 桜井秀雄・春日井正人『祭礼行事・愛知県』桜楓社、一九九一年。
(40) 『新編岡崎市史・民俗12』岡崎市、一九八八年、伊藤良吉「滝山寺のオニ」(『日本「鬼」総覧』新人物往来社、一九九四年)。
(41) 島崎良「鳳来寺の田楽」(前掲書・注38)。
(42) 文化庁監修『日本民俗芸能事典』第一法規出版、一九七六年。
(43) 「新野の雪祭」(『大系・日本歴史と芸能・第三巻・西方の春』平凡社、一九九一年)、島崎良「新野の雪祭り」(前掲書・注38)。
(44) 『日本「鬼」総覧』新人物往来社、一九九四年。
(45) 西角井正慶『年中行事辞典』東京堂出版、一九五八年。
(46) 前掲書(注44・45)。
(47) 鹿谷勲「長谷寺のダダオシのオニ」(前掲書・注44)。
(48) 「薬師寺の花会式」(前掲書『大系・日本歴史と芸能』・注43)、上野誠「薬師寺花会式のオニ」(前掲書・注44)、西瀬英紀「薬師寺修二会の存立基盤」(『芸能史研究』七六号、一九八一年)。
(49) 前掲書(注42)。
(50) 宮本常一編『日本祭礼風土記2』慶友社、一九六二年。
(51) 高橋秀雄・久下隆史『祭礼行事・兵庫県』桜楓社、一九九七年、久下隆史「長田神社古式追儺式のオニ」(前掲書・注44)。
(52) 西田啓一「近江寺の鬼踊り」(前掲書・注44)。
(53) 兵庫県民俗芸能調査会編『ひょうごの民俗芸能』神戸新聞総合出版センター、一九九八年。
(54) 高橋・久下前掲書(注51)。
(55) 以下、書写山、神積寺、御井神社、妙法寺、明王寺、多聞寺、勝福寺、転法輪寺、鶴林寺、高薗寺、随願寺は、前掲書(注53)。
(56) 森弘子「太宰府天満宮の薬師信仰と鬼すべ行事」(『民衆宗教史叢書・十二巻・薬師信仰』雄山閣出版、一九八六年)、前掲書(注42)、高橋秀雄・渡辺良正編『祭礼行事・福岡県』桜楓社、一九九三年。
(57) 前掲書(注42)、宮本常一編『日本祭礼風土記I』慶友社、一九六二年。
(58) 高橋・渡辺編、前掲書(注56)。
(59) 宮本編、前掲書(注57)。
(60) 佐賀県祭礼研究会編『祭礼事典・佐賀県』桜楓社、一九九一年。
(61)「国東の修正鬼会」(『大系・日本歴史と芸能・第三巻・西方の春』平凡社、一九九一年)。

鬼の神事に隠された〝東北〟——箟峰寺の正月行事

東北にはいろいろな鬼が棲む。本書でも、羽黒山の麤乱鬼《そらんき》は羽黒山の神である稲倉魂命《うかのみたま》を裏から守護して大晦日に出現し、新年に新しい浄火を切りだす松打に変身した。津軽鬼神社に祀られる赤倉山の鬼も岩木山の神を護り、水路を作って村人を助け、天候や作柄を託宣している。これらの鬼は、古くからのその土地の地霊であり自然神だ。中央から新しい宗教が入ってくると共に、仏教の如来や菩薩、記紀の神々に主座を譲った地主神である。

ところが東北には、もう一つの鬼がいる。古代の蝦夷征討が鬼退治になって伝説化している。黒石寺蘇《こくせきじそ》民祭《みんさい》では、蝦夷の怨霊である鬼子に本尊を憑け、鬼を神に変換させていた。追われる鬼と祀られる鬼、自然としての鬼と政治としての鬼……。

宮城県遠田郡涌谷《わくや》箟岳《ののたけ》にある箟峰寺《こんぽうじ》の正月行事では、追われる鬼と祀られる鬼が出現する。なぜ箟峰寺の正月行事に、この相反する鬼がみられるのか。それがここでのテーマとなる。

一　山寺院としての箟峰寺

『箟峰寺書上控』という安永四年（一七七五）に書かれた縁起によれば、宝亀元年（七七〇）に白山宮《はくさんぐう》が創建され、延暦年間（七八二～八〇六）に延鎮《えんちん》が開基、大同年間（八〇六～八一〇）に坂上田村麻呂が観音堂（本堂）を建立して開き、嘉祥年間（八四八～八五一）に慈覚《じかく》大師が中興した……、と記している。

篦峰寺は一山寺院といって、堂宇や坊の総称で、篦峰寺という名前の寺院はない。高野山金剛峰寺《こんごうぶじ》、比叡山延暦寺などと同じである。篦峰寺を実際に運営し支えているのは、篦峰寺の山内に住む衆徒で、南谷に仁王堂、井上坊、中之坊、東之坊、薬師堂、藤本坊、窪之坊、林崎坊、熊野坊の九坊、北谷に西之坊、実相坊、桜本坊、林泉坊、梅本坊、松本坊、杉本坊の七坊。現在は両谷で十六坊の衆徒が住み、篦峰寺の祭祀をささえている。江戸時代にはもっと多く、安永四年の『篦峰寺書上控』では、南谷に衆徒一〇、禰宜一、北谷に衆徒一一、禰宜一がおり、ほかに鐘撞一、脇坊四がおり、雑用をする家中がいた(1)。

衆徒たちは、ふだんは山内の坊で家族と住み、篦峰寺の修正会《しゅしょうえ》などの法会や領主の祈禱には全員が本堂に出仕した。衆徒が住む各坊には、それぞれ本尊がまつられ、各坊衆徒は霞があり、冬には御礼をもって霞の信者をまわった。各坊は衆徒が家族と住む居住空間であり、半僧半俗の私的な祭祀空間である。それに対して本堂は公式の祭祀空間である。

篦峰寺の正月行事は、本堂の修正会と衆徒の坊を中心に展開するオフクデンからなる。特に各坊に仮宮をつくっておこなわれるオフクデン（福田会）は、古い宮座形式の祭祀が伝えられているところから、宮城県無形文化財に指定されている。その年の頭屋《とうや》にあたる坊を「当前《とうまえ》」とよび、白山神の掛軸と聖なる火を受けつぐと、その火を絶やすことなく守り、厳重な別火《べっか》精進でオフクデンをおこない、次の「来当《らいとう》」の坊へとひきつぐ。オフクデン（御福田）は、当前の坊で本尊掛軸の前でおこなう神人共食の直会である。

篦峰寺の正月行事については『涌谷町史』(上)に、加藤治郎の詳細な報告がある(2)。以下同書をもとに儀礼の内容を紹介し、「鬼」をキーワードに新しい視点から解読を試みたい。

篦峰寺の正月行事

〈大晦日〉

夜八時、本堂で勤行納め。一山の各坊では火をすべて消し、炉を塩で浄めて新たな火を起し、一山あげて厳重な忌みに入る。火がケガレることを嫌い、山内の人が外出する時は食物持参で、水は飲むが湯茶は飲まない。来訪者には食事やお茶は出さない。

〈元旦〉

朝六時、本堂で例事懺法、観音経、十一面観音経の読誦。その後、境内の白山宮、山王権現、田村麻呂供養塔、山門、篦宮碑、八幡、薬師などに般若心経をあげてまわる。この日から修正会がはじまり、毎朝、本堂での勤行がおこなわれる。

〈三日〉

午前十一時、当番の坊に集まり、元三会《がんざんえ》のオフクデン（福田会）がおこなわれる。座敷正面に元三大師の掛軸をかけ、その前に元三大師のおみくじ箱がおかれ、両側に黄粉、小豆のボタ餅が供えられる。オフクデンの餅を食べると、貫主が導師となり、祭壇の元三大師の掛軸に向って観音経と元三大師和讃を全員で唱え、元三大師のおみくじをひいて「作だめし」をおこなう。稲（当作、早生、中生、晩生）、大麦、小麦、大豆、小豆、蚕などの作柄が占われる。

夜十一時、本堂で修正会初夜の勤行。十二時をすぎると後夜の勤行となり、「十一面供の護摩《ごま》」が焚かれ、護摩処導師を薬師堂、助手を仁王堂がつとめる。

護摩が終る頃、ゴオウドウジを護摩の火で加持し、これを貫主が持って礼盤《らいばん》の上に立って床に落す。ゴオウドウジは、長さ六〇センチ、径一二センチほどの六角にけずった栗の木を白紙に包んで水引きがかけてある。ゴオウドウジは牛頭天王《ごずてんのう》になぞらえたものという。

ゴオウドウジを床に落すのを合図に、「鬼やらい」がはじまる。本堂外陣で三人の僧がアズサの木で床を強く叩き、最後に入口の外に向って「オー」と叫んで進み、木を外に投げる。外に放り出されたアズサの木は、二十五日の御弓神事の弓をつくり、ゴオウドウジの栗の木は翌年の正月八日の大般若会《だいはんにゃえ》の時、餅を焼くのに用いる。

〈八日〉

午前十時から本堂外陣で、「つな打ち」といって注連縄をつくる。大晦日に祭壇に供えた餅を前年のゴオウドウジを割って焼き、再び祭壇に供える。

午後一時から大般若会。本尊の前の祭壇に大般若経二巻、左右の柱に白山菩薩と般若十六善神。大般若転読がはじまると、注連縄に十二神将幣と巻数板《かんず》がつけられ、本堂内陣の明《あき》の方に飾られる。一方、前年のゴオウドウジで焼いた餅が各坊の住職と稚児に護符としてくばられ、祭壇の大般若経二巻は家中の手で山内の各坊の家族を加持してまわる。

大般若経の転読が終ると、内陣の明《あき》の方に飾られた注連縄に一同は向き、貫主が加持祈禱する。次に仁王門にも注連縄がかけられる。この注連縄は長さ四・六メートル、径は中央で二六センチ。やはり十二神将の幣と巻数板がつけられる。これをかける役は薬師堂（もとは智元坊）。これで本堂を中心とした修正会が終り、十七日からの当前の坊へと祭場が移る。

〈十七日〉

夜八時、カイホウカイ。当前の坊に貫主と来当が来て、御神酒樽《おみきだる》から酒をくんで味をみる儀式。

〈十八日〉

御座始め。当前の座敷にヨシズとゴザで仮宮の祭壇をつくり、灯明、三宝飾り、神酒桶、火桶を供え、白山神の掛図は開かないで筥《はこ》のまま立てかけておく。

各坊から衆徒が当前に集まり、所定の座に着く。来当が白紙を口にくわえ、オシトギを三角に折った白紙に包み、下を御神酒にひたして、正面の白山神の掛図をかけるヨシズの三ケ所にはさむ。なお「オシトギ」とは、青蓮池の水で洗米し臼で搗いて作る餅。

十一面観音経を読誦して、御神酒とオサシグシ（三角の焼豆腐とゴボウの串刺し）を列座の衆徒に運ぶ。

〈二十三日〉

オホドオコシ。夕方、当前に勝手屋がつくられる。注連縄がはられ、四本の太い栗の木の丸太を五徳のように立て、大釜をかける。水桶に青蓮池から汲んだ水を入れ、勝手屋と炉を塩で浄める。炉に火を起し、この火をローソクに移して各坊をまわり、各坊ではローソクの火をツケ木で炉に移し、祭の期間中、この浄火をたやさない。

〈二十四日〉

オフクデン（福田会）。当前の坊の入口に「篦嶽白山大権現大法会執行　当輪番○坊」と書いた大きな立札がたてられる。

夕方、稚児を先頭に行列が白山堂に上り、宮の前行事がはじまる。白山堂にはオシトギと御神酒が供えてあり、当前と来当が白山堂の中に入り、各坊の衆徒は堂前に稚児を中心に座り、般若心経、仁王経などを読誦。終ると当前はオシトギを持って外に出て、オシトギを紙に包んで堂内に放りこむ。さらに篦宮で同じことをする。次に全員で白山堂から山王堂、本堂に行列で進み、観音経を読誦する。

夜八時、本堂で護摩祈禱。十一面観音の真言を二万一千遍唱え、観音経を読誦して護摩を焚く。

当前の坊でオフクデン。当前の座敷につくられた仮宮の正面に白山神の掛図をかけ、その前に灯明をたて、カブ、ゴボウ、ニンジン、白菜、トロロイモ、クワイなどをのせた三宝と盆花（梅ノ木を中心に栗、カヤの実、クルミ、干柿、青梅、大根の茎、センベイを盛った大盆）などが供えられる。

まず十一面観音経の読誦ののち、当前から各坊の衆徒にオシトギが一人ひとり掌の上に配られる。一方、勝手屋では、翌日の御弓神事に用いる弓と的が作られる。弓は三日の鬼やらいのアズサの木で作り、的は下げられたオシトギを糊にして貼る。この弓と的は白山神の前に供えられる。

オフクデン（福田会）

オフクデンは、オサシグシ（十八日と同じ）と御神酒がでる。

〈二十五日〉

例祭。午前十時、本堂で五穀成就の祈禱。午後三時、御守役に背負われた稚児を先頭に行列が白山堂に上り、「御弓神事」になる。

白山堂の神前に供えられた弓と的が出される。矢は箆宮《ののみや》の石碑に生えたヤガラ竹から作る。このヤガラ竹は坂上田村麻呂が矢をさしたところ根づいて生えたという伝説をもつ。的の裏には「鬼」の字が書いてあり、二人の稚児が合計十二本（閏年は十三本）の矢を、白山社の前から箆宮の前の的めがけて、衆徒の介添をうけて交互に弓で打つ。この当り具合でその年の天候を占う。この後、本堂で勤行をおこなう。

夜十一時から当前でオフクデン。この日のオフクデンは多くのごちそうが出される。オフクデンの終り頃、戸外で「来当からの御迎えです」と大声で何度も呼びかける声がする。当主は立ち上がり、白紙を口にふくんで白山神の掛図を巻き納める。「ただいま白山様がお立ちになります」の声で、一同礼拝する。来当に渡される火が新しいローソクにつけられる。当前と来当が白山神の掛軸を入れた箱とローソクを中に向いあって座る。謡三番のなか三三九度の盃をかわし、来当が飲みほすと、「タイマツの用意」の声がかかる。

来当は白山神の箱とローソクを持ち、仮宮のヨシズの一部を取りはずした所から出る。松明《たいまつ》を先頭に、来当がもつローソクの火が消えないように、衆徒たちが提灯で周りをおおうようにして進む。白山神とローソクの火が無事に来当の坊に着くと、床前に安置し、十一面観音経を読誦する。この「当渡し」が無事に済む頃、夜は明けはじめている。来当はこの浄火を来年までたやさないで守りつづけなければならない。

御弓神事

こうして二十六日早朝に当渡しが済むと、翌二十七日に御座はらい。当前は坊舎の煤はらいをし、諸道具を来当に引きつぎ、一山の衆徒を招待して祝宴を開き、精進が解かれる。

追われる鬼と祀られる鬼

本堂で修正会、当前の坊でのオフクデン、当渡しまでの箆峰寺正月行事をよく眺めると、本堂の修正会、当番坊の元三会、白山社の御弓神事に三種類の違った鬼が登場する。

元旦から八日にかけての修正会は本堂の十一面観音を本尊としておこなわれる。これに対して十八日の「御座はじめ」から二十六日の「当渡し」までは、当屋の坊と白山社で白山神を本尊としておこなわれる。ここで注意しておきたいのは、白山神が篦峰寺本尊の十一面観音の垂迹にあたることだ。

本堂の修正会は、大晦日から物忌みに入り、一月八日の大般若会までの九日間である、これに対して当前坊の仮宮神事も、一月十八日の「御座はじめ」で物忌みに入り、二十六日の「当渡し」まで九日間である。つまり十八日から二十六日までの当前坊の仮宮と白山社の神事は、本堂での十一面観音（本地）の修正会に対する衆徒の坊での白山神（垂迹）のオフクデンという対応関係がみられるのである。

さて本堂の修正会で、正月三日の後夜（四日午前零時すぎ）、本尊十一面観音の前で、「十一面供の護摩」が焚かれる。この時、薬師堂が護摩処導師、仁王堂が助手をつとめる。この後、ゴオウドウジを床に落すのを合図に「鬼やらい」で鬼を外に追い払う。そして修正会結願の八日、大般若会で本堂の内陣と境内入口の仁王門に十二神将幣の注連縄がはられる。篦峰寺の中心と境界を十二神将の呪力で守護しているのである。つまり篦峰寺本堂の修正会は、三日の「鬼やらい」で鬼を外部に追い出し、八日の「大般若会」の十二神将幣の注連縄で結界し、鬼の侵入を防いでいるのである。注目したいことは、鬼を追い払い、鬼から守るために使われている篦峰寺修正会の神仏群である。

本尊の十一面観音、十一面供の護摩焚きをつとめる薬師堂と仁王堂、大般若会の十二神将幣の注連縄、さらに篦峰寺では本尊十一面観音の脇士は毘沙門天《びしゃもんてん》と不動明王《ふどうみょうおう》である。篦峰寺の修正会でシンボリックに浮かびあがってくるのは、十一面観音、牛頭天王、十二神将、毘沙門天、不動明王、薬師、仁王……の神仏名である。いま、これらの神仏と鬼の関係について考えておきたい。

観音の鬼的性格

本尊の十一面観音は、頭上に十一面をあらわす観音像。頭上の正面三面は菩薩面（寂静《じゃくじょう》相）、右三面は瞋怒《しんぬ》面（威怒《いぬ》相）、左三面は狗牙《くげ》上出《じょうしゅつ》面（利牙《りげ》出現相）、後一面が大笑面（笑怒《しょうぬ》相）、頂上一面は仏面（如来相）で、観音の表象である阿弥陀如来の化仏《けぶつ》が付く。これは仏のような人間から悪人まで、観音の救済のはたらきが多面であることを象徴的に表したものである。

観音はいろいろな姿に変化する仏である。『観音経』の名で親しまれている『妙法蓮華経観世音菩薩普門品第二十五』に、釈迦は弟子の無尽意に、観世音菩薩がすべての人間を救うために、仏の姿から夜叉や鬼のような姿にまで、三十三身に変化して現れると説く一節がある。いま「観音経」に説く三十三身を分類すると次のようになる。

㈠ 三聖身……①仏身《ぶっしん》（最高の悟りに達した如来、釈迦）、②辟支仏身《びゃくしぶっしん》（独りで悟った者）、③声聞身《しょうもんしん》（仏の教えを聞いて悟った者）

㈡ 六種天身……④梵王身《ぼんのうしん》、⑤帝釈身《たいしゃくしん》、⑥自在天身《じざいてんしん》、⑦大自在天身《だいじざいてんしん》、⑧天大将軍身《てんだいしょうぐんしん》、⑨毘沙門身《びしゃもんしん》（梵天から毘沙門天まで天部の尊、天大将軍身は毘沙門天の八大将の一である散脂大将、あるいは梵天を補佐する梵輔天などとされるが不明）

㈢ 五種人身……⑩小王身《しょうおうしん》、⑪長者身《ちょうじゃしん》、⑫居士身《こじしん》、⑬宰官身《さいかんしん》、⑭婆羅門身《ばらもんしん》（王、長者、富者、役人、バラモンという上流階級の人間）

㈣　四衆身……⑮比丘身《びくしん》、⑯比丘尼身《びくにしん》、⑰優婆塞身《うばそくしん》、⑱優婆夷身《うばいしん》（僧、尼、男女の在家信者）

㈤　四種婦女身……⑲長者婦女身《ちょうじゃぶにょしん》、⑳居士婦女身《こじぶにょしん》、㉑宰官婦女身《さいかんぶにょしん》、㉒婆羅門婦女身《ばらもんぶにょしん》（五種人身のうち小王身を除いた婦女）

㈥　童男童女……㉓童男身、㉔童女身（男女の子供）

㈦　八部衆……㉕天身《てんしん》、㉖龍身《りゅうしん》、㉗夜叉身《やしゃしん》、㉘乾闥婆身《けんだっぱしん》、㉙阿修羅身《あしゅらしん》、㉚迦楼羅身《かるらしん》、㉛緊那羅身《きんならしん》、㉜摩《ま》睺羅迦身《ごらがしん》

㈧　㉝執金剛身《しゅうこんごうしん》

これら三十三身のうちで、ひときわ異彩を放つのは最後の㈦八部衆と㈧執金剛身だ。八部衆とは八大鬼衆ともいい、人間が見てはならぬ冥界の異類とされる。

「天」が仏法を守る諸天善神。「龍」は水族の王、蛇に似た鬼神でインド神話ではコブラの神格化。「夜叉」は勇猛暴悪で人を食い空中飛行する鬼神、サンスクリットのヤクシャの音訳で薬叉とも書く。「乾闥婆」は天界の楽神で、帝釈天の前で伎楽をつかさどり、香だけを食すとされる。「阿修羅」は戦闘を好み常に帝釈天と戦う。「迦楼羅」は金色で口から火を吹き龍を食う怪鳥。「緊那羅」は歌舞をもって帝釈天に仕える歌楽神。「摩睺羅迦」は大蛇の意味で蛇神。「執金剛」は金剛杵《こんごうしょ》をもって仏法を守護する夜叉神で、仁王尊の金剛力士と同じである(3)。

八部衆と執金剛は、いずれも鬼か妖怪のような恐るべき異類だ。柔和な顔の観音には、こうした鬼以上に鬼的な属性を隠しもっていることに注意しなければならない。さらに篋峰寺では、本尊の十一面観音の脇士は毘沙門天と不動明王である。

修正会は、奈良時代に諸国の国分寺で天下太平や風雨順時などを祈る国家的な法会としてはじまり、ケガレを象徴する鬼は見えない存在だったが、平安時代になると毘沙門天や龍天が鬼を追い払う追儺《ついな》が加わってくる。この鬼を追う毘沙門天は観音の三十三身の一つだが、龍天も三十三身の龍身である。

毘沙門天が修正会の追儺で鬼を追う役になるのは、その夜叉的な性格からくる。毘沙門天は、インドの古代神話では、闇黒界に住む悪霊の主長とされ、ヒンドゥー教ではクベーラといい、財宝福徳を司り、夜叉を従えて雪山のカイラーサに住む、北方守護の善神。仏教に取り入れられてからは、世界の中心である須弥山《しゅみせん》の中腹に住み、四方四洲を守護する四天王の一つ。四天王のなかでも最強の天とされ、夜叉や羅刹《らせつ》をひきいて北方を守護する。(4)

『仏説毘沙門天王経』には、毘沙門天が百千無数の薬叉等と共に仏所で礼拝したのち、仏の威神力を承けて、人々がこの経典を読誦し、礼敬し供養すれば、その行人は悪夜叉に悩乱されることなく護られる、と説き、毘沙門天が仏の慈力をうけて一真言を宣《の》べ、乾闥婆、大龍王、薬叉大将、羅刹などにそれぞれ一真言を配し、その威力を詳しく説いている。また『北方毘沙門天王随軍護法真言』に、もし諸国の兵賊衆を降伏せんと欲する者は、その真言十万遍を誦念すれば他国の兵敵自から退散する、と説いている。

篦峰寺本尊のもう一方の脇士の不動明王も毘沙門天のように恐ろしい仏だ。不動明王は大日如来の教《きょう》令輪身《りょうりんしん》で、如来の教えに障害ある者は命根を断つ。金剛夜叉明王、降三世《ごうざんぜ》明王、軍荼利《ぐんだり》明王、大威徳《だいいとく》明王の中尊として牙をむいた忿怒相で立つ。

篦峰寺の「鬼やらい」は、これら十一面観音、毘沙門天、不動明王を前におこなわれる。本堂内陣での十一面供の護摩ののち、ゴオウドウジを落すのを合図に、床をたたいて鬼が外に追い出されるが、このゴオウドウジは牛頭天王に擬したものとされる。

牛頭天王と薬師の鬼的性格

牛頭天王は行疫神で、その本性は疫病をおこす病原菌のような恐るべき神。『備後国風土記』逸文に、疫隈《えのくま》国社の縁起として次のような話が載る。

武塔《むとう》神が旅の途中で夜になり、弟の将来に宿を請うたが断られ、貧しい兄の蘇民将来は粟飯でもてなした。武塔神は須佐之男《すさのお》神であると名のり、後世に疫病が流行ることがあれば、蘇民将来の子孫と名のって腰に茅《ち》ノ輪をつけると疫病からのがれることができると教えた……。

牛頭天王は荒ぶる神のスサノオと習合した行疫神であり、その強い呪力で病気から守る神である。

京都の祇園社（八坂《やさか》神社）は、牛頭天皇を祀る代表的な神社。社伝によれば、貞観十一年（八六九）に、悪疫が流行したのは、牛頭天王の祟りであるとして祇園社から六十六本の鉾《ほこ》をたてて神仙苑に送ったのが、祇園祭のはじまりという。『神道集』に次のように記される。

抑祇園大明神者、世人天王宮申、即牛頭天王是也。牛頭天王武塔天神王等部類神也。天刑星、武答天神、牛頭天王祟。当世盛疫病神為事有故、牛頭天王等人信仰処也。故世間皆社立、御殿造。本地垂迹図信仰、祇園大明神云也。御本地男体薬師如来、女体十一面云

祇園大明神は牛頭天王であり、武答天神でも天刑星でもある。疫病神として深く信仰されており、その本地は薬師如来と十一面観音であるという。『社家条々記録』にも祇園社について、「貞観十八年、南都円

如建立堂宇、奉安置薬師、千手等像、則今年夏六月十四日、天神東山之麓、祇園林令垂迹御坐」とみえる。(5)

牛頭天王の本地は薬師と観音、共に鬼を追い払う強力な仏である。箆峰寺の修正会では、その牛頭天王をシンボライズするゴオウドウジは、さらに十一面供の護摩の火で加持されており、十一面観音の呪力も憑けられてパワーアップされている。

このゴオウドウジを落下させるのを合図に、アズサの木で床をたたき、鬼を追い出す「鬼やらい」がおこなわれるが、アズサの木はウシコロシの木ともよばれている。このウシは牛頭天王の牛からくるのか、鬼門のウシトラの鬼からくるのか不明だが、おどろおどろしい名前である。

こうして三日の「鬼やらい」で鬼が追い払われた後、八日の大般若会で、本堂内陣と仁王門に十二神将幣の注連縄がはられるが、十二神将は、須弥山の中腹の夜叉宮にいて薬師如来を守っているとされ、十二夜叉大将ともいい、『仏説薬師如来本願経』に十二神将にはそれぞれ七千夜叉の眷属がいるとあり、十二神将全体では八万四千の強大な夜叉軍団を従えている恐ろしい神であることを前に述べた。

修正会の最終日、十二神将幣のついた注連縄が本堂内陣と仁王門にかけられるのは、この強力な十二神将の夜叉的な呪力によって、箆峰寺の中心と境界を防衛することにほかならない。十二神将幣の注連縄をかける役を薬師堂がつとめるのも、薬師と十二神将の関係からであろう。

元三大師と白山神

箆峰寺の正月行事では、本堂の修正会で鬼を追い出し、鬼の侵入を防ぐ結界までしている。ところが三日の「作だめし」、二十五日の「御弓神事」で作柄や天候を占うが、これは共に「鬼」に神託を仰ぐ神事である。本堂の修正会では鬼を追い出し、坊のオフクデンでは鬼に神託をあおぐ。この正反対の箆峰寺の鬼は、いったい何を意味するのだろう。

「作だめし」は「元三大師」を本尊としておこなわれる。元三大師は、平安時代の比叡山の僧・良源（九一二〜九八五年）のことで、諡号は慈慧《じえ》大師、正月三日に亡くなったので俗に元三大師とよばれ、命日の正月三日に元三会がおこなわれる。良源は第十八代天台座主で比叡山中興の祖とされる高僧。七仏薬師法は、良源が五大明王を本尊とする五壇法に倣って完成させたと伝える。良源は法力すぐれた祈禱僧として知られ、「角《つの》大師」ともよばれ、次のような鬼伝説が語られている。

ある夜、良源の前に疫病をおこす厄神が現れ、良源の指にふれると、たちまち全身に熱がでて強い苦痛に襲われた。良源が円融三諦を念じて弾指すると、厄神は引きだされて病気も治った。良源は夜が明けると、全身が映る鏡の前で厄神降伏を祈る禅定に入った。すると鏡に映る良源の姿は、徐々に角が生えた鬼の姿に変った。その姿を弟子が書き写した。この鬼の姿の良源のお札は「角大師」とよばれ、いまも全国の天台宗の寺院で厄除けの護符として授与されている。(6)

比叡山の横川《よかわ》華芳ヶ峰にある良源の墓所は、御廟《みみょう》とよばれ、比叡山の魔所として恐れられている。鬼の姿の元三大師・良源は、まさに厄鬼を追い払う鬼である。

元三大師の掛軸の前でおみくじをひく「作だめし」は、元三大師の鬼のような強い呪力により豊凶の神託をあおぐ神事にほかならない。ちなみに良源はおみくじの創始者とも伝えられている。

箆峰寺の正月行事で、「作だめし」に対応するのが「御弓神事」である。御弓神事は、十一面観音の垂迹である白山宮の前庭でおこなわれる。御弓神事で稚児が射る的の裏には「鬼」の字が書かれている。全国的に鬼の字や鬼の顔あるいは三本足の烏の絵を描いた的を射る弓神事はあり、オビシャとよばれて特に関東地方、それも利根川一帯に多い(7)。

御弓神事は箆峰寺独自のものではない。ただ箆峰寺では、三日の「鬼やらい」で本堂の床をたたいて鬼を追い出したアズサの木で弓がつくられる。本堂の十一面観音の前から鬼を追い出したアズサの木が、垂迹の白山神の前で鬼を射る弓に再生している。そして「鬼」の字を的にはるのが白山神に供えたオシトギの糊である。白山神によって的につけられた鬼は、「作だめし」の元三大師のように天候の神意を託宣しているのである。また御弓神事に用いられる矢は、坂上田村麻呂の蝦夷征討伝説ゆかりのヤガラ竹から作られる。御弓神事は、坂上田村麻呂伝説の再現であり、征服された蝦夷が天候を占う善鬼となっている。御弓神事の的の鬼は、本堂の修正会の「鬼やらい」で十一面観音（本地）の前から追い払われ、白山神（垂迹）の前で善鬼となって再生しているのである。

修正会の鬼

箆峰寺の正月行事について、『箆峰寺書上控』（安永四年）に次のように記されている(8)。

右箆峰寺衆徒嘉祥年中開基以来正月元日より昼夜於本堂修正会執行同三日為　今上皇帝宝祚延長四海泰平　太守御武運長久御祈禱護摩供同八日結願大般若六百軸転読同廿五日御弓始御神事夷賊射伏之神事ト云フ

ここでは本堂での修正会と、本尊十一面観音の垂迹である白山神の御弓神事しか書かれておらず、衆徒の坊での「作だめし」やオフクデンにはふれていない。これは本堂での修正会が「今上皇帝宝祚延長四海

泰平　太守御武運長久御祈禱護摩供……」といった大檀那である領主の祈禱をする公的な神事であるのに対して、衆徒の坊を中心におこなう行事は、衆徒の霞場の信者のための民俗宗教的な神事であるからだろう。それが本堂での修正会では鬼を追い払い、衆徒の坊の方では鬼の的で天候や作柄を占うという違いになっていると思われる。

「作だめし」は農作物の作柄を占い、「御弓神事」は天候を占うが、この日、白山社で「種籾交換」がおこなわれる。これは御弓神事に集まる農民が種籾を袋に入れて神前に供え、供えられている種籾を借りて帰り、翌年、倍の種籾を神前に返す。優れた品種を入手した農民は選抜して増やして広がってゆく。白山神を通して品種改良がおこなわれ、白山神は実質的な農耕神の働きをしているのである。

箆峰寺の本堂でおこなわれる修正会では、本尊が十一面観音、脇士が毘沙門天と不動明王、ゴオウドウジの牛頭天王（本地・薬師如来・十一面観音）、注連縄の十二神将、十一面供の護摩処導師の薬師堂……と、鬼以上に強い呪力を持つ神仏群を使い、鬼を追い払い、鬼から守っている。はたして全国の修正会の追儺はどういう本尊の前でおこなわれているのだろう。本書一六六～一六七頁の表を見ていただきたい。

全国の修正会、修二会の追儺の本尊として圧倒的に多いのが観音と薬師であることが分かる。

一番多いのが観音系で、宮城県箆峰寺（十一面）、東京の浅草寺《せんそうじ》（聖観音）、静岡県の智満寺《ちまんじ》（千手）、宝《ほう》蔵寺《ぞうじ》（観音堂）、観音寺（聖）、三重県の観音寺（聖）、京都府の宝積寺《ほうしゃくじ》（十一面）、奈良県の長谷寺《はせでら》（十一面）、兵庫県の近江寺《きんこうじ》（千手）、勝福寺《しょうふくじ》（聖）、円教寺《えんきょうじ》（如意輪）、常勝寺（千手）、高薗寺《こうおんじ》（千手）、佐賀県の観世音寺《かんぜおんじ》（千手）の十四例である。

次に多いのが薬師で、岩手県の黒石寺、愛知県の滝山寺《たきさんじ》、鳳来寺《ほうらいじ》、奈良県の薬師寺、法隆寺、兵庫県の長田《ながた》神社（旧薬師堂）、兵庫県の随願寺《ずいがんじ》、東光寺、神積寺《じんしゃくじ》、鶴林寺《かくりんじ》、福岡県の太宰府天満宮《だざいふてんまんぐう》（旧薬師堂）、大分県の岩戸寺《いわとじ》の十二例。その他に毘沙門天が兵庫県の多聞寺《たもんじ》、妙法寺《みょうほうじ》の二例、不動明王が兵庫県の明王寺《みょうおうじ》、大分県の成仏寺《じょうぶつじ》の二例。阿弥陀如来が奈良県の念仏寺、兵庫県の転法輪寺《てんぽうりんじ》の二例。元三大師が京都の廬山寺《ろざんじ》の一例となっている。

全国的にみても、修正会、修二会の追儺の本尊とされているのは、観音、薬師、毘沙門天、不動明王、元三大師など、篦峰寺の修正会と同じ傾向がみられるのである。観音と薬師が大多数をしめるのは、三十三身に変身する観音や十二神将を眷属にもつ薬師の鬼的な属性からと思われる。なお青森県の鬼神社の元宮にあたる巌鬼山神社は、明治の神仏分離まで巌鬼山西方寺観音院といい、本尊は十一面観音であり、赤倉山宝泉院《ほうせんいん》の本尊は薬師如来で赤倉山の鬼神の本地であるとしている。

毘沙門天や元三大師の鬼的性格については述べたが、不動明王もその形相から鬼を追うにふさわしい仏である。阿弥陀如来も脇侍は観音・勢至であり、十一面観音の頂上仏面に観音の表象として阿弥陀如来の化仏が付き、観音との関係は深い。このように全国の修正会、修二会の追儺には、鬼の属性をもち鬼のように強い本尊が選ばれているのである。つまり「鬼で鬼を退治する」という図式がみられるのだ。

これは修正会、修二会が、本来、中央の大寺で国家的なケガレを祓う儀礼としてはじめられたからであろう。ケガレの象徴である鬼は、国家鎮護や風雨順時などのために追放された。ところが全国の修正会、修二会の追儺で、鬼を追い払っているのは、奈良、京都、太宰府、江戸の国家的な大寺や由緒ある名刹である。それに対して各地の修正会では、鬼は地を鎮め、ケガレを祓い、人々を加持し、家々を祝福している。これは修正会、修二会が地方へ伝播する過程で、鬼がその土地の地霊や祖霊などに変容したことを物語っている(9)。

全国の修正会・修二会で鬼を追い払っているのは国家的な大寺であるが、東北で例外的なのは、篦峰寺と本書でとりあげた黒石寺である。黒石寺は延暦時代に古代東北史上に最大の軍事的な征夷戦がおこなわれた地域に蝦夷の怨霊鎮魂のために創建されたと推定される寺である。

それにしても箆峰寺の修正会では、観音、薬師、毘沙門天、十二神将……と、追儺の本尊とされる恐ろしい神仏を総動員するかのように鬼を追い払っている。箆峰寺の修正会では、中央の国家的な大寺以上に厳重な方法で鬼を追い払っているのはなぜだろう。

古代東北史のなかの涌谷

箆峰寺がある涌谷付近は、古代東北史上で国家的な大事件が起った場所であった。

天平二十一年（七四九）正月四日、陸奥国守の百済王《くだらのこきし》敬福《きょうふく》から黄金九百両が小田《おだ》郡で見つかったと報告があり、二月二十二日に献上された。四月一日、聖武天皇は皇后や皇太子と共に群臣を従えて東大寺に行幸して造営中の大仏に報告し、翌二日に大赦をおこない、十四日に年号を天平感宝に改元、十五日、全国的にこの年の田租を免じ、産金地の小田郡の調庸を永く免じ、陸奥国は三年間、他国は一国二郡ずつ毎年交替で国内全ての調庸を免じた。さらに黄金を発見した百済王敬福を従五位下から一気に従三位に異例の七階級特進させ、丈部大麻呂、朱牟須売、戸浄山、日下部深淵にも破格の叙勲がおこなわれ、私度沙弥の丸子連宮麻呂には応宝という法名と師位が与えられた。

このように天皇の行幸、大赦、年号改元、免税、叙勲と、まさに異例ずくめともいえる最大級の国家的行事によって、その喜びを表しているが、いかに陸奥国の産金が大事件であったかを物語っている。それはこの産金が奈良の大仏造営という政治的、宗教的に重要な意味をもっていたからだ。

奈良の大仏は、政変や飢饉、流行病がつづくなか、聖武天皇によって造立が発願された。華厳経《けごんきょう》の思想に基づき、諸国に国分寺を建て、その中心である平城京に毘盧舎那仏を造立することで国家を統一し、理想的な世界を創りだそうと考えた。全世界は毘盧舎那仏のあらわれであり、一微塵の中に全世界があり、一瞬のなかにも永遠を含む。毘盧舎那仏は仏教宇宙の中心の太陽であり、そのためにも金色燦然と輝かなければならなかった。

聖武天皇が大仏の造立を発願したのは天平十五年（七四三）、大仏の造営工事は天平十七年から開始され、大仏本体の鋳造は、天平十九年から天平勝宝元年（七四九）まで三年がかりでおこなわれ、この年から螺髪《らほつ》の鋳造を開始。天平勝宝三年（七五一）に螺髪の鋳造が完了し、大仏殿も完成。天平勝宝四年（七五二）、大仏の鍍金も終り、大仏開眼供養がおこなわれた。

大仏の開眼供養は、インド人の菩提僊那《ぼだいせんな》を導師に厳かにおこなわれ、世界各地の芸能が奉納された。久《く》米舞《めまい》、楯伏舞《たてふしまい》などわが国のものから、伎楽《ぎがく》、唐散楽《とうさんがく》、高麗楽《こまがく》、林邑楽《りんゆうがく》、梵音《ぼんおん》……と、中国、朝鮮、ベトナム、インドなどの芸能が奉納され、まさに国際的なスケールの大イベントがくりひろげられた。

開眼会の後も仕上げ作業がつづき、大仏の光背が完成したのは宝亀二年（七七一）であった。聖武天皇が大仏造立を発願してから開眼供養まで約十年、さらに仕上げ作業まで二十年近くもの年月が費やされている。[10] 奈良の大仏は、当時の先進諸国の最先端の科学技術と外来の新しい文化を結集して造りだされた政治的な一大モニュメントであった。大仏造営に使用された金属だけをみても、『東大寺要録』によれば、熟銅七十三万九千五百六十斤、白鑞《びゃくろう》一万二千六百十八斤、錬金一万四百四十六両、水銀五万八千六百廿両、と記されている。これを現在の単位に換算すると、熟銅が約四九九トン、白鑞が約八・五トン、錬金が約四四一キログラム、水銀が約二・五トン、と驚くべき量である。

これらの金属のうち、熟銅は熔解して不純物を除いた銅、白鑞は錫のことで、まず銅と錫を熔かして青銅の大仏本体を鋳造する。次に錬金は砂金または生金を熔かして不純物を少なくした金で、これを水銀に溶かしてアマルガムをつくって青銅の大仏表面に塗る。そして松明の炎で熱して水銀を蒸発させて金メッキをする。

天平二十一年に陸奥小田郡で黄金九百両が見つかったのは、大仏本体の鋳造がほぼ完成に近づいたが、その巨大な大仏にメッキする金をどう確保するか困っていた時である。そのため陸奥産金が最大級の国家的行事で祝われたのである。

黄金九百両が発見された陸奥国小田郡は、現在の宮城県遠田郡涌谷町涌谷黄金迫《こがねはさま》の黄金山《こがねやま》神社付近と考えられている。ここは篦峰寺が建つ篦岳丘陵の峰つづきの西南の山麓にある。現在の黄金山神社の拝殿は天保六年（一八三五）に伊勢の国学者・沖安海《おきやすみ》の献金で建立され、神殿は明治四十三年（一九一〇）に建てられたもので新しい。しかし一九五七年に涌谷町が主催した発掘調査で、黄金山神社の神殿付近から粘土をつき固めた基壇の版築《はんちく》の跡と、その上に根石が四ケ所で発見され、その周囲から奈良時代の布目《ぬのめ》瓦の破片が多く発掘された。

出土した瓦は、鐙《あぶみ》瓦、宇《のき》瓦、平瓦、丸瓦で、鐙瓦は径一八センチの六弁の重弁蓮華紋鐙瓦で、多賀城や陸奥国分寺、同尼寺のに類似していた。また、発掘調査以前にも「天平……」とヘラ書きされた丸瓦が見つかっており、「天……」の字が彫られた六角錐体の瓦製宝珠の残片も出土している。そのためここに宝珠をのせた六角堂が天平時代に建てられていたことを示している。奈良時代には瓦が用いられたのは寺院か官衙であり、ここに国家に関係のあった建物があり、天平産金を祝って陸奥国府の役人によって仏堂が建てられていたと推定されている。

鉱山学者の渡辺万次郎によると、黄金山神社付近が朝鮮半島南部の砂金産地の山相に極めて似ているという。金を発見した百済王敬福は、白村江《はくすきのえ》ノ戦に敗れて亡命してきた百済王族の子孫であり、朱牟須売や戸浄山も渡来人である。当時、新しい砂金採掘の技術をもった渡来人たちが、東北の豊かな金属資源を求めて入りこんでいたのである。(11)

陸奥産金の三年後、天平勝宝四年（七五二）、陸奥国の調庸は多賀以北の諸郡は黄金で輸せしむ、と定められた。東北地方が金の産地として中央からマークされることになり、奈良時代末から平安時代初期の〝軍事征服の時代〟(12)を迎えることになるのである。

東北では、坂上田村麻呂の蝦夷征討が鬼退治伝説となって語られているが、篦峰寺にも恐ろしい鬼伝説がある。篦峰寺の本堂は、坂上田村麻呂が蝦夷の首領である鬼の首を斬り落し、その首無し死体の上に塚を築き、その上に建てたのだという。そのため本堂の床下をのぞくと、土が盛りあがっているのが見え、その下に鬼の死体が埋まっているのだという。田村麻呂が、ここで鬼を斬り殺した時、鬼の首は泣きながら空中を飛んでいった。そのため泣き沢が「成沢」になり、鬼の首が落ちたところが「鬼首」という地名になったという。この成沢は篦峰寺に近い涌谷にあり、鬼首は宮城県玉造郡鳴子町鬼首である。

むろん篦峰寺の創建は、田村麻呂時代より以後であるが、この地の鬼伝説が、篦峰寺の神事の中に儀礼的に再生しているのではなかろうか。

東北の修正会の追儺は、牛玉加持で鬼追いは無いといわれている。山形市の若松寺では〝鬼柵《おにかこい》〟といい、鬼を追いださないで柵内にとどめておく。これは鬼を教化するのだという。(13)

しかし東北でも、篦峰寺や黒石寺では、厳重に鬼を追い出したり、鬼を神に変換したりしている。東北古代史の上で、天平産金と延暦年間の蝦夷征討という国家的大事件が起った地に、特異な鬼の儀礼がみられるのである。この鬼の背後には、〝もう一つの日本史〟が隠されているのではなかろうか。

注

（1）月光善弘『東北の一山寺院の研究』佼成出版社、一九九一年。
（2）『涌谷町史』（上）、涌谷町、一九六五年。
（3）中村元監修『観音経』小学館、一九九三年。鎌田茂雄『観音経講話』講談社、一九九一年。『観音経事典』柏書房、一九九五年。
（4）錦織亮介『天部の仏像事典』東京美術、一九八三年。
（5）西尾正仁『薬師信仰』岩田書院、二〇〇〇年。
（6）『日本「鬼」総覧』新人物往来社、一九九五年。
（7）井上正敏「オビシャについて」（『流山市立博物館調査研究報告書2』一九八四年）。萩原法子「オビシャ行事をめぐる諸問題」（『日本民俗学』一九三号、一九九三年）。
（8）月光前掲書（注1）。
（9）山路興造「修正会の変容と地方伝播」（『大系・仏教と日本人、七巻・芸能と鎮魂』春秋社、一九八八年）。本書の「鬼を神に変換させる祭」参照。
（10）香取忠彦「東大寺大仏鋳造の諸問題」（“Museum” 177, 一九六五年）。同「東大寺大仏鋳造の問題点」上・下（“Museum” 200, 201, 一九六七年）。
（11）伊藤信雄「小田郡の産金」（『古代の日本8・東北』角川書店、一九七〇年）。
（12）高橋富雄『蝦夷』吉川弘文館、一九六三年。
（13）月光前掲書（注1）。

鬼の物語になった古代東北侵略
――東北の『田村三代記』と京都の『田村の草子』

京都郊外の栗栖野《くるすの》には、坂上田村麻呂を埋葬したと伝える墓がある。この墓には、甲冑兵仗で武装した坂上田村麻呂の遺体が立ったままの姿で葬られており、国家の非常時には雷鳴のように動揺する、と言い伝えている。

坂上田村麻呂が死後もなお国家を守護しつづけると信じられたのは、田村麻呂が古代東北の蝦夷《えみし》を攻めて勝った征夷大将軍だったからにほかならない。

蝦夷征討で最大の戦いは、延暦八年（七八九）に五万二千八百余、延暦十三年に十万余、延暦二十年に四万の兵を投入しておこなわれた。

坂上田村麻呂は延暦十三年の第二次征討に征夷副使で登場し、延暦十五年（七九六）に陸奥と出羽の按察使《あぜち》、陸奥守を兼任し、鎮守府将軍になり、翌年、征夷大将軍に就任した。ここに坂上田村麻呂は、古代東北の要職の四官を独占し、文字どおり東北地方の行政権と軍事権すべてを掌握する最高責任者となった。延暦二十年の第三次征討で、田村麻呂は征夷大将軍として直接指揮をとって戦い、蝦夷の首長・大暮公阿弖流為《たものきみあてるい》と盤具公母礼《いわぐのきみもれ》が同族五百人を率いて降伏し、二人は河内の杜山で処刑された(1)。

延暦年間（七八二～八〇六）に三次にわたり、約十九万もの大軍を投じた蝦夷の征討は、まさに国家を根底から震撼させる戦争であった。その後、坂上田村麻呂が阿弖流為を倒した蝦夷征討の戦いは、さまざまに伝説化していった。

宮城県と岩手県の旧伊達《だて》藩を中心に、座頭とよばれる盲目の芸人が語った奥浄瑠璃の『田村三代記』では、坂上田村麻呂の蝦夷征討が田村丸の鬼退治となり、伝奇ロマンのようなスリリングな話となって語られている。一九八五年に小松和彦氏との対談集『鬼がつくった国・日本』（光文社）で私が『田村三代記』について紹介したところ、この本がベストセラーになったこともあり、話のおもしろさから小説やマンガの材料に使われるなど思わぬ反響があった。

それにしても蝦夷征討をした田村麻呂は、東北の人々にとっては、古代東北の侵略者である。それがなぜ東北で語られたのか……。まず『仙台叢書』に収録される『田村三代記』を要約して紹介する。(2)

『田村三代記』

〈第一之巻〉

人皇五十四代・仁明天皇の時代、都に一大変事が起った。毬《まり》のような光り物が昼夜をとわずに飛び廻り、その光り物に出会うと、馬に付けた俵物《たわらもの》も、車に積んだ雑物も、往来の人の腰に付けた金銀や、帝に献上する貢物まで、あらゆる物が消え失せてしまった。こうした騒動が四、五年もつづき、驚いた帝は、公卿大臣を召し出して相談した。公卿大臣たちは、とにもかくにも陰陽《おんみょう》博士に占わせるよう奏聞した。さっそく安部安方《あべのやすかた》のところへ勅使が立ち、参内した安方は、「天竺は大四天の魔王の娘、立烏帽子という者が、伊勢国鈴鹿《すずか》山に天降り、日本を覆そうとしている。さらに日本にも立烏帽子に劣らぬ鬼神がおり、彼らが心を合わせるならば、日本は全滅する。さっそく征伐すべきである」と奏上した。

帝は公卿や大臣たちの勧めで、利光の嫡男の田村丸利仁を召しだし、鈴鹿山へ天降った立烏帽子の征伐を命じた。そして田村丸は将軍に任ぜられ、冠装束を賜った。田村丸は屋形に帰ると、家来の霞野忠太盛春を呼びだし、立烏帽子は魔の女、人間業ではかなわない。仏神へ祈誓をかけようと、王城鎮守の稲荷、祇園、加茂、春日、貴船、男山八幡、特に清水の観世音に祈誓をこめ、二万余騎の軍勢をひきつれ、伊勢国鈴鹿山へと押し寄せた。鈴鹿山に着いた田村丸は、二万余騎の軍勢を八方に分けて山に登り、この峰あの谷と山中くまなく探したが、立烏帽子の住処《すみか》は見つけることができなかった。田村丸は「魔の者を尋ねる時は、大勢では見つけられない。必ず主従二人か三人で心閑かに尋ねよ」という父利光の言葉を思い出し、田村丸はすべての軍兵を都に帰し、ただ一人で鈴鹿の山中に残った。しかし三年たっても立烏帽子は見つからず、田村丸は滝川で水垢離《みずごり》をとり、鈴鹿山の頂上に登って三日三夜つま立ちし、伊勢の皇太神宮、王城の稲荷、祇園、加茂、春日、貴船の五社明神、愛宕《あたご》山、鞍馬山、古野の蔵王権現など、あらゆる神仏に祈り、なかでも清水《きよみず》の観世音には特別に祈願した。すると、毬のような光り玉が現れ、いかにも神のような声を出し、「この上に登れば、恋しき人に逢ふべし」と言って光り玉は消えた。不思議に思った田村丸が峰に登ってみると、三年三ケ月の間探しても見つけることができなかった一筋の道があった。辰巳へ行けば麓なので、戌亥の方へ進むと、柏木原に出て、世にも美しい立烏帽子の住処が見つかった。堀のそり橋を渡って内に入ると、白銀築地に白銀の門、黄金築地に黄金の門があり、屋形の方を見ると、七宝の巻柱《まきばしら》折梁にいたるまで、皆金銀がちりばめられ、言葉に表せない美しさだった。床には三十五丁の琴と四十五丁の「ひはの矢」が立て並べて置いてあった。外の間には女房たちがおり、琵琶や琴を弾いている者もあり、詩や連歌、俳諧をつくる者もあり、碁や将棋、双六《すごろく》をしている者もいた。そして床の違棚の白銀黄金の香炉には、らんじゃ、浮舟、宝香、伽羅《きゃら》などの名香が焚かれ、まるで極楽浄土のような光景だった。

庭をみると、東の方は梅に鶯、桜が咲く春、南方は花橘に風かおり、蛍火が光る夏、西の方は紅葉、菊の下に虫の声の秋、北は柳に雪の冬と、庭の四方は四季の風景となっていた。

ややあって田村丸が向こうを見ると、そこには尋ね求めていた立烏帽子がいた。年の頃は、十六歳ばかり、さも優しげなる女郎が、色よき小袖をうち重ね、紅の袴《はかま》をはき、右手の方には袋に入れた琴、左手の方には三振の剣を立て並べ、文台に寄りかかって歌書物を読んでいた。

田村丸は立烏帽子の美しさに心迷ったが気をとりなおし、先祖代々伝わる名刀・そはや丸の鞘をはずして投げかけた。すると立烏帽子は少しも騒がず、そばの大通連の剣をはずして投げつけた。不思議や大通連とそはやの剣は空中で渡りあっていたが、田村丸のそはやの剣は鳥に変じで立烏帽子に飛びかかったが、大通連は鷹になって追い出した。

田村丸はこれを見て、この上はただ組み留めんと、心中に清水大悲の観世音を祈り、障子をけやぶって女の間近く飛び入った。しかし不思議なことに蜉蝣《かげろう》、稲妻、水の月のように姿は見えるが、手に留まらぬ風情で消えてしまい、行方がわからなくなってしまった。

〈第二之巻〉

田村丸が茫然として立ちつくしていると、立烏帽子が忽然と現れ、自分は天竺の四天魔王の娘なので、田村丸の先祖の委細を知っているといい、「将軍の先祖は、星の御子・二条の中将利春で、子細あって越前国三国の浦へ流された時、しけり池の龍と交わって、その胎内に三年三月籠って出生したのが鎮守府将軍の利光である。その利光が奥州の国主として下った時、悪玉とちぎり、悪玉の胎内に三年三月籠って出生したのが田村丸将軍利仁である。これ三代は、日本の悪魔を鎮めんがための観音の再来である……」と、出生の秘密を教えた。

さらに立烏帽子は、自分は日本を覆すために天降ったのだが、女の身の悲しさで、相応の連れ合いが必要である。幸い奥州に大嶽丸という鬼神がいるので、この鬼神と一緒になって日本を魔国にしようと、たびたび大嶽丸に手紙を出したが、いまだに返事がない。先程、将軍がそはやの剣を投げつける時、こんな美麗な女を討つとは何事かと心迷われたが、宣旨の重さを考えて剣を投げられた。また自分は大通連、小通連、剣明剣の三本の剣を投げれば、田村将軍の首は簡単にとることができたのに、御命を助けたのは将軍がいたわしかったからだ。この上は自らも悪心をひるがえし、善心となるから、どうか一緒になって、日本の悪魔を共に鎮めたい。好きか嫌いか、二つに一つの御返事をうかがいたい。そう立烏帽子は田村丸にせまるのだった。

田村丸はここで立烏帽子に従ったなら末代まで後難を残す。また従わなければ一命を失う。この上は立烏帽子に従って一緒になり、時節をうかがって、この女を八つ裂きにしてやろうと心に定め、「御身の心にまかすべし」と答えた。

立烏帽子は大いに喜び、さっそく奥の方に田村丸を招き入れ、名酒珍味で饗応し、妹背変らぬ深い契りを結んだ。二人は天にあらば比翼の鳥、地にあれば連理の枝、偕老同穴《かいろうどうけつ》の仲になった。田村丸は立烏帽子を討とうと隙をうかがうが、その機会もなく、むなしく三年の月日が過ぎ、二人の間に正林という女の子も生れた。

田村丸は立烏帽子をだまして都に連れて上り、内裏に於て八つ裂きにしたい、都への使者をどうするかを考えていた時、都の方へ雁が飛びゆくのを見た。田村丸はこれ幸いの使いと、秘伝の「鳥留の法」を結んで雁を庭前に落し、文を書きつけ、羽にはさんで都へ飛ばした。雁は内裏の紫宸殿《ししんでん》と清涼殿《せいりょうでん》の間の庭に文を落し、関白から帝に奏聞され、「来る十五日月見殿に於て、立烏帽子を迎て参内致間、内裏に於て立烏帽子を八つ裂に行へと事共也。前其用意仕れ」との宣旨《せんじ》がでた。

一方、田村丸は立烏帽子を謀り、霊仏霊社を拝みに都へ一緒に行こうと誘う。しかし立烏帽子は、田村丸の心底を見抜いており、自分は天竺生れなので上梵《(品)》上生の仏菩薩を拝んでいるが、日本は下梵《(品)》下生の新国で、いまさら日本の仏神を拝む必要がない、と断る。しかし、田村将軍利仁は大事の宣旨をうけた選ばれた武士である。武士に偽言は許されず、我が夫に偽言をさせるわけにはいかない。夫の恥辱は妻の恥である。立烏帽子は、そう言って都へ上る覚悟をした。

立烏帽子は美しい色の小袖をうち重ね、「光りん車」という空を走る神通の車をひきよせ、田村丸と二人で乗って、飛ぶともなく走るともなく、紫宸殿と清涼殿の間の庭に降りたった。

さっそく帝に叡覧を許された田村丸は、帝に一部始終を報告し、帝をはじめ皇后官女にいたるまでが居並ぶ清涼殿で、田村丸は立烏帽子を伴って御簾《みす》の間近まで進みでて御覧に入れた。帝は「汝左様優しき姿にて、日本を覆さんとは、何事ぞや」と尋ねた。これに対し立烏帽子は、「自ら田村殿に馴染んで子までもうけた二人の仲、日本に敵対する所存もない」と答えた。そして立烏帽子は田村丸に向って、「来月初めに鬼神退治の命令が下るが、その時は加勢する」と言い残し、神通の車をひきよせて乗り、姿を消した。ややあって「利仁に立烏帽子に馴染し事、日本武運長久の本意なり」という宣旨が下った。

〈第三之巻〉

九月初め、田村丸に参内せよと勅使が来た。何事だろうと装束を改めて参内すると、「このたび男山八幡の神勅で、近江の国釜染か原と申す所に、悪者の高丸といえる鬼神住み、万民の歎きとなる。汝、走て征伐仕れ」と宣旨が下った。

ただちに田村丸は二万余騎の軍兵をひきいて、近江国鎌ヶ原におしよせた。田村丸が大音声で名のりをあげると、窟の戸口を開いて悪じの高光は眷属と共に踊り出て、双方入り乱れて戦いは三日三夜つづいた。高丸は田村勢に多くの眷属《けんぞく》が討ちとられて、鹿島《かしま》の浦に逃げ去ってしまった。田村丸は陰陽博士の占いで高丸の隠れ場所が常陸国鹿島の浦と知り、高丸を追った。鹿島の浦に着いた田村丸勢は、鬼神の住処を取り巻いて鬨《とき》の声をあげ、田村丸が馬に乗りながら「ひきょうなる高丸、尋常に顕れ出、勝負せん」と大音声をあげると、高丸は眷属どもと現れ、大乱戦となり、双方に多くの死者がでた。田村丸は太刀をとり、小柴返し、波巻り、燕の羽返し、鷲の羽おとし、水車などの秘術で渡りあうと、これはかなわじと高丸は逃げ去った。高丸は沖の浪の上につっ立ち、「この度は許すなり、近頃大嶽丸討って出る時、我も心を合せ日本を覆さん」と叫んで姿を消し、唐土と日本の汐境のちくらが沖へと飛び去った。

田村丸は舟がなく、無念の歯をくいしばったが追うことができない。霞野忠太の進言でいったん都に帰ることにした。この戦いで多くの兵を失い、二万余騎の軍兵も二百余騎に減っていた。無念ながらも鹿島を後にして、伊勢国の高の里に着き、田村丸が眠っていると、丑満時に立烏帽子が現れ、「高丸は筑らが沖、大りんが窟に籠っている。大りんが窟は、岩屋の戸口に浪が打ちかかり、船で寄ることもかなわず、自ら加勢し、やすやすと討たせて参らせん」と告げた。夜が明けると、田村丸はすべての軍勢を都に帰し、緋縅《ひおどし》の鎧《よろい》を着けた。立烏帽子は光りん車をひきよせると田村丸を乗せ、三日三夜かかって、唐土と日本の汐境の筑らが沖に着いた。立烏帽子は神通をもって車をとめると、「あの荒波うちかかる窟屋こそ鬼神の棲み家」と田村丸に教え、虚空に向って呪文を唱え、扇子を開いて招く仕ぐさをした。すると不思議なことに十二の星が天降り、星の舞がはじまった。異香が薫じて花が降り、妙《たえ》なる音楽が聞こえてきた。

高丸にはキワタという名前の十六歳ばかりの娘がいたが、音楽を聞きつけ、この美しい星の舞を見るように高丸にすすめた。高丸はうかつに出て怪我をするなと制するが、キワタが泣いて頼むので、窟の戸を少し押し開けた。高丸は娘や眷属の後から見ていたが、そのありがたさに、娘を押しのけて身をのりだして見物しはじめた。

立烏帽子は「あの眼の光る者こそ高丸なり、早く一矢を放ちたまえ」と田村丸に教えた。しかし遠いので田村丸がためらっていると、立烏帽子は「神通の鏑矢《かぶらや》」を渡して、はやく射るように促した。田村丸は「南無や大悲の観世音」と念じて、大弓につがえて放つと、不思議や一本の矢先は千本となり、雨の降りかかるがごとくに鬼神に打ちかかった。立烏帽子も大通連、小通連、剣明剣を投げ、そはやの剣と共に虚空を切ってまわり、高丸はじめ眷属の鬼神どもを残らず討ちとってしまった。すると音楽もはや絶えて、十二の星も虚空に上り、紫の雲も晴れて、元のように潮風の音がただ寒いばかりだった。

将軍夫婦は浦人百姓に言いつけて、高丸の死骸を備前の国に運ばせて葬って塚を築き、多くの僧侶に千部万部の供養をさせ、塚の上に「木ひつの宮の大明神」を勧請《かんじょう》した。

それより田村丸と立烏帽子は、伊勢の御殿へ帰ったが、四、五日後のある夜、立烏帽子は一大事件が起ったことを田村丸に告げた。それはむかし立烏帽子が日本を覆さんがために大嶽丸にたびたび文を出しながら、返事がないのを幸いに、田村丸と馴染んで高丸を征伐した。このことを怨み、大嶽丸が立烏帽子をうばいに明日ここに来る。そこで万民のため、天子のために、自ら大嶽丸に捕われて東に下るから、急いで内裏に参内して高丸征伐のことなどを奏聞してほしい、と告げたのである。

さらに、大嶽丸は高丸倍々の鬼神で、その身長一丈余り、何百年も山に住み、胴体はこり固まって剣を通さない。その上に「三明六通」の神通力を得ているので、飛ぶともなく走るともなく、その速きこと三つ羽の征矢《そや》を射るがごとくである。しかし立烏帽子が付きそい六通を失わせて、田村丸に討ちとらせるであろう、と教えた。

田村丸は泣く泣く立烏帽子と別れて都へ上った。そこへ大嶽丸が現れ、立烏帽子を連れて鈴鹿山から陸奥へと下っていった。

〈第四之巻〉

田村丸は都に着くとすぐ参内し、一部始終を奏聞した。帝は御感浅からず、田村の高名、立烏帽子の神通に、言葉も述べられずとの宣旨だった。

翌年四月、勅使が来て参内すると、奥州桐山の絶頂に大嶽丸という鬼神が現れた。このままにしておくと日本の人種が全滅するという加茂の神勅がでた。急ぎ奥州へ下って大嶽丸を征伐せよ、という宣旨が下った。

田村丸は家来の霞野忠太を連れ、王城鎮守の稲荷、祇園、加茂、春日、貴船、男山八幡、特別に清水の観世音に深く祈り、吉日を選んで住吉、四社を拝んで出発した。

田村主従二人は商人の姿に身をやつし、逢坂の関を越え、大津、瀬田、森山、美濃、尾張、三河、遠江、浜松、袋井、金谷、大井川、島田、藤枝、鞠子、安倍川、三保か崎、三島、箱根、大山、那須野が原、二所の関、二本松、伊達の大木戸、名取川、広瀬川、龍門山、古川、一ノ迫、二ノ迫、一ノ関、二ノ関を通って磐井川近くの達谷《たっこく》の麓にたどり着いた。

〈第五之巻〉

田村丸が霞野忠太を従えて奥州に着くと、神通力で知った立烏帽子が現れ、大嶽丸は天竺のかんひら天王と心を合わせて日本を覆そうとして、いま、かんひら天王の方へ行って留守であることを教えた。そして眷属どもには神通の縄をかけてしばってあり、立烏帽子は達谷が窟の門を開けて田村丸を奥へと案内した。その夜、二人が語り明かしていると、大嶽丸が天竺から帰ってきた。

大嶽丸は立烏帽子が田村丸をおびき入れたこと、眷属どもが神通の縄でしばられていることに気づいて怒り、扉を押し破って入ると、呪文を唱え、横手を丁《チョウ》と合わせると、不思議や眷属どもの縄は残らず解けてしまった。

大嶽丸は田村主従や立烏帽子をやっつけるのはたやすいが、大望を思いたつ身で、賤しき者の死骸を見ては我が大望の妨げになる。また我はこの女に溺れて三明六通の神通力を失ってしまった。これよりは神通力をとりもどして、ただちに都へ上って帝を微塵にしてやる。そう言って窟を飛び出し、桐山に行って籠ってしまった。

眷属どもは立烏帽子にだまされていたことを知り、田村主従と立烏帽子を四方から取り巻き、火水で攻めたてた。田村主従と立烏帽子は、大通連、小通連、剣明剣、そはやの剣の四振の剣を投げかけると、剣は虚空を切って廻り、鬼神たちにみだれかかり、大嶽丸の眷属どもを残らず討ちとった。

一方、桐山に籠った大嶽丸は、三日籠れば三明六通の神通力を得て、飛ぶともなく走るともなく都へ上ってしまう。しかし山に籠っている間に人に逢うと成就しない。そこで田村丸と立烏帽子は桐山へと急ぎ、桐山の峰に登った田村丸が「ヤァ如何に大嶽丸。尋常に顕れ出勝負遂げん」と大音声で叫んだ。すると仁王立ちで現れた大嶽丸の姿は身の毛もよだつばかり。大嶽丸はからからとうち笑い、「ヤァ推参成己《おのれら》等主従、微塵になさんは安けれ共、賤しき者の死骸を見ては、我大望の妨げになる故に、此処も許すなり、後に思い知らせん」と叫び、姿を消してしまった。神通力を改めるためには、遠くへは行かない、篦嶽山のきりんが窟であろう、と立烏帽子は大嶽丸の行方を教え、主従三人は篦嶽山めざして急いだ。

〈第六之巻〉

篦嶽山に着いた主従三人は、きりんが窟へ立ち寄ると戸口を尋ねまわったが、みつけることはできなかった。立烏帽子もこんどばかりは神通力は通じない。このうえは仏神の力を頼る以外にない。そこで清水で身を清め、主従三人は窟に向って両手をあわせ、「世そん・妙音・観世音・金剛座依の蓮花には、りやくこふ不し義の浪立て神徳の深き顕せくせい地……」と、せめかけせめかけ祈った。すると窟の扉は、観音のいましめによって、鉄でつなぎとめられ、大嶽丸は身動きできず、動くのは両眼ばかり。「アア口惜しや無念やあ、己等を桐山の絶頂にて、微塵になして有ならば、斯る難義はあるまじ」と、怒り歎く有様は身の毛のよだつばかりだった。

田村丸はこれを見て大通連、小通連、剣明剣、そはやの剣を投げ、観音に祈ると、剣は虚空を切って廻り、大嶽丸の骸を四つに切り殺した。すると大嶽丸の首は天に舞い上がり、「アア口惜しや無念やな、此鬱憤を利仁に如何て晴さて置べきか」と、火焰を吹いて、二、三度、四、五度飛び廻り、田村丸の甲のてっぺんを喰い切って、奥州と出羽の境に飛んでいった。兜（甲）に鍬形は、この時からつけるようになり、大嶽丸の首が落ちた所は、今も「鬼首《おにこうべ》」という。

一方、大嶽丸の死骸は土地の人たちに仰せつけて佐沼《さぬま》の郷へ運ばせ、家来の霞野忠太を死骸を守るために残して、田村夫婦は伊勢の御殿へと帰った。その四、五日後、立烏帽子は二十五歳で死ぬ運命で、来る十月五日に死ぬ定めであることを田村丸に告げた。そして死んだ後も肉体は色も変らず姿も乱さないで帰りを待っているから、急いで都に上り、帝に奏聞するように勧めた。

田村丸は泣く泣く都へ上り参内した。帝は田村丸から報告を聞き、「鬼神は重ねて仇をなすべき。封じらるべきものなり」という宣旨を下した。そのため田村丸は比叡山の座主・慈覚《じかく》僧正と吉田社家を伴って、再び奥州に下った。まず達谷ヶ窟に入り、二度と仇をなさぬように封じこめ、慈覚僧正が七日七夜の護摩を焚き、吉田の社家が百八体の毘沙門天を造立した。その後、篦嶽山に入り、きりんが窟を平らにし、そこに大嶽の首を築きこめて塚を築き、観音堂を建て、ほかにも堂宇を造り、無夷山篦峰寺《むいさんこんぼうじ》の額をかけた。さらに牧山《まきやま》に胴を築きこめて塚を造り観音堂を建立し、富山《とみやま》にも足を築きこめて観音堂を建て、佐沼の郷の大嶽丸の死骸を置いたところにも、手を入れて塚を築き地名を大嶽《おおだけ》として観音堂を建立した。そして篦嶽山、牧山、富山、大嶽の四か所には、いずれも慈覚僧正が自ら造った観音が祀られた。田村将軍利仁の建立である。

田村丸が京に帰り参内して、帝に始終を奏聞すると、早く伊勢へ帰れとの宣旨。田村丸が伊勢の御殿に帰ると、立烏帽子は色も変らず姿も乱れず寝入るがごとくに見えた。田村丸が泣きながら近づくと、不思議や立烏帽子は目を開き、大通連、小通連は内裏に納め、内侍所《ないしどころ》の神事宝剣として日本の宝とすること、剣明剣は娘の正林に贈ることを遺言した。立烏帽子の葬式を終え、野辺の煙にしてから、田村丸が正林を抱いて御殿で眠っていると、夢ともなくうつつともなく立烏帽子と共に手に手をとって知らぬ旅路をとぼとぼと歩いて関所のようなところに来た。

ここで大王から、田村丸はまだ死んでいないから娑婆に帰るように言われるが、立烏帽子と一緒に地獄に落してくれるように頼む。困った大王は、近江国志賀《しが》の里に「小松の前」という二十五歳の死んだばかりの娘がおり、まだ死骸がそのままなので、立烏帽子の魂魄を返して生き返らせてやると言われ、夢からさめた。あたりを見まわすと、不思議や立烏帽子の死骸も消え、八つ棟作りの屋形もなくなっており、ただ山の沢奥に正林を抱いて石の枕で休んでいた。

田村丸が二振の剣を奉納しに参内した時、帝に不思議な夢の話を奏上すると、すぐさま志賀の里に勅使がたち、小松の前の両親も田村丸と同じ夢を見たことがわかった。

生き返った小松の前は田村丸の妻となった。田村丸は観音再来の人であり、立烏帽子は天の魔焰の者なので、直に夫婦になりがたいため、人間に生き返らせて田村の妻とならせたのである。立烏帽子は、小松の前と名前は変ったが、姿も心も変らず、田村丸と二度二世の契りを結んだのである。

その後、田村将軍は所々の悪魔を退治して、九十六歳で大往生をとげた。死骸はそのまま白蛇が来て紫雲と共に乗せて鈴鹿山へ飛び、田村大明神となって顕れた。小松の前も百十三歳で大往生をとげ、これも鈴鹿山に飛んで清龍権現、妹背《いもせ》の神となった。また正林は九十三歳で大往生し、奥州南部岩手の郡へ飛び、正林寺の地蔵菩薩となってあらわれた……。

東北の『田村三代記』と京都の『田村の草子』

京の都を襲う謎の光る球体。飛ぶともなく走るともなく空を行くＵＦＯのような〝光りん車〟。十二の星が天降り、異香、降花、音楽のなかでの〝星の舞〟。一本の矢先が千本の矢先となって降りかかる〝神通の鏑矢〟。そして大通連など四本の剣が虚空を飛んで大嶽丸を斬り殺す。斬られた首が火を吹きながら空を飛んでゆく。

舞台も京都から三重県の鈴鹿山、滋賀県の近江、茨城県の鹿島、宮城県の篦嶽山、枚山、富山、大嶽山、鬼首、岩手県の達谷窟《たつこくのいわや》、岩手山、そして岡山県の備前と、日本全国にわたり、さらに立烏帽子も大嶽丸も天竺から天降っており、高丸は唐土と日本の汐境で殺される……、といった形で、インドや中国にも広がっている。

主人公の田村丸利仁という人物自体が星の御子、つまり異星人と龍と悪玉の血をひく怪物である。まさに『田村三代記』は、バケモノの田村丸が鬼を討つという、SF映画のようなストーリーである。

この『田村三代記』のベースとなっているのは、京都で室町時代に生れた御伽草子の『田村の草子』で、それが東北に伝わり、近世の伊達藩を中心に奥浄瑠璃として拡大再生したものである。

一見すると、いかにも荒唐無稽にみえる『田村三代記』を、そのベースとなっている『田村の草子』と比較して、東北人の世界観(3)を読みとってみたいと思う。そのために、『室町時代物語集』から『田村の草子』を要約して紹介する。

『田村の草子』

〈田村の草子・上〉

俊重《とししげ》将軍の子・俊祐《としすけ》は、五十歳になっても子供がなく、心にかなう妻子を求めて上洛した。嵯峨野を遊覧していて、美しい女と出会って結ばれる。女は身籠り、三年間胎内に宿したのち、「七日の内、産屋《うぶや》に近づくべからず」と言い残し、産屋に入った。しかし俊祐は、妻との約束を破り産屋を覗くと、妻は百尋《ひろ》余りの大蛇の姿となっており、二本の角の間に美しい子をのせて、紅色の舌でねぶって遊ばせていた。八日目、産屋から出てきた妻は、この子は天下の大将軍になる。この子の名をニチリウ丸とせよ、自分はマスタカ池の大蛇であると告げて去っていった。

ニチリウ丸が七歳の時、近江国ミナレ川に、クラミツ、クラスケという二匹の大蛇を討て、と宣旨が下る。ニチリウ丸にとってこの二匹の大蛇は母親の兄にあたる伯父だったが、家宝の弓に神通の鏑矢で射殺した。ニチリウ丸は宣旨を受けて、俊仁将軍と名のることになった。

十七歳の時、「テル日の御前」と忍ぶ愛の仲となったが、俊仁は伊豆に流罪になった。遠流の途中、瀬田の唐橋の上で橋げたを強く踏みならし、「ミナレ川にて殺せし大蛇どもの魂魄あらば、都に上り心のままにせよ」と呼びかける。その後、都に異変がつづき、天文博士の占いにより、俊仁は都に帰ることが許され、テル日と契って二人の姫君が生れた。

ある日、俊仁将軍が参内中に、テル日が辻風で吹き上げられて行方不明になった。俊仁は、夢告により愛宕山に登り、キヤウクハウ坊に妻の行方を聞いて帰る途中の山道で、母の兄にあたる伯父の大蛇から、妻が陸奥国たか山の悪路王という鬼に取られたことを教えられ、鞍馬山の毘沙門天（多聞天）の力を頼むように勧められる。俊仁は、この大蛇のために千人の僧で法華経一万部供養をして成仏させ、鞍馬山に登って二十一日間籠り、剣を授かり、急ぎ陸奥国へ下った。この頃、都で妻子を失う人は数知れず、二条大将の姫君や三条中納言の北の方などが行方不明となった。

俊仁は陸奥国へ下る途中、田村の郷で賤女と契り、生れてくる子供のために鏑矢を置き、悪路王討伐へと向った。

俊仁は悪路王の城郭に着くと、多くの女たちの泣き声が聞こえ、すでに中納言の北の方は、鬼の餌食《えじき》となっており、首だけが残っていた。城の中には大きな桶に人間が鮨《すし》に漬けてあり、稚児が串刺しにされており、尼法師の首が数珠のようにつないであり、まるで地獄のような光景だった。そこへ悪路王が帰ってきたので、俊仁は鞍馬の毘沙門天から授かった剣を投げて悪路王を追い出し、捕らえられていた多くの男女と共に、テル日を助けだした。

一方、田村の郷の賤女が生んだ男子・フセリ殿は、十歳の時、鏑矢を持って都に上り、俊仁と父子の対面をし、名前も田村丸と改め元服して、「いなせの五郎さかの上としむね」と名のった。また、父の俊仁は五十五歳の時に、唐土を従えようと三千艘の船で攻めるが、恵果《けいか》和尚の不動明王に敗れ、首を討たれて死ぬ。父・俊仁の跡を継いだ俊宗は奈良坂のリヤウセンという化物を退治して、十七歳で将軍の宣旨を受けた。

〈田村の草子・下〉

二年後、伊勢国鈴鹿山に大嶽丸という鬼神が出て、行きかう人を悩まし、都への貢物を略奪した。帝は、大嶽丸討伐の宣旨を俊宗（田村丸）に下した。俊宗は三万余騎の軍兵で攻めるが、大嶽丸は飛行自在で峰の黒雲にまぎれて姿を消し、火の雨を降らせ、雷電暴風を起すので攻めることができず、月日ばかりがたっていった。

一方、この山陰に鈴鹿御前という天女が天降って住んでいた。大嶽丸は鈴鹿御前に心をよせ、美しい童子や公卿に身を変じて言いよったが、思いが果たせずにいた。俊宗は、大嶽丸の居場所がわからず、諸天に祈ると、「この山に住む鈴鹿御前の協力をたのむべし」との夢告を得た。俊宗は三万余騎の軍兵を都に返し、ただ一人で山に入ってゆくと、十六歳ほどの美しい女が姿を現した。この女に誘われるままに契りをかわすと、女は俊宗の鬼神退治を助けるために天降った者であり、大嶽丸を討たせると約束する。

鈴鹿御前に導かれ、俊宗が山々や峰々を越えてゆくと、大きな岩穴があり、中に入り、黒金、白金の門を通り、金銀の反橋《そりばし》を過ぎると、極楽のような世界となった。庭の四方は四季の景色を表し、辰巳の方角には百ばかりの屋形があり、女たちが琵琶や琴、碁や双六を楽しんでおり、大嶽丸の住処は一段高く、剣や鉾や弓矢がすき間もなく立て並べてあった。

俊宗が鏑矢で大嶽丸を射殺しようとすると、鈴鹿御前が制し、この鬼は大とうれん、小とうれん、けんみょうれんの三本の剣をもっているので無理だという。三本の剣のうち、一本を大嶽丸の伯父が天竺に持って行って無かったが、二本の剣を鈴鹿御前が色香で騙してとりあげてきた。

大嶽丸は騙されたとは気づかずに鈴鹿御前の屋形に訪ねてくると、鈴鹿御前は雲に乗って隠れ、俊宗が襲いかかった。大嶽丸は、それまで美しい童子の姿だったのが、みるみる十丈ばかりの鬼神となり、日月のごとき目玉《まなこ》で俊宗をにらみつけ、剣や鉾を三百ばかりも投げかけてきた。

しかし俊宗の両脇には千手観音と毘沙門天が立ち、飛びかかる剣や鉾を払い落してくれた。鬼神は怒り狂い、数千の鬼に身を変じて攻めてきたが、俊宗が神通の鏑矢を放つと、矢先が千万に分かれて鬼神たちの頭に当たり、剣を投げると大嶽丸の首が斬り落された。大嶽丸の首は都に運ばれ、帝の叡覧を受け、俊宗は鈴鹿御前との間にシヤウリンという女の子が生れた。

さて、こんどは近江国に高丸という鬼が出たので、討てという宣旨を受け、俊宗は十六万騎の兵をひいて高丸の城を攻めた。俊宗は、鈴鹿御前から伝授された〝火界の印〟を結んで城内を火炎で焼くと、高丸は雲に乗って信濃国フセヤガ嶽、さらに駿河国富士の嶽へ、さらに外が浜へと落ちていき、これも攻められると、唐と日本の境の海の中に岩をくりぬいた城に籠った。

俊宗は鈴鹿御前の神通の車に乗せてもらって外が浜へ、高丸の城へと向った。鈴鹿御前は、左手で天を招くと、十二の星、二十五の菩薩が天降り、微妙の音楽にそろって岩屋の上で舞い遊んだ。高丸は娘に勧められて、岩屋の戸を開けて覗き見たところを、俊宗が黒金の弓に神通の鏑矢をつがえて射殺し、剣を投げて高丸親子の首を斬り落した。

ところが、こんどは退治した大嶽丸が再び生き返った。大嶽丸討伐の宣旨をうけ、二十万騎の軍兵を与えられたが、五百の手勢だけを連れ、自らは五条のかたわらで、「二百歳にもおよびたる翁」から与えられた名馬に乗り、陸奥国のキリ山を攻めた。大嶽丸は山を掘り抜き、入口は大磐石を戸にしてあるので、からめてから入り、大嶽丸からけんみょう連を取り上げ、三面鬼を鏑矢で射殺し、大嶽丸の首を斬り落した。この時、大嶽丸の首は天へ舞い上がった。鈴鹿御前に注意されて、俊宗は甲《かぶと》を重ねてかぶったところ、大嶽丸の首は甲のてっぺんに喰いついて死んでいた。大嶽丸の首は宇治の宝蔵へ納められた。

その後、鈴鹿御前は死ぬが、俊宗は冥界の閻魔大王をおどし、鈴鹿御前の魂を美濃国の同じ年で死んだ女の体で再生させ、俊宗と二世の縁となった。

さてこの大将軍（俊宗）は、観音の化身で、大同二年（八〇七）に清水寺を建立した。また鈴鹿御前は、竹生島《ちくぶ》の弁財天女である……。

坂上田村麻呂と藤原利仁

まず主人公の田村丸の出生の比較からはじめたい。

『田村の草子』では、俊重の子・俊祐がマスタカ池の大蛇と交わり、俊仁（ニチリウ丸）が生れる。俊仁はテル日御前と結婚して二人の姫君が生れるが、陸奥国田村郷の賤女と契り、田村丸・俊宗（いなせの五郎さかの上としむね）が生れる。田村丸（俊宗）は鈴鹿御前と契り、シヤウリンが生れる。

〈御伽草子『田村の草子』〉

藤原俊重――俊祐
　　　　　　├――ニチリウ丸・俊仁
マスタカ池の大蛇　　├――田村丸・俊宗（いなせの五郎さかの上としむね）
　　　　　田村郷の賤女　　├――シヤウリン
　　　　　　　　　鈴鹿御前

テル日御前
　├――二人の姫
ニチリウ丸・俊仁

これを奥浄瑠璃の『田村三代記』では、田村丸の先祖は星の御子・利春で、しけり池の龍と交わって鎮守府将軍・利光が生れ、利光が奥州の悪玉と契って生れたのが田村将軍利仁としている。そして田村丸利仁が立烏帽子と契り、正林が生れている。

〈奥浄瑠璃『田村三代記』〉

星の御子・利春
　├――利光（鎮守府将軍）
しけり池の龍　├――田村丸利仁（将軍）
　　　　奥州の悪玉　├――正林
　　　　　　　　立烏帽子

東北の奥浄瑠璃『田村三代記』では、星の御子と龍との二重の異類婚によって生れた利光が、さらに悪玉と契って田村丸利仁が生れている。柳田国男によると、この悪玉は立烏帽子の亜流であり、神変に通じた女という。(4) 利仁を三年三月も胎内に宿したというのも、悪玉と利光の関係が異類婚であることを暗示している。

日本の民俗では、異類婚により強力なパワーを持つ怪物や英雄が生れることが指摘されているが、(5)『田村の草子』では、異類婚の種類が大蛇と賤女だったのが、東北の『田村三代記』では、星の御子に大蛇、悪玉と、三重の異類婚で田村丸がパワーアップされているのは、それだけ討伐する鬼も強力になっているのだろう。

さらに『田村の草子』では、二代が俊仁で、三代が田村丸・俊宗で、トシヒト（俊仁）と田村丸は父と子という別の人物である。ところが『田村三代記』では、田村丸利仁と田村丸と利仁が合体した一人の人物となっている。

もともと征夷大将軍の坂上田村麻呂（田村丸）と利仁とは別人である。坂上家は中国系渡来人の阿知王《あち》の子孫で、天平宝字二年（七五八）、苅田丸の子として生れており、苅田丸は宝亀元年（七七〇）に半年間であったが、陸奥鎮守府将軍になっている。延暦十六年（七九七）に征夷大将軍になった田村麻呂が蝦夷征討にめざましい働きをしたことは前に述べたとおりである。

一方、『田村三代記』で田村丸利仁の利仁は、延喜十五年（九一五）に鎮守府将軍になった藤原利仁のことで、田村麻呂より約百二十年ほど後の人物である。

『尊卑分脈』によると、利仁は藤原魚名《うおな》の子孫で、鎮守府将軍の民部卿時長《ときなが》と越前国人秦豊国の娘との子。上野介、上総介、鎮守府将軍を歴任している。(6)

『今昔物語集』巻二十六の「利仁将軍若時従京敦賀将行五位語第十七」に、利仁が京の貴族に仕えていた頃、利仁は越前国の富裕な豪族の婿であったので、常に国元へ帰っていた。ある時、貧乏な五位の侍を越前にともない、暑預粥《いもがゆ》を腹いっぱい食わせた話があり、芥川龍之介の「芋粥」のモデルになったことで知られている。

利仁将軍は田村丸とは別な将軍である。それが東北の『田村三代記』では、田村丸と利仁という二人の将軍を合体させており、強力な将軍のイメージとなっている。また田村丸を助ける鈴鹿御前が天女であるのに対して立烏帽子は鬼女である。

鞍馬山の大蛇と大江山の鬼

それでは近世東北の『田村三代記』に影響を与えた中世京都の『田村の草子』について、少し検討してみたい。

『田村の草子』で、最初の鬼、悪路王を退治する俊仁が幼名をニチリウ丸というのも「日龍丸」で、大蛇と人間の異類婚によって生れた龍の子供だからである。俊仁は、伯父にあたる二匹の大蛇を退治して将軍になり、俊仁が流罪になった時、琵琶湖の瀬田の唐橋の上から、この二匹の大蛇の魂魄にけしかけ、都に異変を起させて流罪を助かっている。俊仁が大蛇の魂をあやつることができる呪力をもつのも、俊仁が大蛇の血を受けているからにほかならない。

俊仁の妻・テル日御前が悪路王にさらわれた時、愛宕山に登りキヤウクハウ坊に行方を尋ねているが、これは愛宕山の天狗である。その帰り道で伯父の大蛇から、テル日御前をさらった犯人が陸奥の悪路王であることを教えられ、鞍馬山の毘沙門天の加護を頼むように勧められ、毘沙門天から授かった剣で悪路王を退治している。

ここで大蛇の子である俊仁が、伯父の大蛇によって鞍馬山の毘沙門天に結びついていることに注意したい。「鞍馬蓋寺縁起」に藤原利仁（としひと＝俊仁）について、次のように記されている。(7)

鎮守府将軍藤原利仁といふ人あり。武勇淵溥にして将帥なるに足れり。突厥の類帰服せずといふ事なし。爰に下野国高坐山のほとりに群盗蟻のごとくにあつまりて千人党を結べり。蔵宗蔵安其前鋒たり。関東よりの朝用雑物彼党類の為に常に被抄劫。国の蠧害唯以て在之。是によりて亦公家有評議、忽に其人をゑらぶに天下の推ところ偏利仁にあり。異類誅罰すべきよし宣旨を下され。利仁精撰を怡ぶといへども。尚かちがたき事を恐て。仍天王の加被を仰て当山に参籠し、立願祈誓則示現あり。鞭をあげて下野国に進発し。（中略）利仁乗勝逐逃一以当千。遂に凶徒を切て馘を献ず。これによって名威天下に振ひ武略海外にかまびすし。即宿願をとげむが為に毘沙門天王の像を造顕す。当寺において開眼供養。帯するところの剣をこひて大天荘厳のためにす。忽夢の告ありて我これを納受せず。彼千人の首をきる剣を以て我剣たるべしと云々。夢覚て後即施入し奉る。

鎮守府将軍・藤原利仁が宣旨により、下野の蔵宗蔵安を頭目とする群盗を討伐に出陣する時、鞍馬山に参籠し、退治することに成功した。そこで鞍馬山に毘沙門天像を造顕して開眼供養し、剣を納めた……。この縁起で利仁が討伐した盗賊の蔵宗と蔵安が、『田村の草子』で俊仁が退治した大蛇のクラミツ、クラスケの名前になったと思われる。

さらに「鞍馬蓋寺縁起」に、大蛇と鞍馬寺の毘沙門天の関係について、次のような興味深い話が載っている。

峰延瑜伽の壇場につゐて護摩の秘法を修す。日中を勤行の時に山北より大蛇匍匐して頭をもたげ舌を出す。舌のながきこと三尺ばかり。火焔をひるがへすがごとし。眼に電光あり朝日に向がごとし。頻に毒熱を咄て峰延を呑んとす。峰延大威徳幷毘沙門天大呪をもって一心に大蛇を加持す。呪縛せられてたちまちたをれぬ。三箇日を経て峰延大徳氏人峰直に告。峰直馳来てこれを見て大に驚公家に奏聞す。即綸言ありて人夫五十人を給て大蛇を切破て静原山の奥にはこび捨させ畢。仍其所を大虫峰と号するといふ。

この大蛇を呪縛した峰延は、もと東寺の僧で、紫雲が山北にたなびくのを見て鞍馬山に訪ねてきて、氏人峰直の弟子になったと記しているが、この大蛇呪縛の故事は、いまも「鞍馬の竹伐り会」の神事として、六月二十日におこなわれている。大蛇を象徴する八本の竹が用意され、うち雄竹四本が僧兵姿の伐り手の山刀で、一本を六つに伐り落す。四本の雌竹には根がついており、行事終了後、雌竹は伐られずに境内に植え戻される。これに対し、雄竹は現在は護符として信者に授与されるが、戦前までは、竹伐り会の夜、龍王岳の山頂付近で焼却された。

阿南透は、鞍馬の竹伐り会が「雄―死―火」「雌―生―水」という象徴的な対立関係となっており、粗暴な自然を殺して龍王岳に排除し（雄蛇）、一方では手なずけ統御して鞍馬山内に取り込む（雌蛇）という、修験的な世界観を示すと指摘している(8)。

『田村の草子』で、俊仁がミナレ川で伯父にあたる二匹の大蛇を殺し、愛宕山からの帰り道で会った伯父の大蛇から、テル日御前の所在を教えられ、鞍馬山の毘沙門天の助力を勧められ、この大蛇を法華経一万部の千僧供養で成仏させているのも、鞍馬の竹伐り会が反映しているのではなかろうか。

こうして大蛇の血をひく俊仁が、大蛇と関係深い鞍馬山の毘沙門天に護られ、奥州の悪路王を退治するが、興味深いのは悪路王の城の描写である。

都から貴族の妻子がさらわれ、すでに中納言の北の方は食われてしまって首だけが残っている。城内には桶に人肉が鮨に漬けてある。これは熟鮨《なれずし》でひどい臭気がただよう惨状を表している。横には稚児が串刺しになっており、尼法師の首が数珠《じゅず》つなぎになっている。この地獄のような悪路王の城は、「大江山絵詞」の酒天童子の鬼が城の強い影響を思わせる。

『田村の草子』の後半で、大嶽丸の城が岩穴を通りこした先に、「四方四季」の「仙郷」を表す城に棲み、俊宗が攻めると、童子の姿だった大嶽丸が十丈ばかりの鬼になる。斬った首が二重の甲にかみつく。鬼の首が宇治の宝蔵に納められる……といった描写も『大江山絵詞』に酷似している。(9)

『大江山絵詞』の酒天童子は、平安京の内裏の天皇に対して、大江山の鬼が城に棲む鬼王として描かれ、最後は征伐される王権の物語である。『田村の草子』も京都で作られた御伽草子であり、王権を侵犯した鬼が退治される物語となっている。(10)

さて、俊仁と陸奥国田村郷の賤女との間に生れた田村丸は元服して「いなせの五郎さかの上のとしむね」と名のり、鈴鹿御前と結ばれ、千手観音と毘沙門天に護られて、大嶽丸を討つ。

この田村丸の「いなせの五郎さかの上のとしむね」は、「稲瀬五郎坂上俊宗」である。この稲瀬五郎という名前は、『神道集』の「諏訪大明神秋山祭の事」に出てくる。(11)その粗筋はこうである。

昔、桓武天皇の時代、奥州に悪事の高丸という朝敵に対して、追討使として田村丸を発した。田村丸は唐から渡来し、日本に来て「稲瀬五郎田村丸」と名のった。田村丸は清水寺に参り、千手観音に二十八部衆を差遣わしてほしいと祈願したところ、鞍馬の毘沙門天を拝むよう示現があった。鞍馬へ参って拝むと、毘沙門天から堅貪《けんどん》という剣を授った。奥州へ進む途中、侍姿の諏訪明神と住吉明神が加わった。高丸の城の周囲は石の壁をめぐらし、東は海で、千丈の高波がみえ、南は雲の上までとどくほど高い大岩を立て並べてある。西は岩山が自然の城郭をなし、北は大きな河が流れている。城郭の中は、四季の姿を表している。

田村丸は、海上に船を浮かべ、金の鞠をとりだして鞠遊びをし、流鏑馬《やぶさめ》をして弓を射た。高丸は、娘に勧められ、石の戸を少し開けてこれを見た。その時、諏訪明神の侍が高丸の左目を射た。田村丸は、堅貪の剣で斬りかかり、高丸の首を討ち落した……。

『神道集』の高丸の城や敵をあざむく戦法は、『田村の草子』や『田村三代記』と非常に似ている。『田村の草子』でも、近江国に現れた高丸も、唐と日本の境で討たれるが、再び殺された大嶽丸のほうが生き返ってくる。こんどは鈴鹿御前の力ではどうすることもできない。田村丸は、五条のかたわらで二百歳にもなるかという翁からもらった名馬で攻めるが、五条の大橋は、牛若丸と弁慶が出会った所で、清水寺への道だ。この老翁は清水観音の化身であり、この名馬こそ清水観音から与えられた神馬である。こうして田村丸（俊宗）も清水観音と鞍馬の毘沙門天の加護で鬼を退治しているのである。

鬼のトポス――鈴鹿山と鹿島

『田村の草子』には、「鞍馬蓋寺縁起」『神道集』『大江山絵詞』などの影響がみられるが、その元となっているのは坂上田村麻呂が清水観音の加護で、鈴鹿山の鬼神を退治する謡曲「田村」であろう。(12)それが『田村の草子』で舞台が東北まで拡大したのは、田村丸が蝦夷を征討した征夷大将軍の坂上田村麻呂のイメージからと思われる。そのため『田村の草子』では、京都や周辺の寺社はくわしく描かれ、特に謡曲「田村」で鬼神が出現する鈴鹿山は、鈴鹿御前、大嶽丸、高丸が出現する重要な舞台になっており、これをベースにつくられた『田村三代記』でも立烏帽子を出現させている。しかし『田村の草子』では、悪路王や再生した大嶽丸が出現する陸奥国や高丸が逃げる信濃、富士山、外が浜などの描写は地名を羅列するだけで抽象的である。これに対して『田村三代記』では、東北の描写がくわしくなる。特に『田村三代記』で重要な舞台になる常陸の鹿島浦は、『田村の草子』では出てこないのである。

いま、『田村の草子』と『田村三代記』で、鬼が出現する場所、鬼と田村丸が戦う場所、鬼が殺され死体が処理される場所について検討したい。

〈**鈴鹿山**〉

鈴鹿山は謡曲「田村」でも『田村の草子』や『田村三代記』でも、鬼神が出現する最も重要な場所となっている。

鈴鹿山は近江国と伊勢国の国境にあり、日本三関《さんげん》の一つ、鈴鹿関があったところである。三関とは東海道の鈴鹿関、東山道の不破《ふわ》関、北陸道の愛発《あらち》関で、畿内の境界にもうけられた関である。三関の機能は京畿内と東国との人の逃亡や流入を防ぐことにあったが、最大の目的が軍事的な防衛拠点としての役割だった。

大友皇子と大海人《おおあま》皇子が皇位を争った壬申の乱（六七二年）でも、大海人皇子がいちはやく鈴鹿関と不破関を塞ぎ、不破に入って野上に行宮《あんぐう》をおき、鈴鹿と不破から兵を近江、大和に向わせ、大友皇子を大敗させたことはよく知られている。

軍事的要衝としての三関には、国家の非常時には、固関使《こげんし》が発せられて関が閉じられた。養老五年（七二一）の元明太上天皇崩御、神亀六年（七二九）の長屋王の変、天平勝宝八年（七五六）の聖武天皇崩御の時などに「固関」がおこなわれた。しかし延暦八年（七八九）に桓武天皇によって三関が廃されたが、延暦二十五年の桓武天皇崩御や弘仁元年（八一〇）の〝薬子《くすこ》の変〟の時にも固関がおこなわれ、その後もたびたび非常時に固関がおこなわれた。

この薬子の変の鎮圧には坂上田村麻呂が登場する。延暦十三年（七九四）、桓武天皇は、十万の大軍を投入し、第二次蝦夷征討をおこない、坂上田村麻呂を征夷副使に任命した。この頃、桓武天皇の皇子である安殿《あて》太子は病弱のうえに精神の安定を欠き、妃《きさき》の母・薬子を寵愛した。この異常な関係に、桓武天皇も「淫の義をそこなはんことを慮《おもんばか》り」（『日本紀略』）、薬子を春日殿から追放し、宮中の一室に幽閉した。それに激怒した安殿太子は山部春日に薬子奪還を命じるが、春日は失敗して捕えられ処刑された。その後、桓武天皇が崩御し、安殿太子が平城天皇として即位すると、薬子を後宮に内侍《ないしのかみ》としてとりたて、公然と肉体関係をつづけた(13)。

大同四年（八〇九）、平城天皇が退位して嵯峨天皇が即位すると、薬子は平城上皇を再び天皇に復位させる重祚《ちょうそ》をたくらみ、政治にも介入した。翌年（弘仁元年）、平城上皇は平城京への遷都を命じ、上皇は薬子と共に挙兵し、壬申の乱の大海人皇子のように東国へ向った。これを坂上田村麻呂軍が阻止。薬子は毒をあおって自殺した。(14)

薬子の妖艶でパワフルな悪女のイメージは、鈴鹿御前や立烏帽子を思わせるが、実際の鈴鹿山も盗賊が出没する、畿内国家の周縁にあたる無法地帯であった。『太神宮諸雑事記』によると、昌泰元年（八九八）、鈴河（鹿）山で勅使の一行が盗賊に襲われ戦いになり、勅使の郎等一人が矢に当って殺され、また盗賊も二人射殺された。『伊勢公卿勅使雑例』によれば、この時射殺されたのは、伊勢神宮の月次《つきなみ》祭使の一行で、あらためて臨時奉幣《ほうへいし》使を発遣させている。『日本紀略』には延喜六年（九〇六）、鈴鹿山の群盗十六人を誅殺したことが書かれている。このほか『保元物語』に伊藤景綱らが鈴鹿山の強盗の首領・小野七郎を捕えたことや、『今昔物語集』に鈴鹿山の山賊が水銀商人を襲って逆に敗れた話が載る。まさに鈴鹿山は山賊や野盗が跋扈《ばっこ》する闇の空間として恐れられていたのである。

鈴鹿峠の頂上の南崖に、鏡石とよぶ巨石があり、『勢陽五鈴遺響』に「鏡石ト云巨石アリ、毎二月八日、土人注連ヲ牽キテ不潔ヲ避ク」とみえ、鏡石は鈴鹿峠の神が依り憑《つ》く磐座《いわくら》であった。鏡石は鬼女・立烏帽子が鏡に使ったという伝説があるが、このそばに鈴鹿山の鬼神を退治したという坂上田村麻呂を祀ったと伝える田村社の跡があり、田村社跡から鏡岩にかけての地名をタマヤといい、この付近が鈴鹿峠の神を斎《いっ》く聖域だったようだ。(15)

応永三十一年（一四二四）に将軍足利義量《よしかず》が伊勢に参拝した時の『室町殿伊勢参宮記』に、「此処よりはすでにいせの国にて侍ぞかしといつしか神にちかづきたてまつるをたのもしき心地し侍て、……鈴鹿姫と申す小社の前に、人々祓などどし侍るなれば、しばし立よりて心の中の法楽ばかりに、彼たてゐぼしの名石の根元もふしぎにおぼえ侍て……」と、すでに鈴鹿峠には鈴鹿姫を祀る小社や立烏帽子の名石があったというが、鈴鹿峠を越えると伊勢神宮が鎮座する伊勢国に入ることを特別な感慨を持って記しているのは興味深い。『勢陽雑記』に「鈴鹿御前は天照大神の乙姫也」という伝承が載る。(16) 鈴鹿御前や立烏帽子が田村丸の鬼退治の勝敗の鍵をにぎるのは鬼神と天女という両義的な性格をもち、さらに天皇の祖神を祀る伊勢神宮がある伊勢国との境界の鈴鹿峠の神であろう。

そして『田村の草子』でも『田村三代記』でも、高丸が近江国に出現すると討伐されることになるのは、鈴鹿峠という境界を越えて畿内へ一歩侵犯したからである。

〈鹿島の浦〉

東北でつくられた『田村三代記』では、鈴鹿峠の次に常陸国の鹿島浦が重要な舞台となる。しかし京都でつくられた『田村の草子』では出てこないのはなぜか。

鹿島は坂東一の大社である鹿島神宮が鎮座する地として知られる。鹿島神宮は奥深い入海となっていた古代の霞ヶ浦の出口付近の北岸にあり、その対岸に香取《かとり》神宮があった。『延喜式』神名帳で、〝神宮〟の名でよばれるのは、伊勢大神宮を除くと、鹿島、香取の二社だけであり、古代の宮社では別格の扱いを受けた名神大社であった。

『続日本紀』宝亀七年(七七六)七月の条に、「安房、上総、下総、常陸の四国に船五十隻を作らせて陸奥国へ送る」、宝亀十一年(七八〇)七月の条に、「下総国六千斛、常陸国一万斛の糒を軍所に運輸す」、天応元年(七八一)二月の条に、「相模、武蔵、上総、下総、常陸等の国から穀を陸奥の軍所に漕送す」、などの記事がみえ、坂東の太平洋岸の諸国から、船によって兵器や食料を輸送していたことを示している。

同じく『続日本紀』延暦七年（七八八）三月の条に、諸国に軍粮三万五千余斛、糒二万三千余斛や塩を調達し陸奥国に転運し、東海、東山、坂東諸国に歩騎五万二千八百余人を翌年三月までに多賀城へ集結を命ずる勅が発せられ、この兵は征夷の経験がある叙勲者、常陸国神賤、一般農民で弓馬に堪える者とされている。これは翌延暦八年の蝦夷征討にそなえたものだが、常陸国神賤とは鹿島、香取両神宮の賤民のことで、鹿島が蝦夷征討と深くかかわる地であったことを示している。

そもそも鹿島神宮の主祭神は武甕槌神《たけみかずち》、香取神宮は経津主神《ふつぬし》、いずれも軍神である。『古事記』では、建御《たけみ》武甕槌神は天照大神の使者として出雲に国譲りをせまる。大国主神《おおくにぬし》は承諾するが、国譲りに反対した建御名《な》方《かた》神を信濃国まで投げとばして恫喝《どうかつ》した荒ぶる武神。経津主神は、朝廷の軍事を担当した物部《もののべ》氏の石上《いそのかみ》神宮の祭神で、御神体は神剣である。

大塚徳郎によると、太平洋岸での奥州への北進の根拠地は利根川河口付近の鹿島・香取の地であり、ここに祀られていた鹿島神・香取神の神威を奉じて北進し、その基地となったところに、これらの神の裔神《えいしん》を祀ることがおこなわれたという。『延喜式』神名帳には、次のように鹿島裔神八社と香取裔神二社がみられるが、現在の福島県・宮城県の太平洋岸の地点に、北進するように点在している。(17)

磐城《いわき》郡・鹿島神社。行方《なめかた》郡・鹿島御子神社。信夫《しのぶ》郡・鹿島神社。亘理《わたり》郡・鹿島天足別神社、鹿島緒名太神社、鹿島伊都乃比気神社。黒川郡・鹿島天足別神社。牡鹿郡・鹿島御児神社、香取伊豆乃御子神社。栗原郡・香取御児神社。

また『三代実録』貞観八年（八六六）正月二十日条に、常陸国鹿島神宮司が上言した鹿島裔神の陸奥国に進出鎮座するのは次のような三十八社である。

菊多《きくた》郡一、磐城郡十一、標葉《しめは》郡二、行方郡一、宇多《うだ》郡七、伊具《いぐ》郡一、亘理郡二、宮城郡三、黒川郡一、色麻《しかま》郡三、志太郡一、小田郡四、牡鹿郡一。

押木耿介はこれらの社はほぼ太平洋岸に沿い、主要河川を中心に北上するように分布しており、このことは開発と政治的支配の進展が船によって太平洋を北上し、主要河川を利用して内陸部へ進攻していったことを証すると指摘している。(18)

現在、塩竈神社の本殿に武甕槌神・経津主神を祀り、本来は主祭神であるはずの塩土老翁神が別宮に祀られている。これは元禄六年（一六九三）に仙台藩四代藩主の伊達綱村《つなむら》が現社殿を造営した時に定めたものだが、すでに延慶二年（一三〇九）に書かれた『春日権現験記』に武甕槌命が陸奥国塩竈浦に天降ったとみえる。塩竈は陸奥国府の多賀城への港であり、陸奥国を鎮護する武神として崇拝された。

『常陸国風土記』に鹿島神宮の祭神は、「天の大神の社、坂戸の社、沼尾の社、三処を合せて、すべて鹿島の天の大神といふ」と記される。この天の大神は海の神、沼尾の社は霞ヶ浦の神、そして「坂戸の神」こそ鹿島の本質的な神であるという。それは「坂」は「境・界」の意味で、「戸」は鳴戸、瀬戸などの「津」の意味であり、坂戸の神とは異境の入口にある神であり、蝦夷の地に対する境の神であった。(19)

『田村三代記』で、鈴鹿山麓の近江から鹿島へ逃げてくるという設定も、ここが蝦夷の国への境界の地という認識があったからだろうか。結局、高丸は〝唐土と日本の汐境〟という、さらなる境界で殺されてしまうことになる。

なお、高丸の死骸が備前に運ばれて埋められ、その塚の上に勧請した「木ひつの宮の大明神」とは、岡山県の吉備《きび》津神社である。同社には、吉備津彦命が退治したウラという鬼の死骸を釜殿の下に埋めてあるといい、ここの釜鳴りの神事はウラの泣き声だという伝承がある。
高丸が退治された後、いよいよ舞台は鹿島浦から陸奥国へと移り、大鬼神の大嶽丸との対決となる。

鬼のトポス――達谷窟、岩手山、篦嶽

〈達谷窟〉

まず、最初の舞台となる「達谷が窟」は、平泉から五キロほど西にある達谷窟《たつこくのいわや》である。平泉から厳美《げんび》渓《けい》へ行く道を五キロほど西に行ったところにあり、岩壁の下に大きな岩壁があり、毘沙門堂が建てられており、その左の岩肌に磨崖仏が彫られている。修験道の胎内修行の洞窟を思わせるが、地元の伝説では、ここは蝦夷の悪路王の住処だったところで、悪路王はここで坂上田村麻呂に討たれた、と伝えている。『吾妻鏡』文治五年(20)(一一八九)九月二十八日の条に、源頼朝が平泉を攻めた帰りに通りかかり、次のような話を聞いている。

御路次之間。合レ臨二一青山一給。被レ尋二其号一之処。田谷窟也云々。是田村麿利仁等将軍。奉二綸命一征レ夷之時。賊主悪路王幷赤頭等構レ塞之岩屋也。其巌洞前途。至二于北一十余日。隣二外浜一也。坂上将軍於二此窟前一。建二立九間四面精舎一。令下摸二鞍馬寺一。安中置多門天像上。号二西光寺一。

達谷窟は、田村麻呂利仁等将軍が征夷の時に、賊主・悪路王と赤頭が塞とした岩屋で、田村麻呂はこの窟に九間四面の精舎を建て、鞍馬寺に模して、多聞天を安置し、西光寺と名づけたというのである。

ここでは田村麻呂利仁と続けて書かれており、その後、坂上田村麻呂と藤原利仁の合体に影響したようだ。また、討つ相手の悪路王と赤頭は鬼ではなく蝦夷である。

『義経記』巻二の「義経鬼一法眼が所へ御出の事」に、「本朝の武士には、坂上田村これを見て、悪事の高丸を捕る。藤原利仁これを以て、赤頭の四郎将軍を捕る……」と、田村麻呂と利仁は別々に「悪事の高丸」と「赤頭」を捕える話になっている。なお「これ」とは「六韜《りくとう》」という兵法の虎の巻のことで、『田村三代記』で大嶽丸が「三明六通」の神通力を得ようと桐山や篦嶽山に籠るが、この「六通」は「六韜」のことである。

すでに鎌倉時代の頃から、達谷窟が蝦夷の首長の悪路王や高丸などの巣窟とされたのも、平泉の近くにある特異な景観からと考えられる。

平泉の中尊寺の北隣にある衣川《ころもがわ》は、古代東北の政治的な境界であった。坂上田村麻呂と阿弖流為《あてるい》が登場する延暦年間（七八二〜八〇六）に三次にわたり、約十九万もの大軍を投入して戦った征夷戦も、衣川を基点とする延暦八年の戦いからはじまっており、前九年の役も、安倍氏が衣川を越えて衣川関を設けたことが一つの原因だった。衣川以北が俘囚長である安倍氏の領土で、衣川を越境することは、政府側の直轄領土を侵犯したからである。衣川は陸奥国の俘囚領土と政府領土を分断する政治的な境界であった。衣川は北緯三十九度付近にあるが、達谷窟もほとんどこの付近にある。

〈桐山・岩手山〉

次に大嶽丸が神通力を得るために行く「桐山」は、霧山嶽の別名をもつ岩手山のことである。岩鷲山、巌手山、南部富士などともよばれ、標高二〇四一メートルの神奈備型の火山。江戸時代には、貞享二、三、四年、元禄二年、享保四、十四、十六年と、たびたび噴火し、現在も噴火の危険があるため、山頂への登山は一部禁止されている。まさに桐山は大嶽丸が籠るにふさわしい荒々しい修験道の霊山である。

『封内郷村志』に、巌鷲山は巍然として絶壁懸崖がそびえたち、ここに悪鬼・大猛丸が棲み民を害した。大同年中、田村将軍利仁が東征し、大猛丸と攻戦すること数十度、大猛丸は閉伊の海の外に逃げ、利仁は追って、月山下の涯で誅戮した(21)……という話が載る。

〈篦　嶽〉

次に、大嶽丸は桐山から篦嶽山きりんが窟に籠り田村丸に殺されるが、この篦嶽山は宮城県遠田《とおだ》郡涌谷《わくや》にある篦嶽《ののだけ》のことで、篦峰寺《こんぽうじ》がある。標高二三二メートルと低いが、大崎平野の中央を走る小山脈中の最高峰であり、山頂からの眺めはよく、登米《とめ》、桃生《ものう》、本吉《もとよし》などの諸郡が見渡せ、牧山や富山も見える。

篦峰寺の縁起では、延暦年間に延鎮が開基、大同年間（八〇六〜八一〇）に坂上田村麻呂が観音堂を建立して霧嶽山正福寺とし、嘉祥年間（八四八〜八五一）に慈覚大師が中興して無夷山篦峰寺と改めたと伝える。『田村三代記』で大嶽丸が篦峰山の「きりんが窟」に籠ったとするが、篦嶽山には洞窟はなく、霧嶽山正福寺の山号のキリから考えだされた名前と思われる。

篦峰寺は、坂上田村麻呂が征夷の戦いに行く時にここで戦勝祈願し、征夷が成就して観音堂（本堂）を建立したという伝説をもつだけに、山内には田村麻呂伝説が多い。

・神楽岡（願念峠）／田村将軍東夷征伐の時、ここで神明応護を祈念した、往古神楽岡は当山の惣名。
・旗蜂（幡山）／田村麻呂征戦の時、天より白旗一流が官軍の陣上に降り、兵の意気が上がり勝利した。
・願念沢（祈禱沢）／田村将軍が征夷を仏神に立願した地。・悪矢岳（毒矢岳）／夷賊に向い矢を放った地、また夷賊が毒矢を放った地。•遠矢長根／将軍ここより賊徒を遠知、矢を射た所。•色清水／田村将軍戦にのぞみ、この清水を飲んで渇をいやした……。

田村麻呂伝説は本堂の鬼にまつわる話としても伝えられている。田村丸が鬼を斬り殺すと、その首は空中で怒り狂って鬼首へ飛んでゆき、鬼の首無し死体が本堂の床下に埋まっている。そのため本堂の下を覗くと土が盛り上がっているという。また田村麻呂が斬り殺したのは高丸と悪路王という鬼で、その胴体を埋めて塚を築き、その上に観音堂（本堂）を建てた。死体を埋めた塚の高低にしたがって建てたので、観音堂の柱の長さは皆ちがっているという(22)。

境内の白山社の東に「箆宮」の石碑があり、ヤガラ竹が生えている。これは田村麻呂が矢をつきさしたところ根が生えたものといい、正月十五日、このヤガラ竹の矢で、「鬼」と書いた的を射る「御弓神事」がおこなわれる。なお箆峰寺の正月行事は、本堂の十一面観音の前で鬼を追い出し、十二神将の注連縄《しめなわ》で内陣と仁王門を結界し、白山神の前で再生した鬼によって天候を占う、という儀礼で構成されている。くわしくは本書の「鬼の神事に隠された〝東北〟」を参照されたい。

興味深いことは、大嶽丸の霊を封じこめたという達谷窟が北緯三十九度の古代東北の政治的な境界近くにあったが、箆嶽は天平産金地に隣接していることだ。天平二十一年（七四九）、陸奥国小田郡で、奈良の大仏鍍金用の黄金九百両が見つかり、年号は天平感宝と改元され、大赦、免税、叙勲など、国家的な行事で祝福された。この三年後、天平勝宝四年（七五二）、陸奥国の調庸は多賀以北の諸郡は黄金で輸せしむ、と定められた。東北地方が金の産地としてマークされることになり、奈良時代末から平安時代初期の〝軍事征服の時代〟を迎えることになる。天平産金地は箆峰寺がある箆嶽丘陵の峰つづきの西南の山麓の黄金山神社付近と考えられている。

こうして古代東北史で最大の意味をもつ天平産金地と衣川の近く、篦嶽と達谷窟に大嶽丸の魂と肉体を配しているのである。

〈牧山・富山・大嶽山〉

次に大嶽丸の胴と足と手を埋めたという牧山、富山、大嶽山は、いずれも坂上田村麻呂が創建の伝説をもち、十一面観音を本尊としていた。特に牧山と富山は篦峰寺と共に奥州三観音とよばれ、それぞれ宮城県の石巻湾と松島湾にある。共に低いが海上からの目じるしになる山である。

石巻湾の牧山はむかし石巻山、魔鬼山、龍巻山ともよばれ、石巻の地名の起りにもなっている。また『大日本史』神祇志の牡鹿郡鹿島御児神社の条に、「伝者、武甕槌、経津主二神、乗㆓石船㆒初至㆓此地㆒捲㆓石掟而投㆑之因名㆓其地㆒曰㆓石巻㆒」と、石巻の地名はむかし武甕槌と経津主の二神が石船に乗ってこの地に来て、石の碇を捲き投げたことによるという伝説を記している。武甕槌・経津主の二神は鹿島と香取の神である。牧山山頂の観音堂（牧山大悲閣）は、明治の神仏分離で零羊崎《ひつじさき》神社となり、坂上田村麻呂像と悪玉御前の木像を伝え、十一面観音は近くの長禅寺に移されている。(23)

もう一つの奥州三観音の富山観音堂にも坂上田村麻呂像が伝えられており、松島湾のどこからでも見え、海上航行の目標にされた山である。(24)

大嶽丸の手を埋めたという佐沼郷の大嶽山は宮城県登米郡南方町にあり、低い山だが南の篦嶽に相対する景勝の山で、観音堂は大嶽山興福寺が別当をし、近世には羽黒末、明治五年（一八七二）に篦峰寺末、昭和十五年（一九四〇）に観音堂は興福寺の本堂になった。(25)

また、首が飛んで落ちたという鬼首《おにこうべ》は、宮城県玉造郡鳴子《なるご》町にあり、陸奥国と出羽国の境界にある。

『陸奥話記』にでてくる古戦場の「鬼切部」がなまったともいうが、その特異な地名から、鳥海山の神が斬った鬼の首が飛んできて落ちたといった伝説が語られている。

大嶽丸・岩手山始原の神

『田村の草子』や『田村三代記』は、田村丸と鈴鹿御前や立烏帽子が、鬼たちを退治する奇想天外な物語だが、田村丸たちの背後を神仏が護っており、実は神仏と鬼との物語である。

『田村の草子』の最後は、「さてもこの大しやうぐん《将軍》は、くわんをん《観音》のけしん《化身》にてましませは、しゆじやうさいど《衆生済度》のはうべん《方便》に、かり《仮》に人間とあらはれ給ふ、又すゝか《鈴鹿》御ぜんは、ちくぶしま《竹生島》のべんざい《弁財》天女なるか、あつきじやしん《蛇身》をたすけ、ぶつだう《仏道》に入給ふべきとて、さま〳〵にへんげ《変化》し給ふも御じひ《慈悲》ふかき事なり……」と述べ、「此さうし《草子》見給はん人々は、いよ〳〵くはんをん《観音》をしんじ給ふべし」と結んでいる。

『田村三代記』の冒頭は、「扨も其後夫我朝は福国にて信心の本となし神に歩を運ぶべし　正直のこふべには仏神の宿らせ賜ふなり、然るに富山・牧山・篦峰山の観世音。並柄山の絶頂に、白山権現、西磐井達谷ヶ窟、百八体の毘沙門天之由来を、委敷尋奉るに……」と、『田村三代記』が大嶽丸と田村丸にまつわる観音と毘沙門天の霊場の由来譚であることを述べている。

田村丸が軍兵をひきいて鬼を討伐に行く時は、仏神に祈って出陣し、軍事的な征討が失敗すると、鈴鹿御前や立烏帽子と呪術的討伐をおこなう。さらに東北の『田村三代記』では、大嶽丸を退治した時、慈覚大師と吉田社家をつれて来て、大嶽丸の霊を封じこめ、首、胴体、足、手と肉体をバラバラに切って埋めて塚を築き観音を祀って鬼神が再生できないようにしているのである。
岩手県水沢市の郊外に、延暦年間の大軍事征討から約五十年して創建された黒石寺《こくせきじ》という古刹がある。ここの蘇民祭は蝦夷を象徴する鬼子に本尊の薬師と四天王の五仏と十二神将を憑けて、鬼を神仏に変換させることを本書の「鬼を神に変換させる祭」で考察した。『田村三代記』の慈覚大師による鬼神の鎮魂は、黒石寺蘇民祭と同じ思想が感じられる。

いま『田村三代記』の大嶽丸の動きを地図の上で見ると、興味深い風景が浮かんでくる。

大嶽丸の肉体が篦嶽（首）を中心に、半径二十五キロ以内に牧山（胴体）、富山（足）、大嶽山（手）と点在するが、いずれも田村麻呂創建の縁起をもつ観音霊場である。これら大嶽丸の肉体に対して、はるか北の達谷窟には大嶽丸の魂が封じこめられている。しかも大嶽丸の肉体と魂を封じた篦嶽と達谷窟の付近は、天平産金から延暦期の坂上田村麻呂の征夷戦へと、古代東北史が大きく変換する空間である。『田村三代記』には、古い土地の記憶が再生されて読みこまれているのである。

そして大嶽丸の魂を封じこめた達谷窟のはるか北に岩手山、つまり桐山がそびえている。大嶽丸は女の立烏帽子により失った神通力を得るために籠るのも女人禁制の修験の霊山を思わせるし、霊山に籠って呪力を獲得する修験道の入峰修行を思わせる。ここに神体山（岩手山）―拝殿（達谷窟）―里の拝殿（篦嶽）―末社（牧山、富山、大嶽山）という修験道の空間思想が浮かんでくる。[26]

大嶽丸の肉体を封じこめた篦嶽のはるか北に大嶽丸の魂を封じこめた達谷窟があり、そのはるか北に神体山の岩手山がそびえる。その岩手山には坂上田村麻呂が鬼賊を退治したという伝説がある。『南部叢書』に収録される奥浄瑠璃の「三代田村」では、田村将軍は死後に岩鷲山大権現となったと説いている。

『封内郷村志』にも「巌鷲山……当山権現祭二田村将軍利仁之尊霊一者也」とみえる。岩手山の縁起では、坂上田村麻呂が延暦二十年に蝦夷征討し、岩手山に三神を勧請し、国土の守護神としたのが創始と伝える。また、坂上田村麻呂が麓の巨人のマタギ二人の先達で、岩手山の鬼ケ城に籠る鬼賊を退治し、雫石《しずくいし》口新山堂を創建したという伝説がある。(27)

ここで思い出されるのは、修験道霊山の開山伝説である。岩木修験の「岩木山百沢寺光明院」という開山縁起では、岩木山に棲んでいた鬼を花輪が攻め、降伏した鬼を赤倉山に封じて、岩木山の守護神とさせている。羽黒修験の「出羽国大泉庄三権現縁起」でも、羽黒山の開祖の能除上人が麻石という鬼を鬼名沢に封じこめた。また慈覚大師が鳥海山（飽海《あくみ》嶽）の仙翁、龍翁という鬼を封じこめたという。各地の修験道の霊山には、こうした鬼伝説が多い。(28)これは、その山が修験道化されてゆくと共に、古くからの地主神は鬼とされ、中央から入ってきた神仏に主座を譲っていったことを物語っている。

『田村三代記』で荒々しく暴れまわる大嶽丸の生命力あふれる姿は、岩手山の大自然そのものであり、岩手山始原の神のイメージだ。『田村三代記』は、岩手山の地主神の大嶽丸が田村丸に退治される岩手山の開山縁起と共通する内容になっている。

それに対して、京都で生れた『田村の草子』の悪路王や大嶽丸は、『大江山絵詞』の酒天童子のイメージで、王権を侵犯する鬼として描かれている。一方、東北の『田村三代記』では、古代東北侵略の政治的軍事的な境界の地を舞台に展開しながら、大嶽丸は〝政治の鬼〟から〝自然の鬼〟へと変質しているのである。

かつて東北の人々は、『田村三代記』を聞きながら、田村丸と鬼の戦いに心おどらせ、その背後に神や仏を感じ、さらに大嶽丸の背後に岩手山の神を想い浮かべたのではなかろうか。

注

（1）高橋崇『坂上田村麻呂』吉川弘文館、一九八六年。

（2）『田村三代記』（『仙台叢書』十二巻、宝文堂、一九七二年）。なお『南部叢書』九（歴史図書社、一九七一年）に「二代田村」「三代田村」が収録される。「三代田村」では、〝筑らが沖〟が〝鞍岸《くらか》沖〟、〝備前《びぜん》国、木《き》ひつ大明神〟が〝肥前《ひぜん》国、貴尾《きび》大明神〟などの違いのほか、人名に利春が柿の本人丸、利光が坂上苅田丸、悪玉が生玉、正林が小輪と違いがあるが、話の内容は、ほとんど『田村三代記』と同じで、出生は左のとおり。

星から出生した柿の本人丸
　├─坂上苅田丸
重みが池の大蛇
　　　坂上苅田丸
　　　　├─田村丸利仁
　　　奥州の生玉
　　　　　　田村丸利仁
　　　　　　　├─小輪
　　　　　　立烏帽子

「二代田村」は『田村三代記』や「三代田村」と異なり、次のようなストーリーである。

平城天皇の時代、坂の上苅田丸（利光）が勅命で奥州霧山嶽へ大道連勝高を討伐に向うが敗れて、岩手郡池田の庄田村で生玉姫と契る。苅田丸は観音の力により大道連勝高を退治する。生玉は田村丸を生む。田村丸は鳥海山の三郎坊から剣術を習い、長じて田村将軍利光となり、弟の千歳と共に奥州谷嶽の悪郎高光の兄弟を退治した……。

なお、『田村三代記』にふれた研究には、大塚徳郎『坂上田村麻呂伝説』（宝文堂、一九八〇年）、定村忠士『悪路王伝説』（日本エディタースクール出版部、一九九二年）がある。

（3）「たむらのさうし」上、下（『室町時代物語集』第一、井上書房、一九六二年）。「田村の草子」上、下（『室町時代物語大成』第九、角川書店、一九八一年）。人命や地名の多くはひらがなだが、文章を読みやすくするためにカタカナにし、「あくるわう」「すゝか」「しすめ」など、明らかに直せるものは、悪路王、鈴鹿、賤女と漢字で表記した。

(4) 柳田国男「立烏帽子考」(『定本柳田国男集』十二巻、筑摩書房、一九六九年)。
(5) 小松和彦『神々の精神史』伝統と現代社、一九七八年。同『異界を覗く』洋泉社、一九九八年。
(6)『国史大系五九巻、尊卑分脈(二編)』吉川弘文館、一九六二年。
(7)「鞍馬蓋寺縁起」(『続群書類従』二十七輯上、同刊行会、一九二五年)。
(8) 阿南透「鞍馬の竹伐り会」(宮家準編『山の祭りと芸能』上、平河出版社、一九八四年)。
(9)『続日本の絵巻26・土蜘蛛草子・天狗草子・大江山絵詞』中央公論社、一九九三年。
(10) 小松和彦『酒呑童子の首』せりか書房、一九九七年。
(11) 貴志正造訳『神道集』平凡社、一九六七年。
(12)「田村」(『日本古典文学全集58・謡曲集』小学館、一九九七年)。
(13) 村尾次郎『桓武天皇』吉川弘文館、一九六三年
(14) 高橋前掲書(注1)。
(15)『鈴鹿関町史』上、関町役場、一九七七年。
(16)『鈴鹿関町史』下、関町役場、一九八四年。
(17) 大塚徳郎「式内の神々」(『古代の日本』8、角川書店、一九七〇年)。
(18) 押木耿介『鹽竈神社』学生社、一九七二年。
(19) 大和岩雄「鹿島神宮」(谷川健一編『日本の神々11』白水社、一九八四年)。
(20)『国史大系九・吾妻鏡(前)』吉川弘文館、一九六四年
(21)『封内郷村志』(『南部叢書』五、歴史図書社、一九七一年)。
(22)『涌谷町史』上、涌谷町、一九六五年。月光善弘『東北の一山組織の研究』佼成出版社、一九九一年。
(23)『石巻町史』一、二巻、石巻市役所、一九五三・六六年。
(24)『松島町誌』松島町、一九六〇年。
(25)『角川日本地名大辞典・宮城県』角川書店、一九七九年。

(26) 本書の「出羽三山の宇宙」、「修験道の空間思想」参照。
(27) 小形信夫「岩手山神社」(谷川健一編『日本の神々12』白水社、一九八四年)、田中喜多美「岩手山の信仰と修験」(『山岳研究叢書7・東北霊山と修験道』名著出版、一九七七年)。
(28) 内籐正敏「東北の霊山と山の神」(『東北芸術工科大学東北文化研究センター紀要』一号、二〇〇二年)。

飢餓の宗教・即身仏――木食行・飢饉・トチモチ正月・焼畑

即身仏信仰の里・大網

　江戸時代の山形県庄内地方で、ミイラ化した行者の遺体を〝即身仏《そくしんぶつ》〟とよんで拝む信仰が集中的に起った。その舞台となったのは、湯殿山麓の山形県東田川郡朝日《あさひ》村大字大網《おおあみ》にある注連寺《ちゅうれんじ》と大日坊の湯殿山表口二ケ寺とされる寺である。それぞれ鉄門海上人、真如海上人の即身仏が祀られており、現存する湯殿山系の即身仏も、注連寺か大日坊で得度、修行した人たちである。

　注連寺や大日坊の周囲には、「山内《さんない》」とよばれる人たちが住み、宝泉院、成就坊などの院号、坊号を名のり、それぞれ二ケ寺の運営を支えてきた。かつて湯殿山に登拝する道者（参詣人）たちは、十王峠を越えて、注連寺か大日坊に来て一泊し、六十里越街道を湯殿山へとめざした。山内衆は、ふだんは農業や炭焼き、養蚕などを営み、夏の登拝期には、注連寺や大日坊につめて宿泊する道者の世話をし、湯殿山に登拝する道者たちの山先達をした。

　注連寺の山内・観照院《かんしょういん》の伊藤明栄さんの話では、夏の登拝期には注連寺に泊まりきれないほど多くの道者が来ることもあり、そんな時には、子供たちも飯盛り役にかりだされ、山内の家にも宿泊させた。また、山内以外の村人も強力《ごうりき》をしたり雑用をしたり、さまざまな形で注連寺から経済的に恩恵を受けた。

山内衆の七歳以上の男子は、湯殿山の縁年である未《ひつじ》と丑《うし》年には、二月の寒中に注連寺に籠って一週間の修行をした。毎朝五時に起きて水垢離《みずごり》をとり、般若心経や真言を唱える練習をし、九字と護身法の印の結び方を伝授された。すべての修行が終ると「血脈《けちみゃく》」をもらい、山内になることが許された。

山内衆が特に大事にしたのは寒行だった。山内衆は十二月二十五日から注連寺に集まり、深夜十二時から翌朝の二時か三時まで千巻心経を唱えた。元旦には元朝祈禱、節分には星まつりをし、山内衆は、この御札をもって、山形、新潟、岩手、宮城、福島、千葉、北海道など、全国のカスミとよばれる信者圏をまわって、御札をくばって歩き、夏の湯殿山登拝を薦めて歩いた。山内衆にとって、湯殿山信仰は大きな収入源だった。こうした山内衆の生活は注連寺も大日坊もほとんど変りはなかった。

大網は七五三掛《しめかけ》、上村、中村、下村、関谷《せきや》の五つの集落からなり、注連寺は七五三掛にあり、大日坊は上村にある。そして注連寺の山内衆は七五三掛、大日坊の山内衆は上村、下村、関谷に住む。二ケ寺の山内がいないのは中村だけである。湯殿山へ行く旧六十里越街道は、注連寺から中村を通って大日坊へとつづく。そして湯殿山へ登拝する道者たちは注連寺か大日坊へ一泊したが、中村はただ素通りするだけの村であり、二ケ寺からの経済的な恩恵にあずかることはなかった。そのためか中村の人たちは、どこか進取の精神に富んだところがある。

かつて大網は庄内地方でも有数の養蚕業の中心地で、五つの集落のすべてに製糸工場をつくっていたが、中村が一番大きく、五十二もの釜をボイラーで熱して絹糸を製造していた(1)。

現在九十四歳の今野喜代治さんのように、略農による新しい一大農村改革を試みた人もいる。十七歳の時、大志をいだいて家出して上京し、著書を読んで感動した賀川豊彦のもとを訪れ、「村にもどって農民のために働け」とさとされた。戦後、九死に一生を得て戦地から中村に帰ると、失敗をくり返しながら、昭和三十五年頃、山の広大な牧野に乳牛百頭団地を造り、朝日村役場の近くに北海道野幌《のっぽろ》の農業高等学校の分校を造り、新しい農業改革をする若者を育てようと試みた。(2)

なかには注連寺や大日坊に対抗して、中村に新しい湯殿山信仰を起そうとした人もいた。中村の長坊《ちょうぼう》山《さん》という標高がわずか五八八メートルの低い山を湯殿山に見立て、天体山中央坊という道場を作り、一時は参詣人も集まってたいそう繁盛した。いまは地元でも知る人はほとんどいないが、天体山中央坊を作ったのは、中村の佐藤友雄さんの先祖で、同家の屋号は「長坊」といい、次のような話が伝えられている。

先祖の佐藤門兵衛は、甲斐の武田信玄につかえる侍だったが、武田家が滅亡して中村に落ちのびてきたのだという。門兵衛は天台僧でもあったので、はじめ山寺立石寺《やまでらりっしゃくじ》に行き、座主に進められて、大日坊、注連寺がある大網にやってきた。中村まできて大沼で野宿し、一休みしている時、火の玉が現れて長坊山の方へ飛んでゆき、長坊山の上空で大日如来の梵字のア字に変った。そこで大沼の畔の火の玉があがったところに道場を建て、天体山中央坊と名づけ、長坊山の山中にある沢を湯殿山の仙人沢《せんにんさわ》に見立てて霊場とし、八月一日を湯殿山参り、八月二日を長坊山参りの日とした……。

これは私が子孫の友雄さんから聞いた話だが、大網の郷土史家の渡部留次氏が、先々代の当主から聞いた話は、内容が少し違っている。(3)

武田家が滅亡して佐藤門兵衛が逃げてきて、長坊山の山頂近くに湯殿山御宝前に似た霊地があるのを見つけた。そこに延命地蔵を本尊として、大山祇命《おおやまつみ》を守護神にして祀り、天狗沢一帯を湯殿山仙人沢になぞらえて諸仏を勧請《かんじょう》し、入口には姥神《うばがみ》を配して霊地を作った。

湯殿山は女人禁制の山だが、天体山は女人の参詣も自由なので参詣する人でにぎわったが、次第にさびれた。その後、数代を経て、紋兵衛なる者が生れ、先祖の開いた霊場を天体山中央坊として復活させた……。

出羽三山は羽黒山、月山《がっさん》、湯殿山をさすが、湯殿山は三山総奥ノ院とされており、即身成仏が成就する大日法身の最神秘の霊場とされ、三山の中でも別格な聖地と考えられていた。出羽三山信仰が盛んになる江戸時代には、三山を順に登拝して歩かなくても、湯殿山は三山総奥ノ院なので、湯殿山にだけ直接登って拝めば、三山を拝んだのと同じご利益があるといわれるようになった。湯殿山登拝道の登り口を支配する注連寺と大日坊、本道寺と大日寺、この湯殿山四ケ寺は発展していった。

特に表口二ケ寺とよばれる注連寺と大日坊では、即身仏信仰が起り、新たな展開をとげることになった。注連寺系では、天和三年（一六八三）に本明海上人（本明寺）、宝暦五年（一七五五）に忠海上人（海向寺）、文政五年（一八二二）に円明海上人（海向寺）、文政十二年（一八二九）に鉄門海上人（注連寺）と、入定《にゅうじょう》したと伝えられる即身仏が生れ、その後も明治以後に入滅した鉄龍海上人（南岳寺）も即身仏になっている。大日坊系でも、貞享四年（一六八七）に全海上人（観音寺）、天明三年（一七八三）に真如海上人（大日坊）が入定したと伝える即身仏が生れたが、大日坊には、明治八年（一八七五）の火災で焼失するまで、月光海上人、岑海《しんかい》上人の二体の即身仏があったという伝承がある。注連寺と大日坊は即身仏でも競いあっていたことになる。こうして即身仏信仰により、二ケ寺は多くの信者が集まり湯殿山へ登拝する道者も増えていった。

中村の佐藤門兵衛が、天体山中央坊の長坊山信仰を新しく起すのも、即身仏によって注連寺や大日坊に多くの信者が集まるのに刺激されてと思われる。佐藤家の伝承では、甲斐の武田家滅亡の時としているが、こういう権威づけはどこの寺社縁起でもみられることで、渡部留次氏が聞いた「門兵衛開基、それから数代を経て紋兵衛中興」という話は、その間の事情を物語っている。門兵衛さんは中村にも注連寺や大日坊を造ろうと考えたのではなかろうか。

一世行人の木食行

即身仏信仰の二大本山ともいうべき注連寺と大日坊の構造は、山内、僧侶、一世行人《いっせいぎょうにん》からなっていた。山内は、山内衆、衆徒、山内修験などともいい、すでに述べたように半僧半俗で、ふだんは農業や山仕事などの生業をもち、道者がくると祈禱や山先達、宿泊の世話などをした。そのため、先達料や御布施などの収入が入る上に、妻帯世襲が許されていたので、財産も蓄積されて裕福だった。経済的に安定していた山内からは、一体の即身仏も生れていない。僧侶は、最上家が没落したのち、家中の浪人武士などを剃髪させてとりたてたが、読み書きができるので、それなりに優遇された。

一方、一世行人は寺男のような存在で、多くは出身階級も低かった。即身仏になった一世行人の出身をみると、本明海上人と忠海上人は貧困の下級武士、全海上人は筏乗り、真如海上人は武士殺し伝説をもつ農民、円明海上人は農民、鉄門海上人は武士殺し伝説をもつ川人足、鉄龍海上人は農民で友人を殺害した物乞い……と、ほとんどが娑婆に住むことのできないような、追いつめられた人たちばかりであった。一世行人について、「御目安之事」という文書には次のように記されている。(4)

一世行人と申事は、世をのがれ、道心あるともがらを、湯殿別当の相しめす所にて候へ由、後生一三味《ママ》ニかたむき申候事なれば、別してしめのきりはき、先達職なと諍論可レ申事にて無レ之候。唯えんあるものの代官なといたし、一期を暮し申、そもそも先達職にて仕事ニハ無レ之事……

一世行人は「世をのがれ、道心あるともがら」であり、「ただ縁ある者の代官などして一期を暮らす」存在であり、先達職をする山内衆とは厳しい一線がひかれていた。「再返答之条々覚事」という文書にも一世行人のことを「昨今髪切無知無階之行人成共、空海和尚之支流を汲て今世後世助かり申故」と記されており、「無知無階の行人」という言葉のなかに、

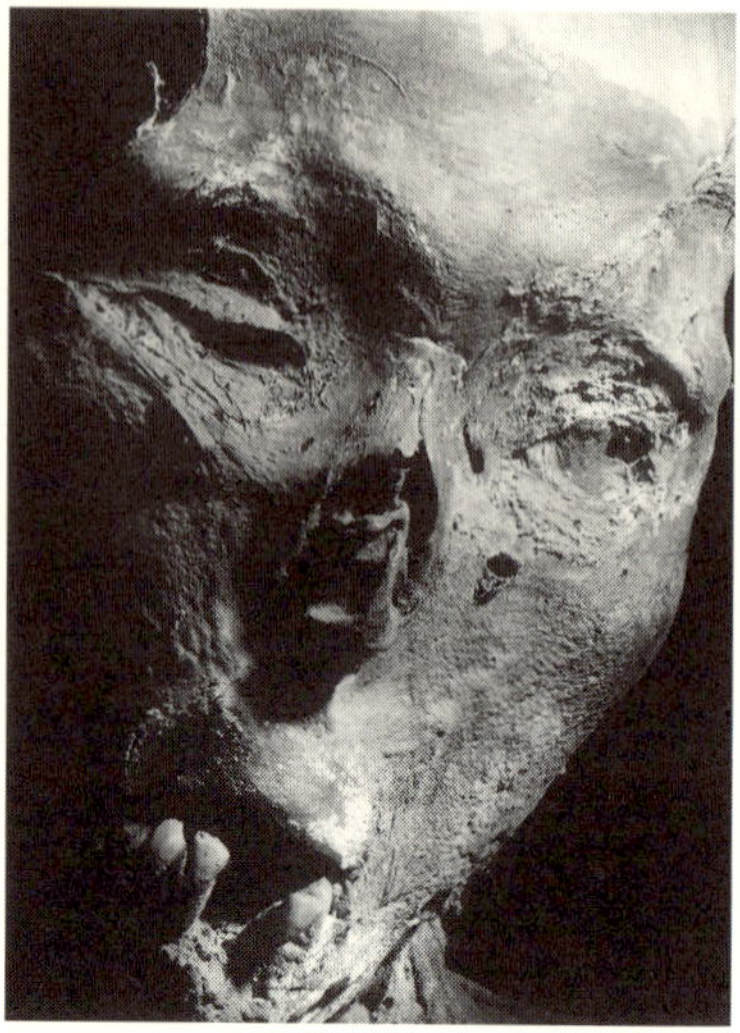

即身仏　忠海上人（海向寺）

寺での地位が最下層であったことをはっきり示している。また、一世行人が空海の支流を汲むとあるのは、一世行人には真如海とか鉄門海と、かならず「海」の字がついており、これは真言宗の開祖・空海の「海」の字をもらい、一世戒（海）号といって制度化されていた。同じ文書に、一世行人について次のように書かれている。(5)

一、一世行人者何れも海号と申候而、或は尊海行人或は信海行人等と名を付、海之字を案じ申事、是又空海和尚之諱之方字を取申候と承候。

一、一世行人と申事者、真言宗の一生即身成仏と申之異名にて御座候と申伝候事、其故は余教之遠却成仏ニ異して真言宗は即身成仏之法門を立て申事。

一世行人が空海の海の字をつけていること、一世行人は真言宗の一生即身成仏の異名で、即身成仏をめざすことを強調している。これは湯殿山系寺院が真言宗で、次のような空海の湯殿山開山伝説を唱えるところからきている。

弘法大師空海が日本海を船で酒田に着き、飯盛山《いいもりやま》に登ると、赤川の上流からア・ビ・ラ・ウン・ケンの胎蔵界大日如来の五つの梵字が、光明を発して流れてきた。そこで上流の大梵字《だいぼんじ》川を遡って行き、湯殿山に出た。ここで湯殿山権現が八大金剛童子の姿で現れ、空海に上火《じょうか》の作法軌則を授けた……。

湯殿山四ケ寺には、空海が湯殿山の八大金剛童子から授けられるという上火切火の作法が伝えられていた。祭事や祈禱の護摩《ごま》の火は、この清浄なる上火によっておこなわれた。この湯殿山大権現から授けられた上火は、湯殿山信仰の根元といってよかった。一世行人の最大の仕事は、この上火を守り、上火を切り出すことであった。そのため清浄なる上火がケガレることを恐れ、一世行人には妻帯世襲が禁じられ、一生の間、厳しい別火精進修行が義務づけられていたのである。

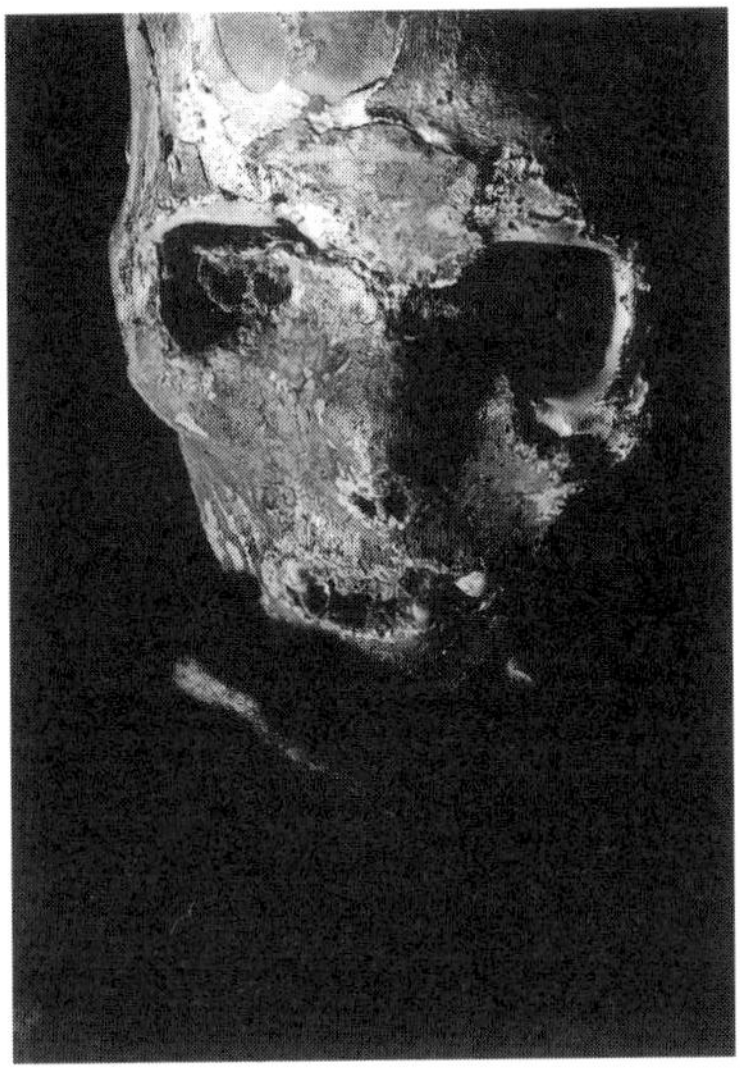
即身仏　鉄門海上人（注連寺）

生を受たる身は皮ひとへを以て　筋骨肉其間ニハ臓腑有て食物を包ミ置　其食熟して屎尿涕垂津痰口ニ出耳目の汁滓身ハ汗液ひまなく出也。ケ様なる臭き穢を洗浄仏前に可レ向。故に殊に仏の説き給ふなり、断食塩断ハ不浄を出すまじき為なり……。

これは即身仏になった鉄門海上人が、文化九年（一八一二）に、富樫久定という武士に口述筆記させたものだが、人間は本来ケガレているものだから、ケガレを浄化して仏前に向うべきで、断食塩断は不浄を出さないためだ、と述べている(6)。

即身仏を志す一世行人が、かならずおこなわねばならなかったのが、〝仙人沢山籠修行〟であった。これは湯殿山奥ノ院近くの仙人沢という所に、一千日、二千日と籠って木食行《もくじきぎょう》をして水垢離をとり、毎日奥ノ院に参詣する修行だった。いわば上火を守る一世行人の究極の別火精進修行といってよかった。仙人沢での水垢離は、単に水をかぶるだけという形式化したものではなく、冬には沢や川などの氷を割って水中に入り、掌に立てたロウソクや線香一把が燃えつきるまで、水中に身を沈め続けたという。仏海上人の即身仏を祀る村上市の観音寺住職・堀周晃師によると、仏海上人の晩年は神経痛が高じて足が不自由になり、足を前に投げだすようにして座っていたという。その弟子の神海上人も足が不自由になっていた。また鉄龍海上人の即身仏を祀る南岳寺の住職だった成田永信師は、仙人沢山籠修行をした最後の人であるが、その実子の長谷川琴さんの話では、水垢離の影響で老後は足を悪くしており、出張祈禱はリヤカーに乗せられて出かけたという。これは私が直接聞くことができた二つの即身仏寺院の例だけである。おそらく相当多くの一世行人が寒中の水垢離で身体を悪くしていたと思われる。

水垢離が一世行人の身体を外部から浄化する儀礼とすれば、身体を内部から浄化するのが木食行であった。仙人沢山籠が終了すると、信者たちから大きな仙人沢山籠記念碑を立ててもらえるが、石碑には「木食鉄門海」のように「木食」の文字が刻まれる。一世行人にとって「木食」の名は、仙人沢山籠修行をしたステータスシンボルであり、即身仏になった一世行人は、すべて木食行者である。

仙人沢でおこなう木食行は、穀断《こくだち》ともいい、五穀断、十穀断をいう。木食行の時に断つ穀物の種類については次のような説がある。

堀一郎は、五穀断が稲・麦・粟・黍・豆。十穀が五穀に何を加えるか一定していない。五穀の豆を分けて大豆、小豆として黍をはぶき、黍、稗、粟を十穀の方へ入れる算え方もある。仙人沢の一世行人についての伝承を聞くと、多くは榧《かや》の実、栃の実、ソバ粉を食した、と記している(7)。

戸川安章は、五穀は米・麦・大豆・小豆・黒ゴマ、十穀はこれら五穀に加えて、稗・黍、ソバ・粟・玉蜀で、木の実、草の根だけで命をつないだ、としている(8)。

安藤更生は、五穀が米・麦・粟・黍・大豆。その間はソバ、稗・小豆・芋などを食べる、十穀断は蕎麦・稗・小豆・芋などだが一定しない。なかには蕎麦だけはよいという人もいる、と記している(9)。

私が村上市の観音寺で聞いた話では、湯殿山で最後の即身仏を志した仏海上人は、死ぬまで木食行をつづけ、田畑でできる物は、肥でよごれているからと言って、いっさい食べなかった。同じ山イモでも山にある自然薯《じねんじょ》は食べたが、畑でできた山イモは口にしなかった。毎日食べていたのは数粒の木の実かソバ粉をねったソバガキぐらいだったという(10)。

一世行人が木食行の時に食べたのは、木の実とソバであるが、湯殿山で最初の即身仏となった本明海上人は、木食行の時、松の皮を食べたと伝えている。

いま、即身仏を志す一世行人が、木食行の時に食べたという木の実、ソバ、松の皮について、どういう思想が隠されているのかを考察してゆきたい。

大網のトチモチ正月

木の実は、山村では縄文時代から大切な食糧とされてきた。クリ、クルミ、ブナ、シイなどの実は、そのまま食べられたが、トチ、ナラ（ドングリ）などの実はアク抜きが必要だった。

注連寺と大日坊がある大網では、木の実のなかでもトチの実は特別な意味をもっていた。正月にトチの実でつくったトチモチを入れた雑煮を食べるのである。いままで大網の正月の儀礼食としてのトチモチに注目した研究者はいないが、私は「トチモチ正月」と名づけて重視している。

注連寺の山内・観照院の伊藤明栄さんの家では、大晦日には納豆汁をつくり、ザクビラといって、カラトリイモ、ニンジン、ゴボウ、キノコの煮しめをつくる。このカラトリイモは里イモの一種で、親イモのほうである。むかしは大晦日には焼畑でできたソバを打って食べ、どこの家でも十二月二十五、六日から、イロリで大豆をふかしてワラヅトにつめ、納豆をつくった。また、かつては大晦日の年取りに、ミタマサマといって、箕《み》に十二個のニギリメシに箸を立てて並べ、干柿、栗、昆布を供え、ザクビラと納豆汁を供えた。

正月の雑煮は、ふつうの白モチとトチモチ、カラトリ、ゴボウ、ニンジン、油揚げ（厚揚げ）。このカラトリはカラトリイモの茎を干したもの。白モチとトチモチは、共に丸くして平べったい形をしている。さらに暮れにトチモチを搗く時、トチモチで巾着の形をつくり、松とユズリハと一緒に赤白のミズヒキをかけて、大黒柱に結びつける。

大日坊住職の遠藤宥覚さんは、大日坊山内・本覚院で上村に住む。遠藤さんの家でも、大晦日の年取りの日には納豆汁をつくり、ミタマサマに栗、柿、昆布を供え、ザクビラを供える。ザクビラはカラトリイモ、大根、コンニャク、ニンジン、ゴボウ、油揚げ、カラカイ。正月の雑煮は、トチモチ、白モチ、カラトリイモのクキ、ゴボウ、ニンジン、油揚げ、ネギである。またトチモチの巾着は大黒柱につけるが、ひびが多く入ると縁起が良いという。また神さまのお供えは今は白モチだが、かつては白モチとトチモチを重ねた。

このほか大網の五つの集落を訪ねて聞いてみたが、正月の雑煮には、かならず白モチとトチモチ、カラトリ、油揚げは共通する。これに家により、ゴボウ、ニンジン、ネギ、キノコなどが入る。大晦日のザクビラはかならずカラトリイモが使われ、それに納豆汁とソバである。

大網の正月儀礼食をみると、水田稲作を象徴する白モチ、焼畑を象徴するソバ、畑作を象徴する大豆、カラトリイモ（里イモ）、それに縄文以来のトチの実（トチモチ）と、重層的な文化複合の姿が隠されているようだ。

大網より上にある田麦俣《たむぎまた》では、渋谷みえ子さんによると、大晦日の年取りには、納豆汁、それにカラトリイモ、マイタケ、トビタケ、大根、棒ダラ、カラカイ、油揚げの煮しめ。正月の雑煮は、トチモチ、白モチ、カラトリイモ、大根、ニンジン、油揚げ、ゴボウで、昔は粟モチ、草モチも雑煮に入れた。また、お供えは、白モチ、トチモチ、白モチの三重にする。トチモチの巾着も大黒柱の脇柱につける。田麦俣では、他の家でもトチモチ、白モチ、カラトリイモ、油揚げは共通する。

ところが大網から下の上名川、下名川などの村々では、正月の雑煮にトチモチを入れたり入れなかったりで、「トチモチ正月」の民俗が薄れてゆき、さらに落合から赤川下流の村々や鶴岡市街では正月の雑煮にトチモチを入れる風習はみられなくなるのである。(11)

出羽三山には、八方七口といって七本の登拝道があり、それぞれの寺院が登り口を支配した。湯殿山系では、注連寺の七五三掛口、大日坊の大網口のほかに、本道寺の本道寺口、大日寺の大井沢口、ほかの三口は羽黒山系で、羽黒山の羽黒口（手向）、日月寺の岩根沢口、阿吽院の肘折口である。これら登り口の寺社や宿坊などを調べてみた。

本道寺の光学坊の佐藤さだよさんの家では、正月の雑煮は白モチ、ゴボウ、ニンジン、里イモ、チクワ、糸コンニャク。トチモチを雑煮には入れないが、むかしはトチの実を俵に入れてイロリの上に保存した。戦時中にトチモチを作ったという。

大日寺があった大井沢の旧家・志田美子さんの家では、白モチ、キノコ、ゴボウ、油揚げなど、昔はトチモチとイモガラを入れたが、今は入れない。里イモはあれば入れる。昔はトチの実を天日に干したものをカマスに入れてイロリの上に保存しておき、三十年位前まではトチモチを作った。

岩根沢三山神社（旧・日月寺）では、雑煮は白モチ、里イモ、カラトリ、キノコ、油揚げ。同じく岩根沢の正伝房では、白モチ、トリ肉、コンニャク、凍豆腐、キノコ、ゴボウ。肘折の阿吽院では、白モチ、トリ肉、ミツバ。羽黒山の手向《とうげ》では、白モチ、カラトリ、油揚げはかならず入り、あとはダイコン、ニンジンなど、その家によって違う。

八方七口の出羽三山の登り口でも、注連寺と大日坊がある大網以外では、いずれも正月に入れるモチは白モチだけでトチモチは入れていないのである。ただ大日寺があった大井沢では、昔はトチモチを入れたといい、本道寺も大井沢でも飢饉に備えてトチの実を保存していたという。湯殿山系にはトチの実の民俗がかすかに残っているのは注目される。

さらに山形県には、十三市、二十七町、四村あるが、大網がある朝日村を除いて、これらの全市町村の教育委員会文化課や社会教育課や商工観光課に電話で問い合せたところ、正月の雑煮にトチモチを入れるところはまったくなかった。正月の雑煮にトチモチを入れるのは、山形県のなかでも大網と田麦俣だけに集中しているのである。大網は即身仏信仰の二大本山がある村、田麦俣も一世行人が仙人沢山籠の時には食糧をかつぎあげ、注連寺や大日坊から湯殿山に登る道者の世話をした村である。

出羽三山のなかでも、即身仏信仰の二大本山がある大網と、一世行人の仙人沢山籠を助けた田麦俣にだけ、正月の儀礼食として雑煮にトチモチを入れる風習があるのは、特別な意味があるとしか考えられない。そもそも正月の雑煮は神に供えた神饌《しんせん》を神と人間が共食する儀礼である。なぜ即身仏信仰を生んだ大網の村にだけ、トチモチ正月の風習があるのだろうか。

トチモチの製法

いったいトチモチはどのようにして作るのか。以下、具体的な製法を紹介する。最初は大網下村の渡部初恵さんに教えていただいた製法である。この家の先々代の渡部留次氏は、本稿でもたびたび引用する『朝日村誌』全四巻を著した優れた郷土史家で、いまから四十年ほど前の私がまだ若かった頃、注連寺や大日坊に行く前、かならず教えを乞いに訪れ、何時間も楽しい時間をすごさせていただいた想い出深い家である。初恵さんが作るトチモチはアク抜きがよくできているので、コクがあって美味しい。

① トチの実をひろってくると、一週間ほど水につけて虫を殺す。
② 充分に天日乾燥させる。

③　乾燥した実を熱湯の中に入れ、四時間ほどして表皮がやわらかくなったのを木製手づくりの皮むき器で皮をむく。
④　実だけになったのを袋に入れて、一週間か十日間、流水にさらしてアク抜きをする。
⑤　実を鍋に入れて煮て沸騰したら灰を入れてかきまわすと渋皮がとれてくる。これを洗ってきれいな実にする。
⑥　実を再び鍋に入れて表面がやわらかくなるまで煮る。
⑦　実を布袋に入れ、上に灰を入れた袋をおいて、上から熱湯をかける。一昼夜、箱に入れておくと、中までやわらかくなる。
⑧　これをスリバチでつぶして、ふかしたモチ米と一緒に搗くとトチモチができる。

次に紹介するのは、羽黒山麓の羽黒町手向《とうげ》のトチモチの製法である。十一月中旬、羽黒町のいでは文化記念館を久し振りに訪れた時、ちょうどお年寄りたちがトチの実のアク抜き作業をしていた。これは同館の学芸員・渡部幸さんが、地元の食文化を老人たちから教わり、若い主婦たちへ実践的に伝えようという試みの一つで、私もアク抜き工程を見せていただいた。

①　採集したトチの実を一ケ月ぐらいカラカラになるまで天日で干す。
②　バケツなどの入れ物に干したトチの実を入れ、ぬるま湯をたっぷりかけ、一晩つけてふやかす。
③　このトチの実の水を捨て、熱湯をかける。小鍋に適当量のトチの実を入れ、手を入れられるぐらいの温度を保ちながら温め、熱くなったらおろす。トチムキ器か金槌を用いて皮を割り、熱いうちに皮

をむく。

④　バケツなどに入れ、十日間くらい水をたっぷりかけ毎日取り替える。

⑤　鍋にトチの実を入れ、水がかぶるくらい入れて煮たてる。煮たてる時間は、実が堅い場合は五分くらい、柔らかい場合は一、二分。なおトチの実を煮る鍋は鉄か鋳物を使う。アルミ鍋だと変色したり穴が開いたりする。

⑥　この⑤の状態のまま、灰を杓子で二杯まんべんなく入れ、二、三分かき混ぜて火を止める。

⑦　トチの実すべてに灰をかけて混ぜ、鍋の中がどろどろになるまでにし、さらに上から灰をかけて蓋をする。

⑧　二日間そのままにしておくと、トチの実は黄色か茶色になる。

⑨　トチの実をザルにあけて水洗いする。

⑩　トチの実のシブ皮をナイフなどを使って取り去り、さっと洗う。

⑪　モチ米を蒸《ふ》かし、湯気が上がった状態になったらトチの実を平らに広げてのせ、再び蒸かす。割合は、一升のモチ米にトチの実五〇〇グラム。

⑫　モチ米が蒸し上がったら、臼にあけて搗く。

この羽黒町の製法では、④で水道水を何度もとりかえる方法でアク抜きをしているが、ふつうは実を網袋に入れて沢の流水の中でさらす。羽黒町でも最初は記念館の前を流れる堰の流水でさらしたが、鉄分が多い水なので失敗して、この方法にしているという。大網の初恵さんも羽黒町のも、トチの実を加熱処理後、灰あく処理、水さらし処理している点では共通する。

次に紹介するのは、現在の秋田県由利《ゆり》郡の木島元適が天保十年（一八三九）に書いた『飢饉覚帳』に載るトチモチの製法だが、あわせてシダミ（ドングリ）についても書かれている。(12)

しだみよくよく干して臼にてつき、皮を吹き飛ばすべし。あとの実を灰水にてよくよく煎るべし、その時鍋の中にふごを入れて灰水を取り、きわによき水を入れてその水のすむまで水をかえて煎るべし。それは何をまぜても色々のかてとなるべし。
とちの副法の事。とち拾ってきて一日一夜水にひたし置く。それより上げて干すこと幾日ともなく干すべし。概ねからからとなるまで干すべし、これよりぬるま湯に一日うるかすべし。そして鍋に入れ少々あつくして、鍋の中に手を入れて取るによき程のあつ目して、取ってつぶして皮を去るべし。これより渋出しと言うて二日ばかり水に入れて出すべし。水は幾度もかえて水のすむまで置くべし。煎る時はとじの少々出る程に水を入れるべし。少々煎り立ち上がる時、灰を見合いに入れてかきまわし、それより薦《こも》にうつして後先《あとさき》聢《しか》と結びて寝せ二日斗り置くべし。亦灰《あく》出しと言うて二日斗り水に入れて置くべし。この出しの時きざみてもよし粉にしてもよし、これとち餅の伝方なり、いずれこれを餅にする時は、餅米一升にとち二升位入れるが飢饉時は如何程にてもよし。

この方法もトチの実の皮をとってから、水さらし、熱処理、灰アク処理をしており、ほぼ大網村や羽黒町のと同じである。シダミ（ドングリ）も灰アク熱処理をしている。興味深いことは、モチ米と合わせたトチモチだけでなく、ゲル状、粉末状でもよいとしていることだ。またシダミ（ドングリ）も灰でアク抜きをしている。

次に紹介するのは、現在の山形県最上郡大蔵村の柿崎弥左衛門が天保九年（一八三八）に書いた『天保年中　巳荒子孫伝』に載るものである。(13)

栩《とち》　秋中沢山にひろい、能々干、火の上に俵に入上げ置べし、なま干なれば、いぐい申候物なり
但しかなづちにてつぶし、石臼にてひき、粉おろしに掛候、皮は粉おろしに留り候、粉にあく水を入、一夜置にがみ（苦味）ぬけ候、其後清水を入、さいさい（再々）水をかい（替）候て、一夜置候得ば、あく気去り申候、だんごにも餅にもよろし、製方悪しければ、腹中にさわり申候。
又方能干《よくほし》候栩に、あつ湯をかけ、桶にわら菰にてもふた（蓋）をしてしばらく（暫）うむし、うるけたる時皮をむきて木あく水に漬置く、うるけ過ては皮むけがた（難）し、皮を去り、四五日も漬け、又流水へ二三日漬る、取上て又々あく水に漬置、二三日過、食用だけづつ、其あく水にて煮るなり、能くに（煮）いたる時、さゆにて煮立、四五度水をか（替）へかへ煮る、あく気を去り、直くに米の粉に合せて餅にする、米の粉三分の一位合てふかし搗なり。

二つの方法が書かれており、一つは最初にトチの実を粉にして、灰アク水につけ、水さらしする方法だが、加熱処理の記述がない。二つめは、熱湯をかけてやわらかくして皮をむき、灰アク水に漬け、流水でさらし、灰アク水につけ、食べる分だけ灰アク水で煮、水を替えながら煮たてるという具合に、アク抜きを完全にしてトチモチを作っている。

次に紹介するのは、南部藩の横川良介が著した『飢饉考』に載る製法である。(14)

栃の製法、上皮を歯にてむき取、其後煮るの法したみの如し、水に晒すの時栃したみ共々俵にして流れ川なれは大によし、食様したみの如し、所に寄米蕨蕎麦の粉の類を加へ押て蕎麦切の如く切て既てたれ汁に薬味をかけて食ふ、是を押又切に手早ならされは乾き早く折れて摧《くだ》くる、其鬧敷いわん方なし、是を此国にての俗言に栃めんぼうと鬧敷事に云と是を栃麺と云。故に栃麺坊ふつたと云、方言いとおかし。姫岳麓辺の村にて是を搾へ食ふと云々。したみは灰水にて数度煮れは煮くたけとけるもの也、是を水にさらしざるに敷布をして通し団子にして蒸し臼にて能搗、麦の粉等を和して団子にし小豆或は汁に入食す、甚よし、くの木の実又上々也、栃したみ共粥或は食の糧にすれば栗には勝れりと。

トチの実の皮をむき、シタミの時と同じように灰アク水で煮て水にさらしてアクを抜き、米やワラビ、ソバの粉を加えて伸ばし、ソバ切りのようにして食べる。トチメンボウ（栃麺坊）という珍しい方法である。

次に紹介するのは、宝暦五年（一七五五）の飢饉の後、現在の岩手県胆沢《いさわ》町（上伊沢）の肝入・善左衛門が、父卯左衛門の飢饉のカテについての調査を藩に提出したものである。⑮

栩《とち》の実は上皮を去り、三日斗り流の水ならへ漬け置き、其の後右のとちの実取り揚げて鍋、かまなどにて随分煮候へば、一宇ゆのようににつぶし笊にてとおし桶へ水十分入れかき（立て）、段々上水こぼし、桶底になり候はばまた水十分入れかき立てすみ次第とほし、是も四、五度もどくを出し、但しとち粉壱升に米のしいな、扨ては大麦、小麦其の儘引きこなし、右の粉かきらず、さくずなど当分に取り合わせ、今時ならば山里の牛蒡葉か大こんなどを擣きからみだんご、もち勝手次第、若草を煮あげて三日斗り流れへひたし随分毒気を去りてよし、兼ねて五穀の類少々宛相加え候はば、来春に至り気力落ちず働きのさわりに成り申さず候。

この方法では、皮をむいたトチの実を流水でさらしたのち、鍋でよく煮てから、つぶして粉にし、水をはった桶に入れてかきまわし、沈澱させては上澄みを捨てることをくり返して精製しているが、最後の工程はクズ粉の精製法に似ている。ただ灰アク処理をどこにもしていないので気になったが、最近の研究によると新しいトチの実であれば、この方法でもアク抜きができるようである。尾関清子の実験によれば、新鮮な種子であれば、灰アク処理をしなくても、熱水のみでアク抜きが可能である。拾って一日水につけ、十五日間天日で乾燥したものについて実験しているが、乾燥しなかったものの方が、よりアク抜きができていた(16)。トチ粉ができると、シイナ、大麦、小麦などの粉を入れ、ゴボウの葉や大根などを入れてカラミダンゴにする。こうなると、モチ米を入れて搗いた美味しいトチモチとは違って、まさに救荒食らしい救荒食である。

次に紹介する秋田県仁井田《にいだ》の「天保四癸巳年記録」にもトチの実から粉をとる方法が記されている(17)。

石の上え置、槌にて砕き、其後臼にて搗能細になりたるを笊え上、灰水にて漉也、漉こと数へんすれは皮斗残る也、笊より通りたるを木めん袋にかけ粉をとる也。袋に残りたる之あも也、是を清水にて煮て糧とす、とちの実弐斗五升より粉五六升、あも弐斗位出るなり。

北上山地の岩手県岩泉《いわいずみ》では、乾燥させたトチの実の皮をむき、バッタリで搗いて半分か三分の一くらいの大きさに砕く。次に細かくなったトチを真水で煮沸し、最後に一週間ほど川に浸してアクを充分に溶かし出す。キナコをかけて食べ、一般にトチコガケと呼ばれている(18)。

トチの実の食べ方は、モチ米と搗き合わせるトチモチの場合とトチの実の澱粉を粥や団子状にして食べる場合があり、アク抜き技術も前者が灰アワセ、後者はコザワシとよばれ、新潟県の秋山郷、富山県の五箇山《かやま》、岐阜県飛騨の神岡町《かみおか》、白川町《しらかわ》、美濃の美山町《みやま》、徳山村《とくやま》にコザワシの製法が伝えられている(19)。

いま、農山漁村文化協会の『日本の食生活全集』をみると、トチの実をトチモチのように加工して食べるのは秋田、岩手、山形、福島、新潟、長野、山梨、栃木、群馬、埼玉、静岡、富山、石川、愛知、岐阜、三重、京都、兵庫、奈良、和歌山、岡山、広島、鳥取、島根、高知の各県にみられるが、モチ米と一緒に搗いてトチモチにしない例もある(20)。

栃木県の栗山村《くりやま》では、渋出しの終ったトチの粉をナベで煮て、ソバ粉を入れてすばやくかきまぜる。これを丸くにぎり、キナ粉をつけたものをトチモチという。静岡県磐田郡《いわた》水窪《みさくぼ》では、渋をとったトチの実とアワをナベで煮たたせ、アワがやわらかくなったころ、キビの粉を水に溶いて流しこみトチガユをつくる。高知県寺川《てらがわ》では、よくさらしたトチにトウキビ粉、ソバ粉などを混ぜ、湯でこねて丸め、熱湯に入れてゆでてトチダンゴをつくる。

野本寛一は、東北から信越・中部・山陰・四国にいたる広い地域でのトチの実の食法の調査をおこない、その食法には、粉状のコザワシ・トチコカケ、これにソバ粉などを加え熱湯で練るトチネリ・トチコカキ、練って固めるトチダンゴ・コザワシダンゴ・トチアンポ、トチ粉または塊に粟・稗・キビなどを入れて煮るトチガユなどがあり、これらは日常のケの食料であるが、これに対してモチ米を入れてつくトチモチはハレの食事だったという[21]。

堀一郎は四十年ほど前に、仙人沢の一世行人が木食行中に食べたのは榧の実、栃の実、蕎麦粉という伝承を聞いているが、この栃の実も、こうしたトチコガケやコザワシのような伝統的なトチの食法であり、粗末な救荒食だったのであろう。

『法華験記』に越後国の鍫取《くわとり》上人という平安時代の僧が、多くの薪を積み、その上に登って火をつけ、口に妙法を誦し、気体動かさずに焼身して死んでいった話が載るが、この僧は「苦《にが》き杼《とち》一百以上持ちて、十月一日に、土の室の裏に入りぬ。明年三月に、始めて室を出でたり。持ちしところの杼を見るに、猶し半分を残せり。国の中の貴賤上下、崇め重《おもむ》じて帰依し、来りて結縁す……」と、トチの実百個以上をもって土室に六ケ月入って修行したというのである[22]。これは仏教説話だが、トチの実は毒性物質サポニンを含むので、このトチの実は灰汁の加熱と水さらし処理をしたトチ粉のコザワシなのであろう。いずれにしても平安時代の木食行にもトチの実を食べることが許されていたことは実に興味深い。

山の技術と灰の文化

トチの実からデンプンをとりだして食用にするためには、水さらしだけではアクを取り除けず、灰を使った加熱処理が不可欠である。それはトチの実に含まれるサポニンとタンニンという毒性成分を除くためである。草木の灰には炭酸カリウム（K_2CO_3）が多く含まれている。これが水に溶けると苛性カリウム（KOH）となり、強いアルカリ性を示す。この強いアルカリでサポニンやタンニンを溶かして流し去ろうとするわけである。かつて中性洗剤などなかった時代、灰を使って洗い、油のよごれも石鹸のように分解させた。

灰のアルカリは洗浄能力と共に防腐、殺菌する力がある。小泉武夫によると、秋田県や山形県の猟師は、ウサギなどの獲物を捕えると、肛門から棒をさしこんでねじり廻して内臓を引き出し、枯葉と生葉を混ぜてウサギの上に覆いかぶせて火をつけて燻製にする。そして燻製になったウサギの肛門や口から灰を詰めこんでおく。こうすると五、六年は保存できるという。(23)

冬が寒い東北の山村では、家族はイロリの火を中心にして生活してきた。これは縄文時代まで遡る生活スタイルである。そのため山村では、イロリでできる灰のアルカリをさまざまに利用する知恵をもっていた。木の実や山菜のアク抜き、コウゾ、麻、シナなどの和紙や繊維の製造、紅花染などの染め物の発色、焼き物の釉薬、コンニャクイモをすった液を凝固させるのにも使われる。東北の文化、山村の文化は灰の文化であり、アルカリの文化といってもよいほどである。

特に私が驚いたのは、トチモチを作る時に、良い灰と悪い灰があり、悪い灰を使うとアクが抜けなくて失敗する。灰ならどんな灰でもいいというわけではないというのである。

そこでトチモチづくりには、どういう木の灰が良いかを大網と田麦俣で、トチモチづくりが上手《うま》いというお婆ちゃんがいる家々を訪ね歩いて聞いてみたのである。その結果、一番多かったのがナラとブナの木の灰で、何人かはトチの木の灰でもよいという答えを得た。杉などの針葉樹の灰ではアクが抜けないというのである。

そこで『日本の食生活全集』のトチモチづくりの記事に目を通してみたところ、灰の種類についてふれたものは少なかったが、山梨の「ならやくぬぎなど堅木の灰」、京都の「杉、ひのきなどの灰でなく、かなぎ（くぬぎ)」、兵庫の「堅い木の灰を長くねせておいたもの」、奈良の「とち、かしなどのかな木（堅木）の灰」、岡山の「くぬぎかならの木灰」鳥取の「堅木のもの」とある。このほか長野県北安曇《きたあずみ》郡では、ナラなどの堅木の灰がよく、岐阜県奥美濃の徳山村では老トチにできる幹の空洞の内側をこそぎとった木片（コクマ）でつくる灰がもっともよいという。(24)

一関（岩手県）の医師・建部清庵《たけべせいあん》は『備荒草木図』（天保四年）で次のように記している。(25)

食料の草木去毒の法、種々ありといへども、灰湯《あくのゆ》と塩味とを以て第一とす。仮令《たとひ》小毒ある物といへども、灰湯にて能く煠《ゆで》て、度々水を換へ浸し、或は流水に浸し置、洗浄、煎熟《せんじゅく》し、塩味を以て調食すれば、嘗《かつ》て害ある事なし。但し灰湯には、雑木の堅き木を焼たる灰をよしとす。松、杉などを焼きたる灰は功薄し。もし右にいへる製法を誤り、草木の毒に中《あた》りたる者あらば、白米を挽《ひき》わり、湯のごとく薄き粥に煎《に》て、塩か焼味噌を雑《まじ》へ、度々啜《すす》るべし。泄瀉《せっしゃ》してその毒解《どくげ》するものなり。

これは救荒食として山菜や野草を食べる時に、灰を使った加熱処理と流水による水さらしでアクを抜くこと、あるいは塩で調理することを説いている。そのなかでアク抜きに用いる灰汁について、雑木のなかでも材質がかたい種類の木を焼くのがよい。松や杉などを焼いた灰は効きめが少ない、と言明しているのである。

昨年、ちょうどトチモチづくりをしていた羽黒町いでは文化記念館を訪ねた時、学芸員の渡部幸さんに、どんな灰を使っているか聞いたところ、興味深い答えが返ってきた。

最初の年は、灰がいっぱいもらえる出羽三山神社のイロリでできる灰や大工さんからの灰を使ったが、よくアクが抜けなかったので、いまは温海《あつみ》などの知り合いからもらっているというのである。

出羽三山神社は羽黒山にあり、むかしから羽黒山は杉の多い山である。針葉樹の杉が多く、遠くから黒く見えるので、羽黒の地名が起ったともいわれている。また大工さんの灰というのは、古い家を壊した廃材を燃やした灰なので、建材の杉が多く使われている。いずれも杉の灰が多くてアク抜きに失敗したと思われる。

おそらくナラやブナ、トチ、クヌギなどの堅木の灰はアルカリ性が強くてアクがよく抜けるのだと考えられるが、長年の経験で山国で生活する人々には分かっていたのである。なお灰の代りに重曹（重炭酸ナトリウム、$NaHCO_3$）が使われることもある。

実は私がトチの実のアク抜きの灰にこだわって調べたのは重要な意味があった。

松山利夫によると、加熱処理型のアク抜き技術は、中部地方の内陸部から東北地方と北海道の西南部にかけてのナラ林帯（暖・温帯落葉広葉樹林帯）にみられ、西南日本の照葉樹林帯では加熱処理をしないで水さらしだけである。これは主としてトチの実やナラの実のドングリを食用としてきた中部以東の東北日本とカシの実のドングリを食用にすることが多かった西南日本に対応する。そしてナラ林帯の代表的な樹の種類は、ブナ・ミズナラ・コナラ・トチ・クリ・ホウノキ・カエデなどで、東北地方では、水田稲作が普及する弥生時代の中・末期以前には、ブナ・ナラ・トチ・クリ・クルミといった木の実を主食料とする生活をおくっていたのであろうという。[26]

渡辺誠によると、東北の縄文遺跡から出土する木の実は縄文時代前期はクリ、クルミが多く、中期には加熱処理のアク抜きを必要とするナラの実（ドングリ）が加わり、後晩期になると、クリ、クルミ、ナラの実に加えて、灰アク処理を必要とするトチの実が加わる。[27]

ここで再びトチの実のアク抜きの灰について思いだしていただきたい。美味しいトチモチができるのは、ナラ・ブナ・クヌギ・トチなどの堅い木の灰であった。

雪が多い東北地方のナラ林帯では、雪に強いブナが多く、ブナ林帯とよんだほうがよいほどである。ブナの実はアク抜きをせずにそのまま食べられ、ナラ、クヌギはブナ科に属するドングリである。トチモチのアク抜きに良い灰とされるナラ、ブナ、クヌギ、トチという木は、すべてナラ・ブナ林帯に生えている食用の実のなる木なのである。

縄文中晩期からトチの実が食用になるのも、縄文人の生活に身近にあった灰から偶然に発見されて生れた食文化の革命だったのではなかろうか。むろんアク抜きしたトチの実にモチ米を入れて搗くトチモチという食べ方は新しく、古くはトチの実のデンプンだけのコザワシ、あるいはカテを加えて食べるトチガユ、トチダンゴなどである。即身仏信仰の二大本山がある大網のトチモチには、遠く縄文時代に遡る東北の風土がしみついていたのである。

大網からもほど近く、同じ東田川郡朝日村の生沢《なめざわ》にトチの共有林がある。これは江戸時代に飢饉の時の救荒用に備えて涵養林を兼ねて植えられたものといい、現在も七〇〇本ほどのトチの木がある。現在は有志だけでおこなうが、かつては九月十日過ぎから十月にかけて、村人総出でトチの実をひろい、平等に分ける定めとなっていた。

木の実のなかでもトチの実は特に重要だったため、入会山のトチの木は勝手に伐ることは許されず、解禁日に村人がいっせいにトチの実をひろい、平等に分ける、という風習は石川県の白山麓や岐阜県飛驒地方などの山村にみられる。

岐阜県の飛驒白川村では、九月半ば以後、トチの実が落ちはじめると、七戸の家から二人ずつ出て、十日間ほどトチの実ひろいをした。全員でひろったトチの実は、定められた場所に持ちより、全部を七つに平等に分けた。トチの実は一戸あたり二石から二石四斗にもなり、各自家に持ち帰り、よく乾燥させて、カマスに入れてイロリの上の火棚や屋根裏に保存した。普通の年で一〇カマス以上あったという[28]。

こうしてひろったトチの実を家平等に分けるのは、トチの実が飢饉の時に生命を守る食糧だからである。なお正月のトチモチを食べる風習は、石川県白山麓の五味島《ごみしま》や白峰《しらみね》村、岐阜県の飛騨白川村など、トチの実を重視する地域にみられる。

長野県の山村では、娘を嫁にやる時、トチの木を一本付けてやり、娘は秋になるとこのトチの実をひろいにきた。あるいはトチの木のない家に嫁にやるな、などの伝承がある。

岡恵介は岩手県北上山地の安家地区で調査し、シタミ（ミズナラのドングリ）の食品化実験をもとに、成人一人当り一日に必要な熱量を一八〇〇キロカロリーとして興味深い計算をしている。一家族一〇人とした場合、アク抜き工程で流出分を一〇パーセント前後見込んでも、四石のシタミを貯蔵していれば、家族一〇人の七〇日分の栄養量が確保できるという。食品として腹もちの良さは重要であり、シタミは救荒食という性格をはるかに越えた冬期の基本食だったのではないかという。また、トチの実は大木なら一本から二石ぐらいひろえたといい、「ケガツ（飢饉）のためのトチの木が二、三本もない家には嫁に行くな」[29]という言いならわしがあり、シタミと違って、トチを明確に飢饉用とみなしていることに注目している。

トチの実は大木なら一本の木から大量に集められ、採集がしやすいこと、アクが強いのでネズミや虫がつきにくく保存性が優れていること、処理すればデンプンが安定して得られること、こうした利点から、特にトチの実が飢饉に備える救荒食として重視されたと考えられる。

木の実のほかに代表的な救荒食にワラビ根やクズ根からとれるデンプンがある。ワラビ根もクズ根も臼で打ちつぶし、デンプンの汁を桶に入れ、水を入れてかきまぜて底に沈澱させ、何回も水をとりかえながら精製する。ワラビ粉もクズ粉も上質なデンプンで和菓子の原料として使われている。地下の根茎なので冷害にも強いが、根茎はほとんどが繊維質なのでデンプンの含有量が少ないという欠点がある。これは岩手県遠野の北川勇吉さんから生前に聞いた話だが、ワラビ根は馬の背いっぱいに掘ってきても、家族七人の一日分しかとれなかった。毎日毎日山にワラビ根をとりに行くのがそれは辛いものだったという。

冷害で弥生型の稲作が凶作の時、木の実や草の根から水さらしや灰のアクヌキ処理でデンプンをとるという縄文的食文化が山村の人たちの生命を救ってきた。その点、採集と保存という点で、木の実は救荒食として優れており、なかでもトチの実は代表的な救荒食だったのである。

焼畑のソバ

木食行の時、ソバは食べてもよかった。ソバといってもザルソバみたいなソバキリではなく、ただソバ粉を湯か水で練っただけのソバガキである。

この話を最初に私が聞いたのは、一九六〇年代のはじめ、仏海上人の即身仏を祀る新潟県村上市の観音寺だった。仏海上人は、明治三十六年（一九〇三）に入滅し、昭和三十六年（一九六一）に学術調査で発掘され、翌年復元された即身仏である。そのため当時はまだ仏海上人に子供の頃に会ったという老人がいて、かなり具体的な話が聞けたのである。

その時、私が気にかかったのは、仏海上人は畑でできるものは、人糞の肥がかかっているので絶対に口にしなかった。ヤマイモでも山でとれる自然薯は食べたが、畑でとれるヤマイモは食べなかった、という話だった。その時私は、仏海上人が食べたソバというのは焼畑でできたソバではないかと思ったのだ。それは仏海上人が得度し住職もしたこともある注連寺のある大網付近は、焼畑でソバを作っていたからである。ちなみに注連寺は明治二十一年に火事で焼失し、仏海上人が住職になり、仏海上人に帰依する多くの信者たちの浄財で現在の本堂が再建されている。

注連寺や大日坊がある大網は、山の斜面にある山村なので、村の中の水田や畑の面積はせまいため、どこの家でもみな山の中で焼畑をおこなった。焼畑は草木を焼いた灰が天然のカリ肥料となるため、平地の田畑のように肥をまく必要がない。そのため、焼畑でとれるソバなら、山でとれる木の実やヤマイモのようにケガレていないので、木食行でも食べてよいことになる、そう思ったのである。

焼畑のことをカノといい、七月下旬から八月中旬のお盆の前にカノカリといって、雑木を伐り倒し、雑草や柴を刈る。八月のお盆のころ、乾燥した草や柴に火をつけて焼く。カノヤキの後、カノブチといって、種を蒔いて土をたたく。大網では、ふつう一年目はソバとカブ、二年目は小豆を作り、三年目に桑と杉の苗を植えた。一年目のカブは赤カブの温海《あつみ》カブで、二年目に土壌が良いところでは大豆も蒔いている。桑を植えたのは養蚕が盛んになってからで、杉も建築材として植林された頃のことである。夏の終りに焼畑に蒔いたソバは、雪が降る前の十月下旬には収穫できた。

ところで焼畑と飢饉の関係について、山形県尾花沢市牛房野《ごぼうの》を調査した研究がある。カブは寒さに強く、焼畑で夏の土用にカノヤキをして種を蒔くので、凶作の兆候があれば、それに対応して増産できるため、焼畑のカブ作りが東北の山村でおこなわれたのは、冷害に強いというカブの特徴を人々が熟知し、それを凶作や飢饉の備えにしたと指摘するが、これは疑問である。(30)

たしかにカブは地中で育つ根菜類なので、気温の影響が少なく、とくに赤カブはシベリア原産の冷害に強い植物である。しかし、カブがいくら冷害に強いからといっても、あくまでカブは増量剤としてのカテである。人間が生きてゆくためには、エネルギーになる炭水化物、蛋白質、脂肪が必要だが、カブはこの三大栄養素をほとんど含まない。むろんビタミンやミネラルなどが必要なことはいうまでもないが、それはまず人間が生きていての話だ。

いま、科学技術庁資源調査会編『四訂食品成分表』により、食品一〇〇グラム当りのエネルギーをみると、カブ（根・生）は一八キロカロリーで、ソバ（全層粉）の三六一キロカロリー、トチの実（乾）の三六五キロカロリーと比較すれば、カブは約二〇分の一にすぎない。カブは一個（一五〇グラム）で二七キロカロリーである。すると成人一人が一日に必要なエネルギーを一八〇〇キロカロリーとすれば、カブなら一日に約六十七個も食べなければならない計算になる。

牛房野の焼畑のカブは大根型の赤カブで、『食品成分表』の丸い白カブとは異なるが、いずれもアブラナ科の越年草で本質的にそう変りはない。ただ飢饉文書や救荒書を読んでいると、飢饉には山野草をいっぱい食べるので塩や味噌を食べるようにと書かれている。建部清庵の『民間備荒録』にも、八十七種類の山野の草根木皮の調理法と解毒法が書かれているが、特に貧民が味噌を食べずに木葉草根だけを食べるから毒にあたると述べ、貧民のために米ヌカで味噌を作る方法を教えている。[31] 野草や山菜はカリウムを多く含み、体内に蓄積されると有害で、体外排泄に食塩（塩化ナトリウム）が必要であるという。[32] 赤カブは漬物にすれば美味しいので、塩分の濃いミソ漬けやヌカ漬けにでもしておけば、山野の雑草を多く食べる飢饉時には、カリウムをナトリウムに置換して体外に排出できるという効能はあるかもしれない。

私は子供の頃、戦後の食糧危機を体験した。ほとんど大根ばかり入ったカテメシとか、土手でつんできたヨモギが大量に入った団子やスイトンなどを毎日食べさせられたため、カブや大根はいくら食べてもすぐに空腹になり、腹のたしにならないことは子供心にも知っていた。飢餓に追いつめられた時、人間は本能的に身体で考えるものだ。
凶作が予想できた時、人々が焼畑に蒔く作物として選ぶのは、カブよりソバだったのではなかろうか。あるいはカブを蒔くのを減らしてソバを増やしたのではなかろうか。焼畑のソバとカブは中国東北部（旧満州）やシベリア方面から入ったとされる寒さに強い北方系の作物である。(33)

現在の暦で八月のお盆すぎ、この時期は焼畑に種を蒔くカノブチの頃であり、稲の開花期に当っている。夏の強い太陽のもとで、稲はいっせいに開花し受粉し、籾粒の中で細胞分裂が起り、秋には実が稔って稲穂がたれるのである。しかし、この時期に太陽が照らずに低温がつづく冷夏だと、稲は開花できずに、稲の籾粒はシイナとなり、稲穂は青立ちのままで凶作となる。稲の開花期の天気で凶作は予想できる。ちょうどこの時期は焼畑のカノブチなので、ソバを多く蒔いて凶作にそなえたのではないか……。(34)

凶作とソバの関係について、市原篤焉の『篤焉家訓』に興味深いことが記されている。

凶作の翌春、苗不足にて田植成りがたくば、田へ蕎麦を植うべし。必ず稗を植えることなかれ。稗は土気を吸取るもの故、四、五カ月間が間は熟田に成り難し。夏に至りて蕎麦を植え候えば、其年一カ年、米の損失になりて、翌年より元のごとく熟田に成るものなり。心ある者、是等の処、能々考うべきなり。
篤焉云。年の作合・吉凶を見る事。二百十日の出穂を待つに及ばず、春夏の間、気候を以て考え知るべし。必ず疑うことなかれ。

これは焼畑のソバではないが、凶作の翌春、種籾がなく苗が不足している時はソバを蒔け、稗は土質を悪くするからやめろ、夏になってソバを蒔けば、その年、米がとれなくても翌年には田は元のようになる。ソバは土質を荒さない植物である。そして稲の豊凶は、春夏の天候をよく見ていれば、秋の二百十日の出穂を待たなくても分かる……、というのである。

これを先の焼畑とソバの関係に置き替えれば、秋の出穂をみなくても、夏の開花期の頃の天候をみていれば予測がつく。凶作になりそうだったらソバを蒔け……。という意味に読み替えることもできる。

最近、ソバと飢饉の関係を示す「天保ソバ」が山形で話題になっている。数年前、福島県の旧家の天井裏から、ソバの実がいっぱい詰まった俵が六俵発見された。これは天保の大飢饉を生きぬいた先祖が、非常食として子孫のために残し、代々受け継がれてきたものであった。その俵は三重になっており、俵と俵の間の隙間には木炭の粉と灰がびっしりと詰められていた。このソバを山形の製粉会社の社長や有志が集まり、苦心の末に発芽させて収穫することに成功し、「天保ソバ」と名づけて、いま種を増やす試みがつづけられている(35)。

興味深いことは、三重の俵の隙間に木炭の粉と灰が詰められていたことである。炭は防湿効果があり灰は防腐・殺菌効果がある。あきらかにソバを飢饉の時のために変質しないように保存しようとしている。ソバもまた救荒食だったのである。

松皮モチ

湯殿山で最初の即身仏となった本明海上人は五穀断を三年、十穀断を三年、松の皮を五か月食べた、と伝えられている。

この本明海上人が食べたという松の皮とは、代表的な飢饉食である松皮モチと思われる。松皮モチは松の表皮と芯の木材の間の甘皮をアク抜き処理をして食用にする方法だが、その製法を紹介する。

松皮餅　上皮を去、灰水に煮　其後石のうへにて能たゝき、又灰水にて煮　臼にて能つき、糯のふかしをましへ搗也、但シ叩様の麁相なると糯の不足なるはしなくて不宜

これは秋田の「天保四癸巳年記録」[36]に載るものだが、松のごわごわした外皮と芯の木材部分の間の甘皮（中皮）を灰水で煮てアクをとり、石の上でたたき、また灰でアク抜きをして臼で搗く。松皮はほとんどがセルロースなので、松の強いアク抜きとセルロースの細かい切断をおこなっている。

『聞き書　山形の食事』に、次のような具体的製法が載っている。[37]

赤松の中皮は灰汁でゆで、三日くらい水にさらす。これをよく洗ってからまないたにのせ、繊維を切るようにすりこぎでたたく。もち米五升にたたいた皮二、三にぎりをのせ、一緒に蒸してもちに搗く。薄紅色で松の香りのする、しなやかな、あしの強いもちになる。きな粉をつけたり、甘味の少ない小豆あんをまぶして小豆もちにしたりして食べる。

これは灰汁の加熱と水さらしによるアク抜きとセルロース切断をしている。大網でも松皮モチを食べたという老人に何人か会ったが、アク抜きとセルロース切断という原理は同じだった。ただこの山形の松皮モチはモチ米の量が多く、救荒食としての松皮モチとは異なっている。

秋田の本荘では、三月三日の節供に、松皮モチをおひな様に供えて祝餅として食べる。(38)

秋から春にかけて赤松の外皮を取除き、その下の煉瓦色の軟らかい皮だけを剝ぎとる。これを一晩水につけ、それから半日位、重曹または灰汁に入れて煮る。軟らかくなってから水を切って、金槌か鉈の峰で筋がなくなるまで叩きつぶす。糯《もち》米が蒸け上がった頃、この軟らかい松皮を丸めて蒸籠の上で暖め、いったん糯米だけを臼で搗く。搗き上がった餅に、一臼につきおにぎり大の松皮を七〜八個入れて、さらに搗く。

これもモチ米の方が多い松皮モチなのは節供の祝餅だからであろう。次に紹介するのは現在の山形県大蔵村の柿崎弥左衛門が書いた『天保年中　巳荒子孫伝』に載る製法である。(39)

松の皮　生にまつの皮をはぎ取、灰《あく》水にて和らかに成る程とくと煮る、夫よりあく気を取細かにきざむなり

右製法沼の台村組頭勘（右）衛門寂上に罷越、態々見習参候に付、私宅へ呼寄せ、心見(試)に拵させ候処、随分食用に相成ものゆへ、枝郷惣組頭呼び候て、右松皮餅を搗候てふる舞候所、其仕方覚ひ候て、組下におしへ候に付、専ら村方にて相用候、能々入念製し候得ば、腹中さわりなし。

但し、幾分若き松の皮を取、水沢山に入、とくと煮候て和かに成たる時取上け、流水に一夜つけ、あくの気をとり候、其後こまかにきざみ、臼に入つき、和らか成る処斗(計)、米の粉にまぜてふかし搗なり、山牛房餅と同し、小豆にて食す。

松皮のアクをとるのに、灰水で煮る方法と灰を入れないで煮てから流水でさらす方法を記している。後者は米の粉にまぜてふかして搗いている。次に紹介する二例は、南部藩の横川良介『飢饉考』(40)による。

一、松の合皮臼にて搗くたき細末にして煮揚晒して五穀の中何成粉にして加ひねり合餅にして甑にかけて蒸し食ふ至極能もの也、栃したみの団子類には遥に勝りて味も能身に障りなし、若木の皮は悪し、古木の皮大によし、老か為なる歟、街道筋の並木を多く皮を剥取て枯木多かりしと、曾て食て試るに大に食能ものなり。

一、松の皮は先松の木のうへの薄皮箒の類にて能々掃取、其後下の厚皮を削り取る、但深くへぐ時は青みの合皮へ通りやに涌出て制し難し、曾喰れさるもの也、右皮臼にて搗《つ》くたきふるひにて通し皮壱升あれは粉弐升程になる也、沸湯にて煮鐺のふたをして一夜置て翌日敷布にて通し米或は麦蕎麦蕨の粉等を和し団子にして小豆に入或は豆の粉にくるみ食す甚よし、凶作の気候に是を食へは気候に当らす、身の養生と成と。

前者は五穀のうちの粉と合せて蒸して食べ、後者はコメ、ソバ、ムギ、ワラビ粉と和して団子にし、小豆や豆の粉にくるんで食べている。(41) 次に紹介するのは、上伊沢新里《にいさと》村(現岩手県胆沢郡胆沢《いさわ》村)の肝入善左衛門が藩に提出したものである。

松木五尺程候得ば、皮あかくそろへ申す物にて、まつの下へなんぞ敷物しき竹へらなどにてこそけ落し、右の皮を集め随分天日にてほし、うすにてつき、粉にして用ゆ右粉袋へ入れ二、三度入れ《ママ》猶亦渋出し去り、但し松の粉壱升、米しいな弐盃、さくず弐盃、わらび花壱合ほど入れ、右さくずはよきほどいり（煎）て入れ可く、だん子漉《ママ》によし、まめ粉にしてよし

この製法では、松皮を粉にしてからアク抜きしているが、この方がアクがよく抜けたであろう。混ぜるのがモチ米や米粉などではなく、シイナ、サクズ、ワラビ粉などを加えて団子にしており、いかにも飢饉で食べる救荒食である。本明海上人が食べたというのも、こうした救荒食のような松皮モチだったと思われる。

松皮モチに似た救荒食にワラモチがある。山形県最上郡最上町の星川家文書に、藩から通達された次のようなワラモチの製法が記されている(42)。

生藁を半日程水につけ置、阿くを出し、能々砂を洗ひ落し、穂を去り、根元之方より細かにきさみ、夫をむし候而干シ立煎候上、臼ニ而挽き、細末に致し、右藁の粉壱升江米の粉二、三合程入、水ニ而こね合、餅にしてむし候を臼にてつき候ハバ、弥以宜候、餅のようにしてむし候か、又はゆで候而、塩か味噌を附食申候、きなこハ猶宜候、右米の粉の代りにハ葛・蕨の粉又ハ小麦の粉随分宜候
右藁餅の仕法、色々に致し試候所、書面之趣の仕方候得バ、随分食能く御座候、焼餅ニも致見候得共、是ハ風味不宜候、然共食兼候程ニハ無之候、当時青立藁沢山御座候間、村方之者共仕馴候ハバ、夫食之足ニ相成可申候、

稲のワラも松皮と同じようにセルロースが主体なので、アク抜きしてから、細かく刻み、蒸して乾かし、

煎って石臼で挽いて粉にする。この粉一升に米の粉二、三合入れて、餅にして蒸すか、ゆでて塩か味噌をつけて食べる。

『聞き書　山形の食事』に、実際にワラ餅を作る行程が、写真つきで載っているので紹介したい。この方法は山形県飽海《あくみ》郡南平田村（現・平田町）の長谷部実さんが、父親から聞いていた家伝来の製法に自分で考案した手法で食べやすいように改良したものといい、昭和九年（一九三四）から翌年の飢饉の時に県内各地を指導して廻り県知事から感謝状を受けたのだという。

材料とする。
　葉をすぐった稲わら一束（一〇把）を用意し、根元から二寸（ずい虫が入っている部分）と先端のみご（芯）の部分一尺ほどを押し切りで切り除き、中央部七、八寸をさらに二寸五分ぐらいずつに切って

まず鉄釜に五升の湯を沸かして切ったわらを入れ、棒でかき回しながら約一時間煮たところへ、苛性ソーダを五〇匁加え（従来の方法では木灰を用いたが、わらがやわらかくならなかった）、なおかき回しながら二、三時間煮る。それを養蚕用のかごにあけて一、二昼夜流れ水にさらしておき、これをたどん状に丸めて水気をしぼる。容量で約三升となる。これを薄くのばして乾燥しておけば何年でも保存できる。つぎにもち米一升を洗って一晩ざるに入れておき、水を切る。別にしな米（未熟米）二升をひき臼でひき、水を加えてやはりたどん状に丸める。

せいろにあみ（甑布《こしきぬの》ともいう麻布）を敷き、水を切ったもち米を入れて約二〇分蒸し、つぎのたどん状に丸めたしな米の粉を二、三個にちぎりながらのせ、約二〇分蒸す。最後にわらを煮て丸めたものを薄くちぎってのせ、約一〇分蒸して臼にあけて搗く。塩あんを包んだり、大福の形に丸めておき、

焼いてきな粉をつけたりして食べる。

この製法は、強アルカリの苛性ソーダ（NaOH）を入れて、ワラをやわらかくするところが改良点である。流水でさらし、しぼったワラをシナ米粉とモチ米と蒸して臼で搗く。

ワラは松皮と同じで、ほとんどがセルロースであり、馬や牛などのように、人間はセルロースを消化することができない。このワラモチでは、精製したワラ三升に対して、モチ米一升、シイナ米粉二升と同量の炭水化物を加えている上に、小豆のアンや大豆のキナ粉という蛋白質と一緒に食べている。ワラモチといっても実際には一見すると主体にみえるワラは増量剤のカテにしかすぎない。最上郡のワラモチの場合も、ワラの粉一升に米の粉二、三合を入れている。この二、三合の米が炭水化物のエネルギーになるのである。

こうして食べてもエネルギーにならない松皮やワラが救荒食として選ばれたのは、そのイメージからであろう。そもそもワラモチは、「凶作で実が結ばなくても、ワラの中には栄養分がいくぶんなりとも残っているのではないか」という考えから生れたという。松皮モチも三月の節供の祝餅とされるのは、松竹梅のおめでたい植物であり、松を背景に白髪の老翁と老婆が立つ高砂の不老長寿のイメージである。

すでにワラモチは江戸時代の庄内でも知られており、『酒井家世紀』に、天明三年（一七八三）に、ワラ餅を食べれば格別に力がつくと推奨した記事が載る。少なくとも真如海上人の頃には、ワラモチが作られていた。

しかし即身仏になった一世行人は、同じ救荒食でも稲のワラは食べなかった。水田の稲作でできるワラではなく、稲作以前から東北の山野に自生する松の皮であった。

そして即身仏になった一世行人が木食行の時に食べたという木の実、ソバ、松皮はすべて東北に水田稲作が入ってくる以前からの植物であり、飢饉の時の救荒食だったのである。

飢饉と即身仏

湯殿山の即身仏信仰は、飢餓の宗教だった。湯殿山に即身仏信仰が生れた要因の一つに苛酷な社会経済史的な背景があったことは、すでに拙書『日本のミイラ信仰』などで指摘してきたところである。

湯殿山で最初の即身仏になった本明海上人が断食死して入定する頃の庄内地方は、藩政確立期の政治の矛盾が一気に噴出する時期にあたっていた。

元和八年（一六二二）、山形一帯を支配していた最上家が改易され、その領地五十二万石は細分割され、庄内藩十三万八千石には、信州松代《まつしろ》から酒井忠勝が転封されてきた。各藩では藩政をたてなおすに急なあまり、年貢のとりたては苛酷をきわめ、庄内藩でも遊佐《ゆざ》郷の大肝煎の高橋太郎左衛門が弟・長四郎と共に江戸にのぼり、圧政に苦しむ領民の窮状を直訴する事件が起った。

重税による藩財政のたてなおしにより、転封後ほぼ三十年で、庄内藩は産業経済の発展期に入っていったが、その後も容赦のない農民統制策がとられ、貧農層が激増する一方で、富農の間には徐々に富が貯えられ、農村部の階層分化が進んだ。富農や地主はこうした貧農層を低賃金労働力として、さかんに新田開発をおこなった。藩でも新田開発は税収入の増加になり、税率を下げて優遇したため、元和九年（一六二三）から明暦元年（一六五五）の三十三年間に、約一万六千石余もの新田開発がおこなわれた。庄内藩の実質的な石高も増え、〝米どころ庄内〟の基礎もこの頃作られるのである。しかし、もともと亜熱帯の植物である稲を、寒冷な東北で急激に増産しようとしたことが、後に飢饉を拡大し悲劇を生むことになる。

こうして庄内の経済も発展したかにみえたが、豪商や富農たちが貯えた増収分は商品化されて領外に流出し、藩財政の増加にならないばかりか、逆に経済の高度成長はインフレを起し、藩財政を圧迫した。寛文十一年（一六七一）に郡代になった高力忠兵衛は一転して緊縮財政をとったが、そのしわよせは町人の不況、農民への年貢増大という形であらわれ、潰れ百姓が続出した。

延宝三年（一六七五）の庄内は、それほどの凶作ではなかったが、乞食に出る者多数、餓死する者数千を出し、五、六年のうちに潰れ百姓が四、五千軒も数えるほどであった。本明海上人が五穀断を開始したと伝える年をみると、まさにこの年にあたっているのである。

延宝五年（一六七七）、庄内は一揆寸前の空気につつまれ、江戸にいる藩主・酒井忠義に急報され、一揆を予想して厳戒体制がしかれた。しかし飢えにあえぐ農民の不満は阻止できず、天和元年（一六八一）五月、中川通りの農民が巡見使に直訴して高力忠兵衛は失脚した。(43) 本明海上人が入定したのは天和三年（一六八三）というから、この直訴の二年後ということになる。本明寺の「本明海宗和上人即身即仏略縁起」によると、その最期は、天和三年閏五月八日、「我今年仏にならん　末世の諸人　善心の信を頼む心願ハ如何なる事にても成就せしめん」と遺言し、六十一歳で入定し、三年後に開きみると、即身仏となっていたと記している。

本明海上人に続いて、忠海上人の即身仏が生れた。寺院によれば、忠海上人が入定したのは宝暦五年（一七五五）だが、この年は東北地方を歴史的な大飢饉が襲った年であった。

宝暦五年の天候は、六月の土用に雨が降り続いて冷夏になった。七月に入ると十五日から三日間大雨となり、八月十七日に早くも霜が降り、稲ばかりでなく、山畑の蕎麦、粟なども稔りを害されてしまい、大凶作にみまわれたのである。人々は山野に入って蕨の根を掘り、粉を採って餅にして食べた。蕨根のほか、野ひる、ふき、うるえ、きりこ、ていん、がざ木葉、まきは、あざみ、山牛蒡《やまごぼう》、たんぽぽなどの野草を食べた。十二月に入ると、村々でもこれまで残していたわずかの砕米なども食いつくしたので、豆がらを煎ってシイナ米に挽き合せ、香煎にして湯を入れて練った豆がら餅、蕨粉のたれからの煎り粉に粉糠《こぬか》を練りまぜた蕨根餅、粟の粉の香煎、青引豆のかてかゆなども食い、漆の実のキナ粉に大豆餅をつけて食って飢えをしのいだ。こういうものを食べたため、「大腸不通」になって難儀する者が多く、町には顔色青白く、やつれた姿で物乞いして歩く人が日に日に増えていった（『豊年瑞相記』(44)）。

翌六年、悲人《（ママ）》もしだいに増え、二、三千人にも及んだ。だんだん弱って、毎日五人十人と死に、はじめのうちは寺の境内にうちに葬っていたが、だんだん死人が多くなり、道ばたに深さ一丈五尺、幅九尺の穴を掘り、毎日この穴に死体を捨てるのは、目をおおうばかりだった（『末世之立鏡』(45)）。

七月中旬、田に穂が出揃ったが、無数の虫が現れて稲にとりつき、稲を刈らしてしまった。この稲虫は田の畔に生えている莧《ひゆ》という草から生じる小さな足の速い虫で、被害の甚しさに人々は驚き、「餓死の者共執心虫と成て稲を喰ふと評判せり……」（『豊年瑞相記』(46)）と、この虫は食物を求めて無念の死を遂げた餓死者たちの亡魂であろうと噂しあった。これらは山形県の最上地方の宝暦大飢饉の記録である。

本明海上人と忠海上人は、共に注連寺で得度を受けた注連寺系の即身仏であるが、大日坊でも真如海上人の即身仏が生れた。

真如海上人が入定したのは天明三年（一七八三）だったと伝えているが、天明三年も歴史的な大飢饉の年だった。

特に津軽や南部の被害はひどく、「夫《おっと》を欺《だま》し打殺して是を喰、我子をも鎌にて一打にてうちころし、頭より足迄食し、夫《それ》より倒死の死骸を見付是を食とし、又々墓々を掘返し死骸を掘出……」（「天明卯辰簗」(47)）などと、飢えのために人間が人間の肉を喰うという地獄絵図のような話が多く残されている。天明五年（一七八五）に津軽を旅した菅江真澄や寛政二年（一七九〇）に南部を旅した高山彦九郎もこうした天明大飢饉の惨状を書き残している。

菊池勇夫によると、津軽藩では逼迫した藩の財政をささえるために、藩に備蓄がなくなるまで大坂へ米を移出し、凶作が明らかになる頃には他領から米を買入れることができず、飢饉の惨状を拡大した。また盛岡藩は大豆を換金作物として特産しており、稗や粟の栽培面積を減らしてまで大豆を増産させ、藩で徹底して買いあげたために飢饉の被害が大きくなったという(48)。

こうした津軽や南部をすてて地逃げする者も多く、「当年大悪作、諸国とも凶作にて南部津軽田畑とも総作前代未聞にて作り倒れとて大勢集まる……」（『大泉叢誌』）と、庄内地方にも流れてきた。

大日坊への坂道に、巳待塔と彫られた石碑があり、一名バケモノ塔婆とよばれている。天明三年から四年にかけて、秋田方面から乞食の群れが庄内ものと合流してここまで流れこみ、飢えのため野たれ死にする者数を知れず、その時の多くの餓死者をまとめてここに葬ったところと伝えている。

天明三年の大網村の天候は、「誠に悪稲に長雨大風五六度、立穂に雪壱尺余ふる……少しの消間に漸々刈り取る、追々の雨風にて吹ちらされ　又雪壱尺もふり稲見えざるようになる、　霜月廿日頃迄ぬれ稲漸々取りしまい　夫より霜月末より極月にかけて　くづ根をほる事すさましき事なり」（『聞書明細記』(49)）。

大日坊の境内に高さ三メートルほどの石造宝篋印塔《ほうきょういんとう》があり、下の台座石垣の正面に「奉再建石垣　天明三癸卯年五月吉祥日　当寺現住宥栄　願主木食真如海」と彫られている。真如海上人が天明三年五月に石垣部分を再建しており、真如海上人の入定は五月以前にはありえないことになる。地元では、真如海上人は、天明三年八月に、大日坊近くの大日山で土の中に入り、鉦をたたきながら断食死し、入定していったという話が伝えられている。八月には冷害で来たるべき大飢饉は決定的となっていた。

湯殿山信仰は文化文政期に最盛期を迎えた。文政五年（一八二二）、円明海上人が入定したと伝え、現在、忠海上人と共に即身仏として海向寺に祀られている。特にこの時期、鉄門海上人の活躍がめざましかった。文化九年（一八一二）、鉄門海上人は大山から加茂の港にぬける加茂坂の第一期改修工事を完成させた。鉄門海上人がこの工事を発願したのは、ある日、一人の老婆がここの急坂をあえぎながら登ってゆくのを見たためという話が語りつがれている。

また文政四年（一八二一）、江戸両国の回向院《えこういん》で注連寺の本尊・大日如来が出開帳された時、鉄門海上人は江戸で悪性の眼病に苦しむ庶民を見て、自ら左眼を抜き取り、両国橋から投じて龍神に悪疫退散の祈願をしたという伝説もある。仙人沢山籠修行にもたびたびいどみ、文化十四年（一八一七）に二千日、文政十二年（一八二九）に五ケ年の修行を終えて下山している。

鉄門海上人の最期は、一九六五年に私が発見した「記録帳」という古文書によって明らかになった(50)。鉄門海上人は文政八年（一八二五）九月二十六日から仙人沢山籠修行を始め、五年後の文政十二年八月十九日に下山し、海向寺に帰り、二ケ月後の十月十八日から病の床につき、十二月八日に入滅し、遺体は十二日に注連寺まで運ばれ、十三日に二重の棺に入れられて注連寺の新山権現堂の後ろに埋葬された。

鉄門海上人の遺体は、その後、掘り出されて即身仏とされたわけだが、その時期は、ふつう土中で入定してから三年三か月後と伝えられている。すると文政十二年十二月から三年三か月後というと、天保四年（一八三三）ということになる。天保四年は、宝暦五年、天明三年と共に、東北を襲った歴史的三大飢饉の年であった。

天保四年は前年の凶作で食糧が欠乏していたが、春四月ごろまで無事にすぎた。ところが五月に入ると梅雨に入ったのに雨は降らず、しかも曇りで寒い日が続き、旱魃で農家は困った。ところが、六月土用になると篠つく大雨が続き、二十六日には最上川をはじめ庄内中の河川が大洪水を起し、酒田の御蔵米も水びたしになり、作物も全滅した。その後、八月下旬から冷気が増し稲穂には実が入らず、九月に雪が二尺も降って稲は濡れ腐って全滅した。十月二十六日には大地震が起り海岸近くの村は津波に襲われ、この年の庄内地方は「天災地変一時に重なり、飢饉此年に極りぬ」という大飢饉になったのである（『洪水凶年慈悲心鳥』[51]）。

新潟津川の観善房という山伏が、天保五年（一八三四）二月に代官に出した書状に、「天保四年は五十年来の凶作にて、庄内の人民苦労いたし居る故、修験の身として、それを見るにしのびず、故に二月二十一日より四十八日間五穀を断ち、湯殿山に籠って三日間断食いたし、四月八日は、その満願の日にあたるので、田家町家にかかわらず、家毎に香花灯明を供えて信心する様、庄中一統に御触渡し願いたい」という意味のことが書かれている[52]。この書状は当時の湯殿山の仙人沢に山籠しておこなう木食行や断食行が、はっきりと飢餓におののく民衆救済の祈願の意味をもっていたことを示しているのである。

天保年間は元年、三年、四年、六年、七年、十年、十二年と、ほとんど連年のように凶作が続く飢餓の時代であった。一世行人たちが山籠が終って仙人沢に立てた仙人沢山籠記念の石碑をみても、これは現在のように整備されて並べられる以前の一九六四年に調べたものだが、江戸時代のものは寛延三年（一七五〇）以後二十二基あり、そのうち天保年間のものが約半数の九基を占める。当時の行者たちが津川の観善房のように、凶作に苦しむ人々の祈願のために仙人沢に競って入り木食行をしたことを物語っている。

湯殿山系即身仏の入定したと伝える年が、異常な重税や飢饉に苦しむ年にあたっていたが、古文書や仙人沢山籠碑から一千日、二千日を逆算して、仙人沢山籠を開始した年をみると、ほとんどが凶作、天災、疫病が流行した年にあたるのである。たとえば鉄門海上人の最後の仙人沢山籠で五年の修行が終って下山するのが文政十二年八月なので、仙人沢山籠を始めるのは文政七年である。この年は旱害と水害にやられた年であった。

南岳寺に即身仏として祀られている鉄龍海上人も、雲海という一世行人と安政六年（一八五九）に仙人沢山籠を開始したが、この年は四月に雹《ひょう》が降り、七月に未曾有の大風雨、大風害、洪水に襲われ、八月初めより酒田に暴瀉病（コレラ）が大流行し、それから庄内各地に広がった。そのため庄内藩主以下八名が病魔退散の祈禱を注連寺と大日坊でおこなっている。仏海上人が山籠開始した元治元年（一八六四）は、長州征討の費用がかさみ、異常なインフレで庶民は苦しんでいた。

即身仏を調べると、即身仏を生みだし、即身仏信仰を支えてきたのは、〝飢餓の風土〟であったことが明らかになってくるのである。

即身仏・肉体を飢饉化して祈る

湯殿山の即身仏が入定したと伝えられる年や即身仏になったと推定される年をみると、すべて飢饉の時代だった。重税にあえぐ社会を背景に本明海上人の即身仏が誕生して以後、宝暦、天明、天保の歴史的な三大飢饉を背景に忠海上人、真如海上人、鉄門海上人の即身仏が生れている。

そして何よりも注目すべきことは、即身仏修行で一番大切な木食行で口にするのが、木の実や松皮など、飢饉の時に食べる救荒食であったことだ。即身仏を志す一世行人は仙人沢山籠の後も一生の間、木食行をつづけ、最期は断食死して入定する。

飢饉の時に飢餓にあえぐ人々を救うために飢饉食をとり、木食行や断食をして、一心に祈る一世行人たちの姿は、どれほど飢えた人々の心の支えになったかはかりしれなかったと思う。

湯殿山の即身仏の本質的な思想は、自らの肉体を飢饉化して祈ることだったのではなかろうか。

湯殿山の即身仏は一世行人の海号が示すように、空海入定《にゅうじょう》伝説の弥勒信仰の影響を受けている。五十六億七千万年後に弥勒菩薩が衆生救済に下生《げしょう》してくるまで、入定して身心を保ち、弥勒菩薩の手助けをしようという仏教的な救世主信仰である。しかし飢餓にあえぐ人々にとって、そんな遠い未来の救世主より、今すぐ弥勒菩薩が必要だった。そうした民衆の期待に応えて生れたのが湯殿山の即身仏であった。

注

(1) 内藤正敏「トチモチ正月と山の技術」(『東北の風土に関する総合的研究——平成十二年度報告書』、東北芸術工科大学東北文化研究センター、国土交通省東北地方整備局、二〇〇一年)。
(2) 内藤正敏「戦争と家族・今野喜代治さんの戦争」(『別冊東北学』二号、東北芸術工科大学東北文化研究センター、二〇〇一年)。
(3) 渡部留次『朝日村誌』(二)、朝日村役場、一九六五年。
(4) 渡部留次『朝日村誌』(一)、朝日村役場、一九六四年。
(5) 渡部前掲書(注4)。
(6) 渡部前掲書(注4)。
(7) 堀一郎『宗教・習俗の生活規制』未来社、一九六三年。
(8) 戸川安章『新版出羽三山修験道の研究』佼成出版社、一九八六年。
(9) 安藤更生「入定ミイラの製成法」(日本ミイラ研究グループ編『日本ミイラの研究』平凡社、一九六九年)。

（10）内藤正敏『日本のミイラ信仰』法蔵館、一九九九年（『ミイラ信仰の研究』大和書房、一九七四年、を増補改訂）。
（11）内藤前掲書（注1）。
（12）『東由利町史』東由利町、一九八九年。
（13）柿崎弥左衛門『天保年中　巳荒子孫伝』（『日本庶民生活史料集成』七巻、三一書房、一九七〇年）。
（14）横川良介『飢饉考』前掲書（注13）。
（15）『大東町史』大東町、一九八二年。
（16）尾関清子「トチの実のアク抜きについて（第一報）」（『日本の食文化11・非常の食』雄山閣、一九九九年）。
（17）『大館市史』二巻、大館市、一九七八年。
（18）岡恵介「北上山地一山村におけるアク抜き技術」（『岩手の民俗』七号、一九八九年）。
（19）渡辺誠「美濃・飛驒のトチの実食」（『日本民俗文化大系13巻・技術と民俗（上）』小学館、一九八五年）。
（20）『日本の食生活全集19聞き書　秋田の食事』農山漁村文化協会、一九八六年（以下、同全集は地名のみで表記し、他は略す）。
（21）野本寛一『栃と餅』岩波書店、二〇〇五年。
（22）鎮源「大日本国法華経験記」（『往生伝　法華験記』岩波書店、一九七四年）。
（23）小泉武夫『灰の文化誌』リブロポート、一九八四年、同「山民と灰の文化」（森浩一・八賀晋編『飛驒・よみがえる山国の歴史』大巧社、一九九七年）。
（24）松山利夫『木の実』法政大学出版局、一九八二年。
（25）建部清庵『備荒草木図』（『日本農書全集68』農山漁村文化協会、一九九六年）。
（26）松山前掲書（注24）。
（27）渡辺誠『縄文時代の植物食』雄山閣、一九七五年。
（28）長澤武「木の実と食生活」（『あしなか』二一九輯、一九九〇年）。松山前掲書（注24）。
（29）岡恵介「北上山地におけるアク抜き技術」（『岩手の民俗』七号、一九八七年）。

(30) 六車由美「飢饉と救荒食」(『いくつもの日本Ⅳ・さまざまな生業』岩波書店、二〇〇二年)では、凶作にそなえて焼畑にカブを増産したと説くが、同じ牛房野を戦時中の食糧危機のときに調査した山口弥一郎は、凶作にそなえてソバとカブをまくことに注目し、カブは大根飯のように、カテに良いとしている。(山口弥一郎『山口弥一郎選集』七巻、世界文庫、一九七三年)。
(31) 建部清庵『民間備荒録』(『日本農書全集18』、農山漁村文化協会、一九八三年)。
(32) 『仙台市史』(4・別篇2)、仙台市、一九五一年。
(33) 青葉高『野菜』法政大学出版局、一九八一年。宮本常一『日本文化の形成　講義2』そしえて、一九八一年。
(34) 市原篤焉『篤焉家訓』(『東北町史』上巻Ⅱ、東北町、一九九四年)。
(35) 『いま山形から』山形県広報誌60号、山形県、二〇〇二年一〇月。
(36) 前掲書(注17)。
(37) 『日本の食生活全集6聞き書　山形の食事』日本農山漁村文化協会、一九九八年。
(38) 『本荘市史・文化民俗編』本荘市、二〇〇〇年。
(39) 柿崎前掲書(注13)。
(40) 横川前掲書(注14)。
(41) 『大東町史』上巻、大東町、一九八二年。
(42) 『新庄市史』史料編(上)、新庄市、二〇〇一年。
(43) 『鶴岡市史』上巻、鶴岡市役所、一九六二年。
(44) 『真室川町史』真室川町、一九六九年。
(45) 『金山町史』通史編、金山町、一九八八年。
(46) 『新庄市史』(三巻近世下)、新庄市、一九九四年。
(47) 「天明卯辰簗」(『青森県叢書』七、青森県学校図書館協議会、一九五四年)。
(48) 菊池勇夫『飢饉の社会史』校倉書房、一九九四年。同『近世の飢饉』吉川弘文館、一九九七年。
(49) 『朝日村史』上巻、朝日村、一九八〇年。

(50) 内藤前掲書（注10）。
(51) 『洪水凶年慈悲心鳥』庄内史料研究会、一九三四年。
(52) 嘉堂照夫「小川庄に於ける修験道の雑考（一）」（『阿賀路』四集、一九五四年）。

神々の異界

月山　月山の東にある葉山の本地仏は、東方瑠璃光浄土の薬師如来で朝日、葉山の西にある月山は、西方極楽浄土の阿弥陀如来で夕陽とされる。

七面山　春分と秋分の日、富士山頂の中心を昇った太陽は、
七面山頂の随身門を通り、七面大明神を祀る本社に射しこむ。

岩木山　縁起では、岩木山の鬼が退治されて艮の鬼門にある巌鬼山(赤倉山)に封じられた。写真は鬼の目で巌鬼山頂から岩木山頂を写す。

立山　雄山の本地仏は阿弥陀如来。雄山と浄土山の間に、朝日で出現するブロッケン現象を阿弥陀如来の“御来迎”として拝んだ。写真は、この聖空間に浮かぶ満月。

石鎚山　天狗岳は法起坊という天狗が棲むという。法起坊天狗は地主神で、石鎚の神を祀る主峰の弥山を辰己から守る。

修験道の空間思想——大自然のマンダラ宇宙

はじめに

修験道は大自然を神として拝む。しかし修験道で拝むのは、単純な自然主義的な自然ではない。修験道の教義や縁起などで意味づけられた〝観念としての自然〟をも拝む。修験道の霊山には、〝視える自然〟の背後に、〝視えない自然〟が隠されているのだ。

たとえば、七面山（山梨県）では、春分と秋分の日、標高一九八三メートルの山頂付近にある本社随身門の前に立つと、富士山の山頂の中央から太陽が昇るのが見える。そして富士山の中心から昇った太陽光線は、随身門を通って、七面大明神を祀る本社に一直線に射しこむ。本社内陣に本尊として祀られる七面大明神は、弁財天に似た姿の女神像で、本社の裏にある一ノ池に蛇体で棲むという水神である。

本来は、富士山山頂の中心から昇った太陽は、七面大明神が棲む一ノ池に射しこんだのである。春分と秋分には、太陽が真東から昇り、真西に沈む。七面山と富士山は、約四〇キロも離れている。太陽と水、山と池……。まさに年に二度だけ起きる神々の聖婚であり、神秘的な宇宙のドラマだ。

七面山は、一六世紀頃から身延山勢力に吸収されて日蓮宗になるが、本来は真言修験の霊山だった。本書でとりあげた岩木山や出羽三山も雄大な修験道的な自然観がみられる。

岩木山の山頂は、主峰の岩木山を中心に、左が鳥海山、右の赤倉山（厳鬼山）の三峰からなる。岩木山の縁起では、地主神である鬼が退治されて赤倉山に封じられ、岩木山の神を守ることを誓わされる、という物語である。実際に岩木山の山頂に登ってみると、赤倉山頂は北東の艮・鬼門の方位にある。赤倉山頂に登ってみると、巨石が重なりあって鬼でも棲んでいそうな雰囲気の場所で、ここから岩木山頂を望むと、威圧的で重厚な山容を見せる。岩木山の開山縁起は、鬼門の方位と自然の景観によって物語が創られているのである。

出羽三山の羽黒修験の開山縁起では、開祖の能除太子が舟で庄内浜の由良に着き、ここの八乙女洞窟から羽黒山を目指す。すると三本足の大烏が出現して導かれ、阿久谷で聖観音が出現する。

この由良と阿久谷は、まっすぐの東西軸となっており、春分、秋分の日ノ出と日没を結ぶ直線となっている。ここで開祖を阿久谷へ三本足の大烏が先導するが、三本足の烏は太陽の象徴であり羽黒権現の使者とされている。さらに阿久谷で出現する聖観音は、羽黒山の本地仏であり太陽とされている。まさに羽黒山の開山縁起には、太陽の神話的物語が読みこまれているのである。

太陽信仰は、月山と葉山の間にもみられる。月山の東にある葉山の本地仏は東方瑠璃光浄土の薬師如来で朝日、西の月山は、西方極楽浄土の阿弥陀如来で夕陽とする。注目したいことは、葉山の奥ノ院とされる烏帽子岩が月山山頂の真東にあることだ。春分、秋分の日、月山山頂に立てば、葉山の烏帽子岩から朝日が昇り、葉山の烏帽子岩から見れば月山山頂に夕陽が沈む。古くは出羽三山に葉山が含まれており、羽黒修験の入峰修行で葉山まで回峰していた。烏帽子岩が葉山の奥ノ院とされたのも月山の真東にあるという位置関係からと考えられる。

石鎚山の天狗岳は、石鎚修験が最も重視する行場で、法起坊という天狗が棲むという。法起坊天狗は石鎚山の地主神で、石鎚の神が祀られる主峰の弥山（一九七四メートル）を辰巳の方位から天狗岳（一九八二メートル）が守る。

こうして修験道の霊山では、自然が縁起や教義を生み、自然に意味づけされて、「空間の思想化」がおこなわれているのである。

空間の思想化は、すでに縄文時代からみられることが考古学者によって指摘されている。青森県の三内丸山遺跡、小枚野遺跡、秋田県の大湯環状列石遺跡、栃木県の寺野東遺跡、群馬県の天神原遺跡などで、冬至や夏至の日ノ出や日没の「方位」の関係の上に、ストーンサークルや立石、木柱、盛り土などが造られており、遠くの山を視野に入れたものもある。小林達雄は、これらの縄文遺跡は単なる自然の風景ではなく、縄文人が頭の中で人工的に風景を改造しており、「自然の社会化」である、と述べている。(1)

冬至や夏至、春分、秋分の太陽方位と古代祭祀の関係に、大和地方の古社や古墳を通して、はやくから着目したのは小川光三である。(2) さらに大和岩雄は全国の古社や王権祭祀などへと問題を発展させ、世界的な視野からも古代の祭祀をとらえている。(3) このほか藤原京や胆沢城など、古代の地域計画についての山田安彦の研究(4)や大宮市の氷川神社についての木本雅康の研究(5)などがある。しかし修験道の研究では、方位という言葉が迷信的なイメージを持つためか、方位を通して山岳空間の構造や空間思想を解読しようという試みはみられない。わずかに重松敏美の求菩提山での研究があるくらいだ。(6)

出羽三山には、特別な聖地と定められた巨岩や滝や洞窟などがあり、秘所とよばれ、一般人が近づくことが禁じられた禁足地がある。これら秘所や拝所、三山の山頂、付近の霊山などを地図上にプロットしてみると、太陽の東西軸ばかりでなく、南北軸、北東―西南（鬼門―裏鬼門）軸、西北―東南（戌亥―辰巳）

軸の方位線上に点在し、密教や神道、陰陽道、風水、民俗宗教などによって意味づけられ、縁起や伝説が創られて地名がつけられ、山岳空間が思想化されている。[7] 他の修験道の霊山でも、岩木山、恐山、戸隠山、富士山、立山、伯耆大山、石鎚山、求菩提山、英彦山[8]や日光二荒山[9]など、修験道の霊山を調査した結果、それぞれの霊山の地形や景観にあわせて、山岳空間の思想化がおこなわれていることが分かってきたのである。本稿では、恐山（青森県）、立山（富山県）、英彦山（福岡県）について考察したい。

恐山

恐山は胎蔵界曼荼羅の八葉蓮弁の山々に囲まれた聖地だという言い伝えがある。大町桂月が「恐山　心とみる湖も　囲める峰も　蓮華なりけり」と詠んだのも、その伝承を表したものだ。八葉蓮弁とは、胎蔵界曼荼羅の中心の中台八葉院のことで、恐山の八葉の山々とは、地蔵山、鶏頭山、大尽山、小尽山、北国山、釜臥山、屛風山、剣山をいう。

これら胎蔵界八葉の山々に対して、私は「五智山」という山に注目したい。山といっても小高い丘で、恐山の境内にあり、山頂に五智仏の石像が立っている。五智仏とは、五智如来といい、大日、阿閦、宝生、阿弥陀、不空成就の金剛界曼荼羅の中心・定身会の五仏をさす。五智山は金剛界曼荼羅の中心であるが、恐山そのものも胎蔵界曼荼羅の中心である。つまり恐山は胎蔵界曼荼羅の中心と金剛界曼荼羅の中心が重なりあった金胎不二の理想的な宗教空間である……。曹洞宗以前の天台密教時代の恐山には、こういう意味づけがおこなわれていたものと考えられる。

さらに恐山には、「三途川」と「賽ノ河原」という二つの川が重要な境界として設定されている。恐山の山門の少し手前に三途川があり、赤い太鼓橋がかかる。この三途川は、あの世とこの世、他界と俗界を分ける境界だと言い伝えられている。次に山門を入ると、参道に四十八灯とよばれる石灯籠が立ち並んでいる。これは「弥陀の四十八願」を表し、阿弥陀如来の四十八願に導かれて死の世界に進んでゆく構図が描かれている。

本堂（地蔵堂）の西側には、硫黄臭がするガスを噴出する荒涼たる岩場があり、「地獄」とよばれている。地獄を先に進むと「賽ノ河原」に出る。この賽ノ河原の小川を渡ると、賽ノ河原地蔵堂があり、背後に死霊が集まると恐れられる鶏頭山がある。賽ノ河原地蔵堂から南を向くと、それまでの暗い地獄の風景

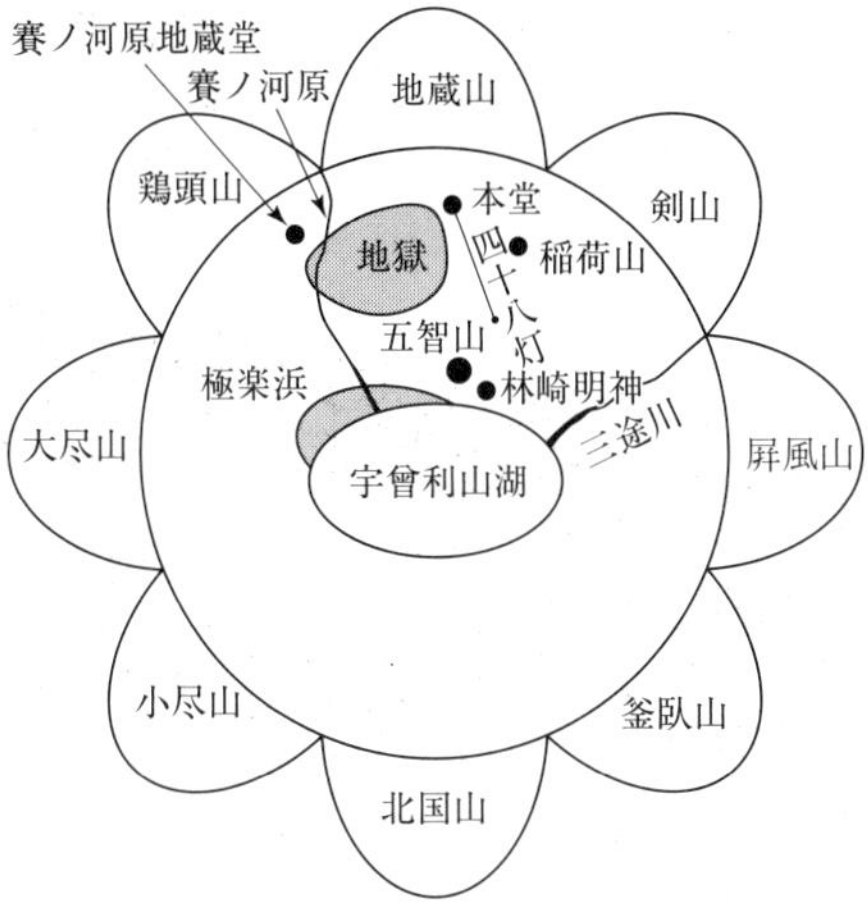

図1　恐山の空間構造モデル

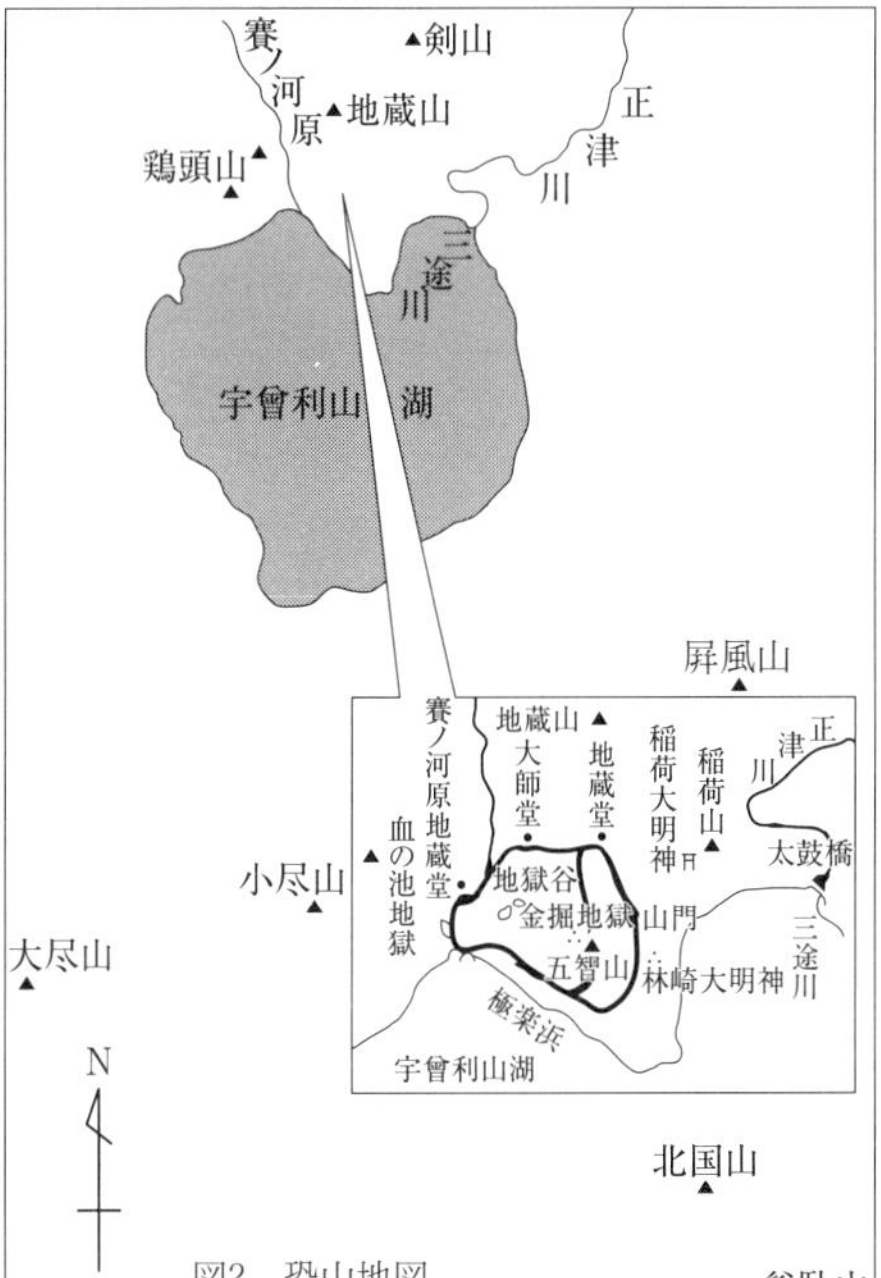

図2　恐山地図

恐山の地獄と鶏頭山

から一転して、美しい瑠璃色の水をたたえた宇曽利山湖と純白の極楽浜が見える。この地獄から極楽へと、恐山の風景を一変させる境界が賽ノ河原である。恐山の入口の三途川が俗界から他界への境界であるとすれば、賽ノ河原は地獄と極楽の境界として設定されているのである。賽ノ次に極楽浜から東に進むと「五智山」に出る。現在は壊れて無いが、かつて五智山の手前に「胎内潜り」があった。胎内潜りは、修験道の霊山に広くみられ、母胎を意味する洞窟を潜ることで再生する場所である。

いま恐山の空間構造をまとめると、まず三途川で現世から他界に入り、四十八灯の参道で死の世界へと進み、地獄を遍歴し、賽ノ河原を越えて極楽浜の極楽浄土に入り、五智山の金胎不二の曼荼羅宇宙の中心で再生し即身成仏する……、となる（図1）。

恐山の曼荼羅空間には、方位によっても意味づけがおこなわれている。まず、五智山からみると、地蔵山が北に位置することに注意すべきだ。地蔵山は本堂（地蔵堂）の背後にある山で、地蔵山の名も本尊が地蔵菩薩であることからきており、地蔵山は恐山の信仰上の主峰である。つまり地蔵山が北に見える山が選地され、五智山の名がつけられたのである。日本各地の修験道の霊山を調べると、北にある山を特別な霊峰としたり、霊峰が北に見える地を選んで特別な聖地としたり拝殿を建てるなど、北を聖視する例は多い(10)。本稿で紹介する立山でも、雄山の峰本社の北にある剱岳を聖視し、英彦山では、自然の地形的には北に山がないため、奥ノ院にあたる北岳に名前だけ北をつけている。北を聖視するのは北極星の信仰からきており、北極星は北斗七星の一つとされていた。例えば、『北斗七星延命経』の「貴賤大小の生命、みな北斗七星の所管に属す」といった密教の世界観があり、道教の『太上洞玄霊宝護諸童子経』にも同様の思想がみられる。北の空間には、人間の生命をコントロールする神秘的な力が宿ると考えられていたのである。

次に五智山から西をみると、西方浄土の図式どおりに極楽浜があるが、注目したいのは、五智山の西北・戌亥《いぬい》の方位に死霊が集まる鶏頭山と死者供養の賽ノ河原地蔵堂があることだ。柳田国男によれば、日本人の霊魂が帰り行く先は、仏教が入ってきて西方浄土となる以前は西北の戌亥だったという(11)。三谷榮一も昔話や神楽歌、民謡などの豊富な資料から、西北の戌亥が恐ろしい方位である一方で、金銀財宝や米や酒を湧き出させ、長寿をもたらすめでたい方位であることを示し、それは戌亥が祖霊が鎮まる方位であるからと指摘している(12)。各地の修験道の霊山を調べると戌亥を重視する例が多いのである。

次に鶏頭山とは反対、五智山の南東の辰巳に林崎明神が祀られていることに注意したい。林崎明神は慈覚大師が袈裟を埋めたという伝説をもつ恐山の聖地で、風雪で年輪が浮きでた太い五輪塔婆が立っている。「恐山入仏会登山行列式」(文政六年)に、恐山の奥ノ院である釜臥山の別当である大覚院の左右に「林峰鎮守釜臥山」と「鎮守釜臥山」の幡が従った。林崎(峰)明神は釜臥山の神を勧請したものと考えられる(13)。林崎明神が五智山の辰巳で鎮守となる構図は、本堂の辰巳に稲荷山が位置することと対応する。稲荷山は恐山が曹洞宗になってから本堂を守護するために、この山に稲荷を勧請してからつけられた名前である。辰巳は、陽気が動き草木が伸長する辰と万物の繁盛が極になった巳が合わさり、生命力がみなぎる吉なる方位だ。重松敏美は、全国に分布する経塚のなかから、出土位置が報告されているもの五〇例を調べたところ、出土地は南から東にかけてが最も多かったという。実際に一九八二年から八四年にかけておこなわれた英彦山の学術調査で、山頂の東南を集中的に発掘して多くの経筒が出土している。(14) まさに林崎明神は恐山の鎮守として、五智山の辰巳の方位に選地され祀られたのである。

このように恐山には金胎不二の曼荼羅の中に、方位によってさまざまに意味づけされた宗教宇宙が創り出されているのである。

立山

立山には、独特な太陽信仰がある。立山連峰の主峰、標高三〇〇三メートルの雄山の山頂で、朝日が昇る時、東が晴れて西に霧がかかると、西側にブロッケン現象がおこる。空中の霧の水滴で太陽光線が屈折し、丸い虹の輪が浮かび、その中に自分の黒い影が映る。めったに起きない神秘的な現象なので、阿弥陀如来が来迎した姿と考え、〝御来迎〟とよんで拝むのである。立山以外の霊山でもブロッケン現象を御来迎とよぶが、他の霊山では朝日でも夕陽でもよく、月山では夕陽の御来迎を重視する。しかし立山では朝日で起きるものに限られる。ブロッケン現象は、自分を中心に太陽と逆方向の対角線上に起きる。浄土山は、雄山より見て西から一〇～二〇度南寄りにあり、夏の登拝期には、ブロッケン現象が出現する位置にある。つまり浄土山は、ブロッケン現象の御来迎が見える山であり、阿弥陀如来が来迎してくる極楽浄土

雄山山頂の峰本社

の山という意味でつけられた名前なのである。

そもそも立山の御来迎は、雄山の神・伊邪那岐命《いざなぎ》の本地が阿弥陀如来であることに由来する。雄山の山頂へは、一ノ越から切りたった岩場を登るが、一ノ越から山頂まで五つの小祠が祀られており、それぞれ阿弥陀如来の身体になぞらえられている。一ノ越は阿弥陀如来の膝、二ノ越は腰、三ノ越は肩、四ノ越は首、五ノ越は仏面とする。雄山は山そのものが阿弥陀如来の身体なのだ。

こうして雄山と浄土山は、阿弥陀如来（雄山）→御来迎（ブロッケン現象）→極楽浄土（浄土山）と、朝の太陽によるブロッケン現象を通して、東西軸の阿弥陀信仰の聖線で結ばれているのである。さらに浄土山から、はるか西方には、弥陀ヶ原や称名滝があり、阿弥陀信仰を示す地名がつけられている。立山では、阿弥陀信仰と太陽信仰に基づく東西線が重視されていることがわかる。

ところが雄山山頂の峰本社の社殿は、浄土山がある西方を拝んでいない。北を拝むように南面しているの

別山山頂から望む劔岳

である。峰本社は三間社流造で、社殿は三間に仕切られ、向って右の左殿に劔岳の神・手力雄《たぢからお》命、左の右殿に雄山の神・伊邪那岐命を祀り、中央は祭神はなく、宝庫とよばれている。明治の神仏分離まで、伊邪那岐命（雄山）の本地は阿弥陀如来、手力雄命（劔岳）の本地は不動明王であった。

『立山宝宮和光大権現縁起』や『立山略縁起』、『立山縁起[15]』に説く開山縁起では、越中守の佐伯有若の嫡男・有頼が父の白鷹を逃がし、その姿を追う途中、熊に矢を放ち、立山の玉殿窟《たまどのいわや》で、熊と鷹が阿弥陀如来と不動明王として出現した不思議に会い、剃髪して慈興と名のった……、という内容である。

この玉殿窟で出現した阿弥陀如来と不動明王は、峰本社に祀られる雄山と劔岳の二神の本地だ。興味深いことは、峰本社の向って右、位の高い左殿に雄山の神ではなく、劔岳の神の手力雄命（不動明王）が祀られていることだ。あたかも劔岳は雄山の奥ノ院といった祀り方をしているが、実際に雄山の峰本社の北はるか前方に劔岳がそびえており、峰本社で拝めば劔岳を拝

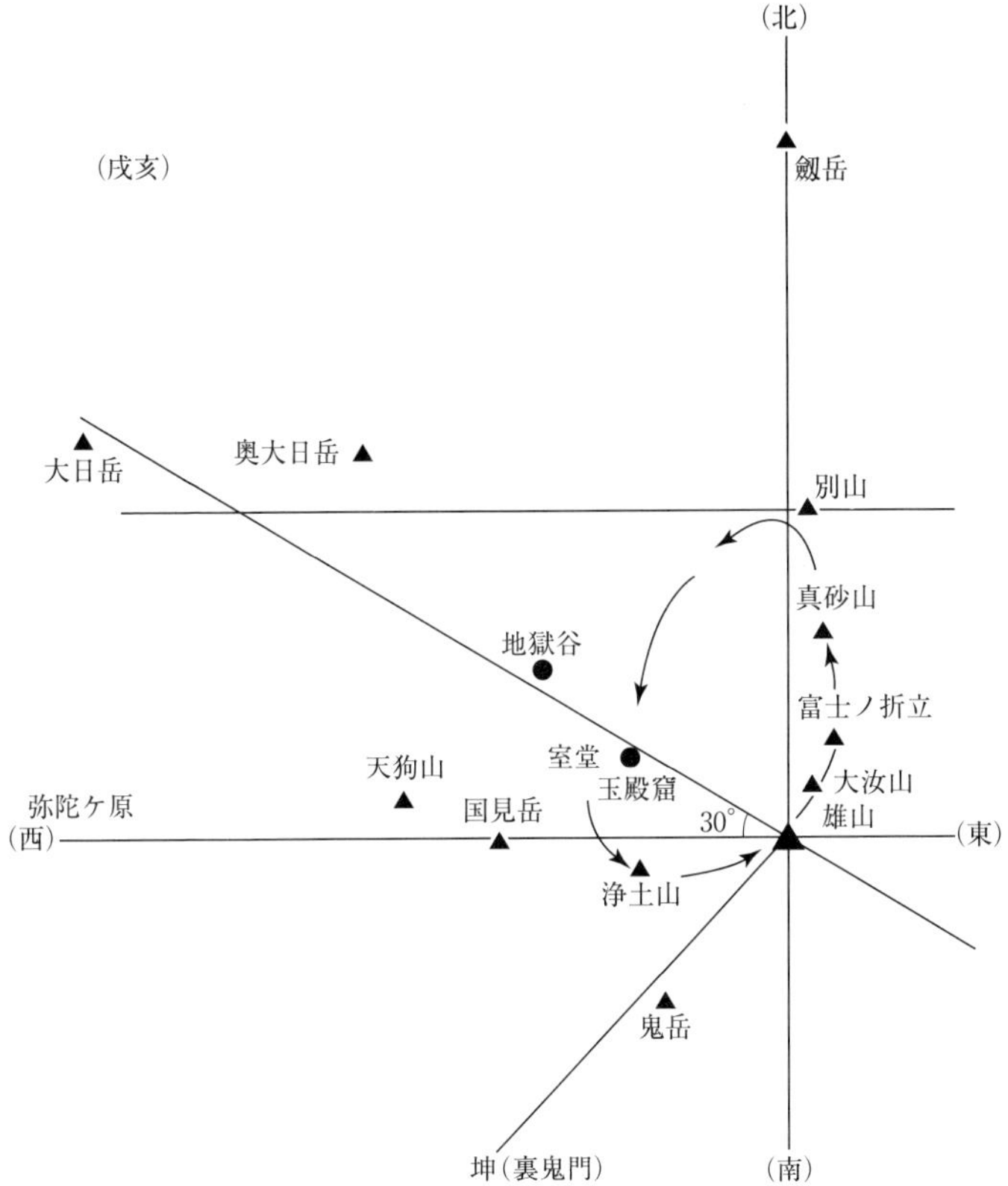

図3　立山の空間構造

むという位置関係となっている。登拝道も北の劔岳をめざして、雄山から大汝山・富士ノ折立・真砂山・別山へと、雲上の稜線の縦走路を進む。別山の山頂に登りきると、北に大きく劔岳がせまってくる。劔岳は峨々たる岩山で、立山のなかでもきわだって峻嶮な山容をしている。江戸時代には、劔岳は聖地中の聖地として登ることは禁じられていた。そのため劔岳は別山から伏し拝んだ。

別山が劔岳を拝む山なら、別山頂上の社殿は北の劔岳を拝むように南面しているはずだ。ところが別山の社殿は、北の劒岳ではなく、西の大日岳を拝むように東面しているのだ。表面的には別山から劒岳を拝んでいながら、実際には大日岳を拝んでいるのである。密教寺院では、本尊の大日如来は厨子の奥深くに秘仏にされ、その前に立つ不動明王を拝むのはよくみかけるが、不動明王は大日如来が示現した姿である。別山から北の劒岳（不動明王）を拝むことは、西の大日岳（大日如来）を拝むことと同じなのである。

大日如来は密教で最高位の仏であり太陽に比定されるが、大日岳と雄山の間には興味深い位置関係がみられる。雄山を基点に西から三〇度北、つまり夏至の日没の方位に直線を引くと、大日岳の山頂付近にあたるのである。立山の神が鎮まる雄山からみて、最もエネルギーに満ちた夏至の太陽が沈む山に「大日」の名前がつけられているのだ。

いままで雄山の山頂から見て、北に劒岳、夏至の日没の方角に大日岳、西に浄土山や弥陀ヶ原、称名滝があることを明らかにしてきたが、西北の戌亥に玉殿窟や地獄谷があることは興味深い。玉殿窟は開山縁起で立山権現の本地である阿弥陀如来（雄山）と不動明王（劒岳）が示現した神誕生の地、地獄谷は『大日本国法華経験記』や『今昔物語集』にも書かれて恐れられた立山地獄だ。祖霊が鎮まるという戌亥の方位に、玉殿窟や地獄谷といった生と死を象徴する場所がみられるのだ。さらに西南の裏鬼門に「鬼岳」があるが、他の霊山でも鬼門や裏鬼門も方位に鬼伝説がある例は多い。このように立山の山中には、方位によって意味づけられた物語や地名が創り出され、大自然が一種の曼荼羅空間のようになっているのである（図3）。

立山禅定は一般的には雄山の頂上に登拝することをさしたが、本格的には「三山駈け」といって、浄土山、雄山、別山を登拝した。立山三山を順に歩くとすれば、まず浄土山で登拝者は極楽浄土で死の世界に入る。次いで阿弥陀如来に導かれて雄山の山頂に登り、西方に朝日で阿弥陀如来の〝御来迎〟を拝し、北に進んで別山で劔岳の不動明王を拝み、その奥（西）に隠された大日如来で即身成仏する……という世界観が浮かんでくる。それはまたブロッケン現象の弱々しい幻の太陽から、生命力あふれる夏至の太陽へと再生するという世界観が重ねられていたのではなかろうか。

ところで立山の室堂は、恐山のように胎蔵界曼荼羅の八葉蓮弁の山々に囲まれているとされている。立山の八葉の山々とは、天狗山、国見岳、浄土山、雄山、真砂山（または大汝山）、別山、劔岳、大日岳である。この胎蔵界曼荼羅の中心の室堂、さらにその中心こそ玉殿窟だ。玉殿の玉は魂のタマからきている。ここは立山権現の本地仏である阿弥陀如来と不動明王が現れた神霊が再生する聖地だ。かつての立山の登拝では、かならず玉殿窟に入って拝んだ。立山の曼荼羅宇宙の中心で再生をとげたのである。

英彦山

英彦山では、北東（艮）の鬼門と西南（坤）の裏鬼門が聖線となり、太陽信仰が重ねられている。それは開山縁起のなかにも反映している。

むかし、天竺の阿陀国主が日子峰の般若窟に納めた如意宝珠を求めて、魏国の僧・善正法師がこの山に来て窟に籠った。豊後国の猟師・藤原恒雄が山の中で岩窟修行中の善正法師に会い、殺生の罪をさとされるが、恒雄は猟を続け、弓で白鹿を射た。すると三羽の鷹が飛んできて、白鹿を介抱して蘇生させた。それを見て恒雄は弓矢を捨て、善正法師の弟子となり、忍辱と名を改めた。忍辱が苦行を続けて祈念したところ、北嶽に阿弥陀如来の垂迹の僧身の神が現れ、南嶽に釈迦如来の垂迹の俗形神が現れ、中嶽に観世音菩薩の垂迹の女形神が現れた。忍辱は三つの嶽にこれら三神を祀った……。

英彦山の中岳山頂を南岳山頂から望む

これは元亀三年（一五七二）に書かれた『鎮西彦山縁起⒃』の要約だが、三神が出現したという北嶽、中嶽、南嶽は英彦山山頂の三嶽で、それぞれ次のような本地垂迹があてられている。

	（垂迹）	（本地）
北嶽	天忍骨命	阿弥陀如来
中嶽	伊邪那岐命	千手観音
南嶽	伊邪那美命	釈迦如来

これら三嶽のうち、中嶽には上宮の社殿が建ち、英彦山三神が祀られている。上宮の社殿は東北東七〇度で、北嶽を拝むように建ててあり、北嶽が奥ノ院で、中嶽上宮はその拝殿という配置になっている。それは北嶽は天忍骨命が鎮座する法体嶽として特別に聖視されているからだ。天忍骨命は、太陽神・天照大神の子であり、英彦山のヒコは、太陽の子の「日子」からきている。古くは「日子山」と書き、後に「彦山」となり、享保十四年（一七二九）に霊元法皇の勅号下賜により「英彦山」と

なった。まさに英彦山は日子山として、太陽信仰の霊山なのである。

英彦山の太陽信仰は、北嶽と南嶽の位置関係にもみることができる。南嶽から北嶽をみると、東から三〇度北寄りにある。夏至の日に南嶽に立てば、北嶽山頂の中心から朝日が昇るのが見える位置だ。特徴のない南嶽が英彦山三嶽の一つに加えられたのは、中嶽を北に望み、北嶽の夏至の日ノ出を望む特別な場所にあるからと思われる。そして北嶽が北にはないにもかかわらず、名前だけ「北」をつけたのは、この山が太陽神・ヒコの神が鎮座する三嶽で最も聖なる奥ノ院だからである。

ところで先に紹介した開山縁起で、藤原恒雄が射た白鹿を三羽の鷹が蘇生させるという話があった。この神鷹が棲む聖地とされるのが鷹ノ巣山である。一の鷹ノ巣山、二の鷹ノ巣山、三の鷹ノ巣山と、円錐形にそそりたつ安山岩の熔岩ビュートで独特の形をした三つの山が北東へと並んでいる。この鷹ノ巣山から遷したという神を祀るのが豊前坊（豊前窟）だ。明治の神仏分離以後、高住神社の名になっているが、豊前坊はむかしから天狗の棲み家とされ、火伏せの信仰を集めている。興味深いことは、地図でみると、鷹ノ巣山や豊前坊が英彦山三神を祀る中嶽の北東（艮）の鬼門の方位にあることだ。ちなみに艮《うしとら》の鬼門は丑から寅（北北東三〇度から東北東六〇度）の間をいう。この東北の鬼門に対して、反対の西南の裏鬼門に鬼伝説がみられる。

むかし、彦山権現が鬼たちを山から追放した。その時、鬼たちが残していった材木が「材木石」となり、鬼たちが立てた杖が根づいて「鬼杉」となり、鬼たちが逃げた先が「岳滅鬼山《がくめき》」という……。これら鬼の伝説にまつわる材木石、鬼杉、岳滅鬼山は、山頂の裏鬼門の方位に点在しているのである。

先の『鎮西彦山縁起』で如意宝珠が納められたという般若窟も裏鬼門にある。『彦山流記』(17)によれば、般若窟に法蓮上人が籠り、金剛般若経を読誦して祈ったところ、倶利迦羅龍が示現し、口に含んだ宝珠を吐きだし、その跡に龍泉が湧きだした。それからここが玉屋と名づけられた……、となっている。

般若窟が玉屋窟ともよばれるのは、玉屋窟と般若窟が同じ場所に並んでいるからだ。そそりたつ岸壁の下、向って左に玉屋窟、右に般若窟がある。現在は玉屋神社、鬼神社となっている。古来、玉屋窟（般若窟）は秘窟として内部に入ることは禁じられており、旧暦六月三日の御池さらえ神事に、ごく一部の関係者が入ることが許されるだけである。この玉屋窟の内部について、長野覺は、室町時代の「玉屋窟・法蓮上人画像」、江戸時代初期と中期の「玉屋窟絵図」の三種の資料をもとに次のように推定している。

胎内を象徴する窟内は、八角の柱状節理をもった高さ三尺六寸の安山岩塊が突出し、その側に石清水を湛えたくぼみがある。これが聖なる池で、その池水の中にある宝珠形の石を水精石と称した(18)……。

この般若窟（玉屋窟）は裏鬼門にあり、豊前坊（豊前窟）は鬼門にあるが、両者には興味深い対応関係がみられる。般若窟（玉屋窟）が秘窟にされたのに対して、豊前坊も窟内の金剛界大日如来と不動明王が秘仏にされ、最後まで女人禁制が守られた。両者とも垂直にそそりたつ岩の下の窟に社殿が建つ景観が似ている。鬼門の豊前坊には天狗、裏鬼門の般若窟には鬼と、それぞれ地主神が祀られている。般若窟は英彦山四十九窟の第一窟とされたが、豊前坊の近くに日本六十余州の神々が勧請された高天原とよばれる聖地がある。豊前坊は火伏せの神として信仰され、玉屋窟は聖水の信仰がある……。

こうした対応関係がある豊前坊と般若窟（玉屋窟）について、英彦山修験の霊泉寺住職・高田八州師によると、次のような口伝があるという。

豊前坊の天狗は、男で金剛界大日如来で「天」である。それに対して般若窟の鬼は、女で胎蔵界大日如来で「地」である。この天と地の間にあるのが「人」で、これが「日ノ子」つまり英彦山の神だという。英彦山修験では二段護摩といって、金剛界と胎蔵界の二つの英彦山独特の護摩を焚くが、この時、左の金

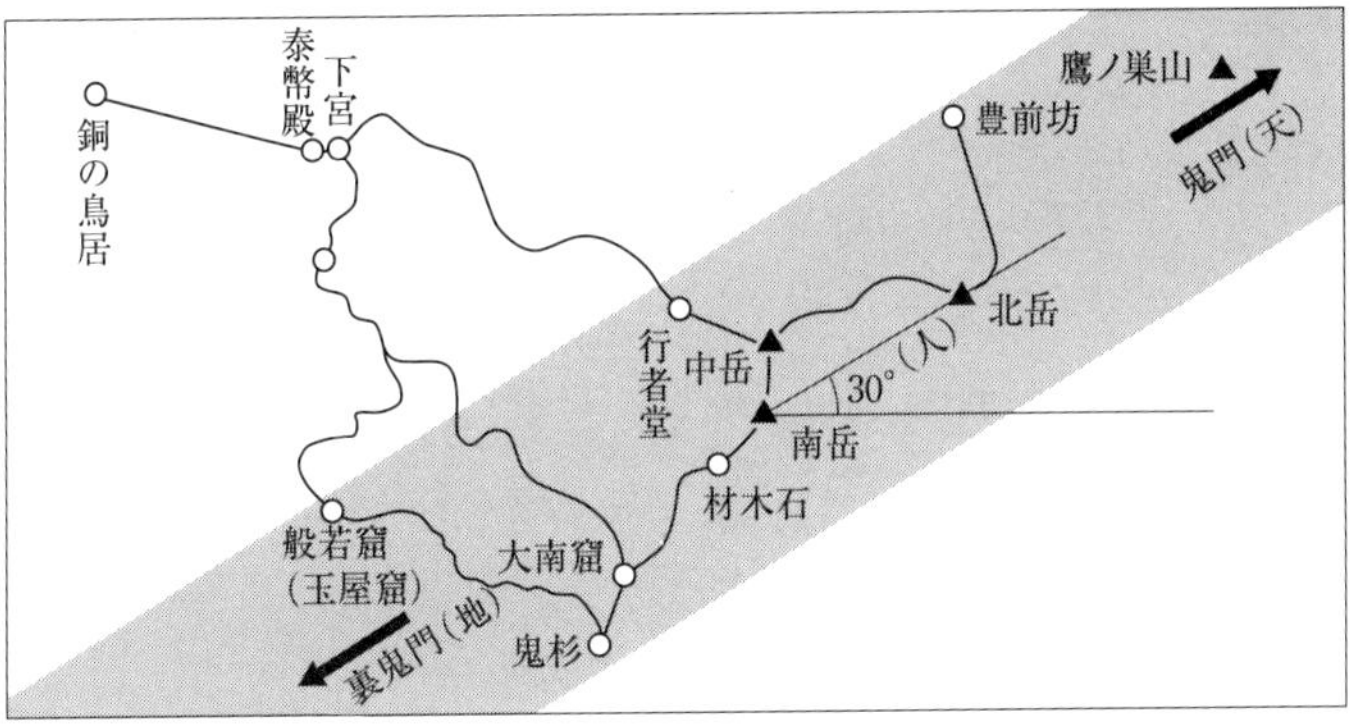

図4　英彦山の空間構造

剛界の護摩木の下に豊前坊の石を、右の胎蔵界の護摩木の下に玉屋窟の水を壺に入れて置く秘伝がある。この金胎二段護摩の「天」と「地」の間には、日子の神が「人」として、見えない形で勧請されているのだという。

いま地図の上でみると、鬼門(天)の豊前坊の天狗と裏鬼門(地)の般若窟の鬼。両鬼門を天狗と鬼という地主神に守護されるように、中心(人)に英彦山権現(日子ノ神)が鎮座する。この両鬼門を結ぶ線は夏至の日ノ出と冬至の日没線とも重なっているが、ヒコの神は太陽神・天照大神の子である……(図4)。英彦山修験の雄大なコスモロジーが浮かびあがってくる。

おわりに

これら恐山、立山、英彦山以外の他の多くの修験道の霊山でも、このような方位による空間の思想化が大なり小なりおこなわれている。これは霊山が俗界とは違った聖地であり、非日常的な宗教空間であることを意味づけるためにほかならない。修験道の回峰行や登拝が近代登山と大きく異なるのは、ただ自然の中を歩くだけでなく、人間によって思想化された〝視えない自然〟をも同時に歩くことだ。

修験道の荒行は、〝視える自然〟と〝視えない自然〟を重ね合わせる行為であるといってよい[19]。

大自然の中に特別な聖地を選び、一つひとつ神仏にまつわる名前をつけ、物語をつくってゆく。こうして人間が自然を思想化してゆくことは、人間が大自然の体系の中に組みこまれることである。それは、人間が自己を投影した大自然から規定されることであり、逆に人間が大自然から視つめられることである。

これは、ちょうど人間と宇宙の関係に似ているように思われる。太古の昔から、人間は太陽や月や星を見て、想像力をかきたて、さまざまな神話や宗教をつくり、科学や哲学、芸術を生んできた。修験道は、こうした自然と人間との回路を、意識的につくりだしてきたのである。

こうした修験道の自然観を解読してゆくと、自然と人間の新しい思想が生れてくるのではなかろうか。

注

(1) 小林達雄『縄文人の世界』朝日新聞社、一九九六年、同『縄文人の文化力』新書館、一九九九年。川口重一「大湯町環状列石の配置」(『郷土文化』一一巻一号、一九五六年)。勝又麻須子「三内丸山遺跡の縄文の世界・上」(『東アジアの古代文化』八四号、一九九五年)。

(2) 小川光三『大和の原像』大和書房、一九七三年。

(3) 大和岩雄『天照大神と前方後円墳の謎』六興出版、一九八三年、同『神々の考古学』大和書房、一九九八年。同「太陽祭祀と古代王権(一)〜(六)」(『東アジアの古代文化』二四〜二九号、一九八〇〜八一年)、なお同誌二四号には、「日本古代の太陽祭祀と方位観」が特集されている。

(4) 山田安彦『古代の方位信仰と地域計画』古今書院、一九八六年。

(5) 木本雅彦「氷川神社の方位と信仰」(『國學院雑誌』九三巻八号、一九九二年)。同「日置・壬生吉志と氷川神社」(『歴史地理学』一六三号、一九九三年)。同「氷川神社と太陽方位信仰」(『古代王権と交流2・古代東国の民衆と社会』名著出版、一九九四年)。

(6) 重松敏美「求菩提山の構成にみる信仰方位軸と四方浄土の展開」(『山岳修験』七号、一九九一年)。
(7) 内藤正敏『修験道の精神宇宙』青弓社、一九九一年。本書の「出羽三山の宇宙」参照。
(8) 以上、内藤正敏「空間論の民俗学」(第七三〇回日本民俗学会談話会、一九九三年四月十一日、於成城大学)。
(9) 内藤正敏「聖地としての日光」(『大日光』六六号、日光東照宮、一九九五年)。
(10) 内藤正敏「聖地としての日光(二)」(『大日光』六七号、日光東照宮、一九九六年)。
(11) 柳田国男「風位考」(『定本柳田國男集20』筑摩書房、一九七〇年)。
(12) 三谷榮一『日本文学の民俗学的研究』有精堂出版、一九六二年。
(13) 楠正弘『庶民信仰の世界』未来社、一九八四年。
(14) 重松敏美「経塚の方位とその選地の在方」(『山岳修験』一号、一九八五年)。
(15) 『立山町史・上巻』立山町、一九七七年。『山岳宗教史研究叢書17・修験道資料集(I)』名著出版、一九八三年。
(16) 『山岳修験研究叢書18・修験道資料集(II)』名著出版、一九八四年。
(17) 前掲注(注16)。
(18) 長野覺「日本人の山岳信仰に基づく聖域観による自然護持〈その一〉」(『駒沢地理』二五号、一九八三年)。
(19) 内藤前掲書(注7)第二章を参照のこと。

火と水の呪的コスモス――津軽修験の火性三昧

安永二年（一七七三）四月から、津軽地方に悪疫が流行した。

その症状は、にわかに発熱して八日目に戦慄《ふるい》がくる。戦慄が止まって大汗をかき大便が出る者は助かるが、汗が出ない者は死んだ。また八、九日しても戦慄がこないと熱がさめず腹が張って体が黄変して死んだ。とかく五十歳以上の者がこの病にかかると助かる者は一〇〇人に二、三人だった。伝染するので、親類や近所の者も病気の出た家に寄りつかず、家内の者も残らず病むので、死んでも葬ってもらえない者が多かった。そこで山伏頭の大行院に祈禱が命じられた。

> 右に付古来先例有之由にて山伏頭大行院え御物入の御祈禱被仰付　人形を作り御国中山伏の長老なる者を集メ一七日の祈禱行法甚新にして皆耳目を驚し候、六月十四日まで右祈禱満シ　同十五日大行院は乗物にて山伏数百人附添青盛へ行き同所の海江送り候処四五日過候て右人形亦々渚へ寄候由、是を見て只事に有之間敷と申候、祈禱初より青盛への道路同所の海え送り候迄諸人参詣夥事也、然共其験少しも相見得不申　信《マスマス》強大ニ成り申候
>
> 村々にて疫《バウ》の神祭二三度も執行、亦山伏共を頼み火焼《クワショウ》ざんまい（1）抔《ナド》と頓弁いふて怪敷事を致して此疾を遁《ノガ》れんとすれ共弥やますして山伏も段々に相頓死する者多し

この時の大行院の病魔退散の祈禱は、津軽の山伏を総動員して七日間おこなわれたが、あまり効果もなく、海に流した人形が不吉にも渚にもどってきてしまい、疫病はますます猛威をふるい、山伏たち自身も疫病にかかって次々と死ぬという有様だった。

同じように悪疫が大流行した天保九年（一八三八）にも、大行院が、五尺三、四寸の男女二体の疫神をつくり、七日間の火生三昧《かしょうざんまい》の法をした。終って黒紋付を着せた男神像が先に立ち、黒紋付に女帯を着けた女神像が後に従った。二〇〇人の山伏たちが旗を押したて鉾をもって見送り、大行院は駕籠に乗り、物頭役や足軽などを従えて青森へ向った。青森に着くと、二神を船に乗せて海に送った。この時は疫病の流行はおさまったという(2)。

これら悪疫の流行で、津軽山伏がおこなった祈禱は、人形を村はずれや川や海へ流す、疫神送りや虫送りなどの民俗宗教的な方法と共に、「火焼ざんまい」「火生三昧」という修験の修法がおこなわれている。その内容は、「山伏共を頼み火焼ざんまい抔と頓弁いふて怪敷事を致して……」と記されていることからみて、ふつうの山伏がおこなう柴灯護摩や火渡りなどと違って、よほど特殊な行法であることを物語っている。

火の行と水の行

津軽修験には、火性三昧《かしょうざんまい》という特異な修法が伝えられている。

火性三昧は、一般には火生三昧と書くが、津軽修験は火性三昧と書く。ふつう火生三昧といえば火渡りをさすが、津軽修験では、松明の炎で身をこがしたり、真赤に焼けた鉄の鍬刃を握るなどの修法をする。

すでに『大師御行状集記』（七十二）に、「住不動定。入火生三昧　従身火炎云云[3]」とみえる。これは空海が不動明王の定に入り、自身が不動明王となり、身体より火炎をあげた、つまり火炎を背負った不動明王の姿になったというわけである。津軽修験の火性三昧も、修法者が不動明王に入我我入して不動明王と一体化し、不動明王の火によって火の熱さを克服するという修法である。

『修験聖典』や『修験道章疏』に、火生三昧の修法が載っており、かつて津軽以外でもこの修法がおこなわれていたことがわかるが、他では廃れてしまったのは危険なためであろう。

火性三昧は、死と紙一重の荒行である。その〝火〟の修行である火性三昧が〝表〟の行であるとすれば、〝裏〟の行として〝水〟の行が必要だった。

かつて津軽の村々では、寒の間、家々の門口に、水を入れた桶を置き、山伏や僧たちは家々をまわって、水をかぶり布施を受けて歩いた。山伏は法螺貝を吹き、浄土宗や曹洞宗の僧は鈴を鳴らし、日蓮宗は団扇太鼓をたたいてまわり、桶にはりつめた氷を割って水をかぶって歩いたのである。ただでさえ雪の深い津軽の寒中に、水をかぶって歩くのは、文字通りの苦行であり荒行といってよかった。しかし寒行は急激にすたれてしまい、現在は寒の勧進だけで、水垢離をしなくなってしまった。

かつて火性三昧をおこなう津軽修験は、この寒行はかかせない修行であったが、さらに厳しい寒中修行をする人もいた。もう亡くなられたが、津軽修験の長老で弘前寺《こうぜんじ》住職だった小泉智信さんの場合、寒三十日の間、毎日一〇八杯の水をかぶり、さらに清水の中に全身入る修行を三年間つづけた。以下、小泉さんから一九七四年に聞いた話である。[4]

寒三十日の修行、私だばやったんですよ。弘前の富田というところに、シズコ（清水こ）という涌水があるんですね。そこに、夜十二時打ってから寒修行に出かけるわけだ。冬の十二時だからね、人も歩かねし、街も真暗だね、シーンとして、自分のはいてる足音だけだ。そこへ行くわけ。シズコさ行くと、まず一〇八杯の水をかぶるの。水垢離にも作法というものがあって、男と女では違うんです。男は左からきってくわけ。まず左の足から上のほうさ肩まで水かけて、それから右足から上に移る。そして最後に頭にかぶるわけ。これは師匠の湯口（覚王院）の先住よりならいました。こうして、一〇八杯の水さかぶると、かぶった水が、後《うしろ》でみんな凍ってるのよ。もう一〇八杯もかぶれば、いいかげん身体がおがしくなってだね。それから水の中さ首までつかんねばなんねえ。水の中さ入るといっても、動かね水だばええが、シズコは涌水ですべ、水が入ってくる、動いてる水に入るんだからたまらないな。

シズコの中さ入ってる時間ですか。それはね、こういう自分のつぐないの行だから、心の中で、お不動さんを使ってるわけだね。そうして、心の中でお不動さんが、「あがってもええ」と言う〝感〟がくるまで入ってるの。神様から暗示がくるまで入ってねばなんねえの。

そりゃね、何分間、何十分と時間がきまってれば終りがわかるから楽だと思うけど、いつあがってもいいのかわからないのは、ほんとにつらいものだ。さあ、時間にするとどのぐらいだべかなあ。寒行は長く感じるから。何十分も入ってたように思うけども、五分か十分ぐらいなものかもしれねえな。はじめて、水の中さ入った時は困ったね。もう一〇八杯も水かぶってれば、身体中の神経もおかしくなってるし、もう精神力も細くなってるしね。

さあ、水の中さ入ったはいいけど、いつ、あがってもええよという神さまの感がくるのかわからない。いつまでたっても、誰も上れとも言わない。さあ、心細くなってね。どうしたら良かべ。どこまで入っていればええのかと、もう手足もしびれてきてるし、だんだん意識もおかしくなってくる。そうしたら、心臓がピタッ、ピタッ！　と止まるんだよな。心臓が止まるような音が聞えたわけさ。そこで、心臓が止まれば死んでしまうと自分で思ったら、神様から「あがってもええ」という観念がわいてきてあがったわけ。それから急に意識もシャンとして、三十日間の寒行が続けれたですね。

こうして、小泉さんの寒行は、単に水をかぶるだけでなく、心臓がとまる寸前まで寒中の冷水につかることだった。まさに、生死の境をさまよい、死の体験にほかならなかった。そして注目すべきことは、自分の心臓の止まる死の瞬間をもう一人の自分が冷静に見まもり、判断することによって、生きかえり、それが信仰心のバネになってゆくことである。

火性三昧（熱釜）の修法をする小泉智信師

小泉さんは水からあがると、シズコの上の最勝院に行き、まず仁王門、弘法大師像、本尊、五重の塔を拝み、家に帰る。そうすると、家に帰るのは二時をすぎていた。家に帰っても、芯から冷えきって身体はなかなか暖まらず、ガタガタふるえながら夜明けをむかえたという。

もともと、火性三昧をする津軽山伏の多くは真言宗寺院の住職か、その子供だが、小泉さんは俗人から山伏になり、一代で寺をたてた人物である。当時、小泉さんは昼は津軽塗の職人や、映画館に勤めながら家族を養い、夜は信仰という生活を続けていた。ほとんど寝る時間もないような生活ぶりだったという。

こうした苦行をしている自分が、急にあわれに思えて涙がとめどなく流れてきたのも、生活におわれながら寒行をはじめて、一週間ぐらいたってからだという。何か目的があって、願をかけてする寒行なら、まだ耐えられる。しかし、小泉さんのように病気平癒や商売繁盛といった現世利益の祈願をするわけでもなく、ただ自分の信仰心のためだけに、人が暖かくねむっている寒中の夜中に、何故、こんな苦行をしなければならないのだろうと思うと、急に自分自身がなさけなく、あわれに思えて、涙がとめどなく流れてきた。小泉さんがはじめて霊感をうけたのは、ちょうどそんな時だったという。

ある時は岩木山大権現に願をかけ、一昼夜かかって一度も休まずに、弘前の自宅から百沢に出て岩木山頂に登り、赤倉沢をくだって大石神社に出て自宅にもどるまで歩きつづけたこともあった。この登拝は六月二十八日、まだ赤倉沢には雪渓があり、雪の下は溶けてくずれやすくて危険であった。そればかりか、小泉さんは一度も岩木山登拝の経験が無かったのだ。赤倉沢では足元の雪がくずれ、もう一歩で雪渓の下の沢水に落ちて死ぬ危険にあうという無謀な登山であった。

この時も道に迷いそうになると、不思議なことに雪上に山の神様の足跡があらわれ、それをたよって進み、無事登拝が成就した。大きな人間の足跡が点々と続き、そばに錫杖をついた跡と犬の足跡がついていたという。出発から二十五時間目、休みなく歩き続けて意識もフラフラとなり、深夜帰宅して、そのまま倒れるように眠りこみ、明け方、ふと目をさますと、枕元に白髪の老人姿の赤倉様（赤倉山大権現）が炉端でキセルで煙草をのんでいる姿をはっきり拝んだという。

小泉さんの場合、こうした宗教的な神秘体験は、かならず苦しい修行中にあらわれるのが常だった。笹清水の九頭龍大権現は、小泉さんがたびたび寒行したところだが、ここでも多くの神秘的なできごとに遭遇した。寒に毎日このお堂にかよい、深夜勤行していると、誰もいない御堂の扉が自然に開いたり、足音が聞こえたり、突然ローソクが花火のような大音声と共に消えたかと思うと再びついたりした。また、ある時には身体の脇を竜みたいなモノがズルンズルンとこすってのぼってゆくような体感現象や、やはり竜のようなモノが腰につき頭にあがって身体中が動かなくなるという体感異常をおぼえたこともあったという。

こうした度々の神秘体験をつむことによって、小泉さんには、神さまがたえず自分を見守っていて下さるのだという、自信が涌いてくるようになった。そして、火性三昧の荒行に対しても、不動の心でたちむかえるようになったという。

津軽修験の火性三昧

津軽修験の火性三昧の修法は、西の高野山弘法寺《こうぼうじ》、愛宕山地蔵院、赤倉山金剛寺、加福不動寺、小懸山《こがけさん》国上寺《こくじょうじ》など、津軽の真言系寺院でおこなわれている。火性三昧は、本堂と道場の本尊不動明王に読経ののち、次のような式次第で修せられる、

①洒水《しゃすい》……道場の東、南、西、北、中央、柴灯護摩炉、釜、鍬の修法所を、洒水器の水を散杖《さんじょう》でそそいで浄める。一般的な仏教作法。

②大幣……大きな御幣（梵天）で洒水と同じ順序で道場を祓ってまわる。この時、「東方ニハ降三世《ごうざんぜ》夜叉明王諸々之災難来リトモ他方ノ風ト吹キ払ヘ」と叫ぶ、以下、南方軍荼利《ぐんだり》明王、西方大威徳明王、

北方金剛夜叉明王、中央大日大聖不動明王と同じく唱えて祓う。また大幣の使い方には　伝あり、一つは虚空中に九字を切る。もう一つは[illegible]の五字を書く。

③大刀……日本刀を抜いて、洒水、大幣と同じ順序で九字を切って道場をまわる。

④柴灯護摩……道場中央に護摩木が積まれ杉葉で覆われた柴灯護摩に点火され、導師が乳木《にゅうもく》を投ずるなど、山伏一般の柴灯護摩と同じ。

⑤明松《たいまつ》……松明《たいまつ》の火で身体を焼くような所作をする。津軽修験は「松明」を「明松」と書く。（修法の詳細は後述）。

⑥鉄鍬……真赤に熱した鉄鍬の刃を持つ（後述）。

⑦熱釜……釜の熱湯をかぶり釜の中に入る（後述）。

⑧火渡り……熾火《おきび》の上を火渡り奉行、山伏が渡った後、一般信者が手に小さな梵天（御幣）を持ち、わらじばきで渡る（後述）。

これら津軽修験の火性三昧の諸儀礼のうち、特殊なのは、⑤明松、⑥鉄鍬、⑦熱釜の三つである。他の儀礼は普通の山伏にみられる。湯釜は熊本の木原不動で女性行者が釜ゆでの行としておこなっている例もあるが、津軽修験のように総合的な集団の儀礼として構成され、実行されているのは、全国的にも例をみない。特別に見せていただくことができた「火性三昧法」の秘伝書と私の三十年来の調査をもとに、津軽修験の火性三昧の明松、鉄鍬、熱釜を中心に、その修験的世界観や思想を解読したい。

明松――炎で身をこがす

次明松

祭壇上ニアル明松ヲ副導師取リテ之ヲ大導師ニ渡ス　大導師之ヲ加持シ修行者ニ授クコト如レ前行者ハ五人ニテ修ス　五人共受領シ了ツテ之ヲ護摩ノ残火ニ依リ火ヲ点ジ　其ノ一本ヲ口ニクワヘ両手ニ一本宛持チテ右手ヲ前ニシ火ヲ左肩前方ニ　左ヲ后ニシ拳ヲ背ニツケ右肩ノ后方上高ク揚ゲ恰モ頭ヲ中心トシ四方ヲ火ヲ以テ囲ムガ如シ　之即チ本尊不動明王大火焔ヲ背負フ形態ヲ表現スルモノ也　左膝ヲ地ニツケ尻ヲ踵ノ上ニ落着ケ　左足ヲ一歩出シテ膝ヲ立テル　上体ハ真直ニ起ス　之最初ノ形也　次ニ右足ヲ一歩進メ膝ヲ立テ左膝ヲ地ニツケ尻ヲ左踵ノ上ニ按ズ　明松ハ右手ヲ後ニ回シ火ヲ左肩ノ后方上ニ同時ニ左手ヲ前ニシ火ヲ右肩前方上ニ揚グ　斯ク右左交互ニ繰返シ前進ス　是即チ本尊ニ対シ一足一拝ノ義也　三歩目ニ到リ　明松ヲ胸ニテ双方合セテ右手ニ握リ　左肩ヨリ頭ノ后方大キク回シ右方ニ持チユキ　右膝ノ下ヲ外ヨリクグラシ左手ニ持チ替ル　之ヲ左ノ袖ヨリ通シ　胸ノ前ニ右手ヲ以テ抜ク　此ノ時明松ヲ右手ニ持チ替ヘルト直チニ左拇指ニ袖口ニ引掛ケ袖口ヲヒロゲル　又引抜ク時直チニ左手ヲ以テ胸ヲ抑ヘ残火ヲ消ス

次ニ明松ヲ両手ニ分ケ　一歩進ミテ最初ノ形ニナル　此ノ動作ハ即チ内外諸ノ障災ヲ聖火ヲ以テ焼煩セシムルノ義也　又曰ク身口意ノ三業ヲ滅除シト　次ノ三歩目ハ左膝ヲ立テルヲ以テ動作反対ナリ斯ク道場ヲ一巡シ本尊正面ニ到リ右左ノ動作ヲ敏捷ニ三回繰返シ　後立チテ明松ヲ水桶ニ入レテ火ヲ消ス

明　松

以上は津軽修験の「火性三昧法」に記される明松の所作だが、実際には次のようにおこなわれる。

まず両端に火のついた口明松《くちたいまつ》をくわえ、両手にも火のついた明松を持ち、右手を左肩のあたりに、左手を後方の右背中にまわし、左膝（右膝という口伝もある）を立ててしゃがむ。次に、この姿勢から、跳ぶようにはねて、左右の明松を持つ手を前後逆にまわして、右膝を立ててしゃがむ。この三回目が終ると、二本の明松を一緒に重ねて右手に持ち、大きく空中に円を描くように下にもっていき、右膝の下を通して左手に持ち替えて抜き、こんどは左袖口から衣の中に明松を入れて、右手で懐からひき出す。これを三回くり返し、その後は口明松なしで同じ明松所作をおこない、道場を一巡し、最後は本尊正面でこの所作をすばやく三回おこない、水桶に明松を入れて消して終る……。

なお、明松を衣の袖口から入れて胸の前から引き抜く時、「直チニ左手ヲ以テ胸ヲ抑ヘ残火ヲ消ス」というのは、明松の燃えさしが腹のところに落ちてヤケドをするので、逆の手で分からないようにもみ消せ、と注意した口伝である。

さて、この明松所作で、まず両端に火がついた口明松をくわえ、両手に明松をもつのは、「恰モ頭ヲ中心トシ四方ヲ火ヲ以テ囲ムガ如シ、之即チ本尊不動明王大火焔ヲ背負フ形態ヲ表現スルモノ也」と、修法者自身が火焔を背負った不動明王の姿であるとしている。私が直接聞いた口伝では、自身が不動明王で、明松の四つの炎は、降三世、大威徳、軍荼利、金剛夜叉の四明王で、全体で五大尊の姿であるという。修法者は、まず不動明王になるのである。

次に両手にもった明松を前後にしながら跳ぶように前進するのは、「本尊ニ対シ一足一拝ノ義」であるとしている。また明松を衣に通して身をこがすのは、「内外諸ノ障災ヲ聖火ヲ以テ焼煩セシムルノ義」であり、「身口意の三業ヲ滅除」することだと説明している。

つまり明松所作全体は、修法者が不動明王と一体化し、本尊の不動明王を拝し、自身と道場を明松の聖火で浄化する儀礼と意味づけられているのである。

火性三昧を伝える津軽山伏は真言系修験で、現在も子息の多くが醍醐寺三宝院に修行に行っている。三宝院の真言系修験の文書を集めた『修験聖典』に、次のような「松明所作」の修法が載る。(5)

大火生三昧耶法

先護身法　全身観レ成ト二𑖮𑖯𑖽字ト一

次無所不至印　帰命𑖮𑖽　𑖌𑖼𑖮𑖽𑖕𑖧𑖭𑖿𑖪𑖯𑖮𑖯

次金剛合掌　本尊及諸天ヲ念ス

諸天智水　本尊同智

正理清浄　火生成水
次外獅子印　　身火本
次大海印　散㆓総身㆒　
次水天印　外縛二大立合　
次剣印　　観水
次根本印　火界呪三遍
次剣印　慈救呪二十一遍
次外五鈷印　一字呪七遍
次入我我入　定印
観《セヨ》心上《ノ》有《ニ》㆓字㆒変《シテル》成㆓月輪《ト》㆒月輪変《シテル》成㆓智剣《ト》㆒智剣
変《シテ》成《テ》㆓不動尊《ト》㆒相好円満《セリ》　我《カ》身《ハ》即成《ル》㆓本尊《ノ》身《ト》㆒
次五大尊観念　定印
右手《ハ》降三世明王左手《ノハ》金剛夜叉明王右足《ハ》軍荼利明王左足《ノハ》大威徳明王総身《ハ》不動明王《ト》成《ルト》　能々観《スヘシ》
次読経可任意
次松明所作

この修法は、まず修法者が護身法を結び、全身が金剛薩埵となったと観じ、自身を浄化しガードする。次に無所不至印を結び、自身が不動心となり、水天に帰命し、水天の真言を唱える。次に金剛合掌して諸天を念じ、「諸天智水、本尊同智、正理清浄、火生成水」と唱える。次に外獅子の印を結び、金剛薩埵の

真言を唱え、自身の体が火となる（身火本）と観じる。

次に大海印を結び、総身に散じて、八大龍王の真言を唱える。さらに水天の印を結び水天の真言を唱え、剣印を結び、水を観じる。

次に不動明王の根本印を結び、火界呪を唱え、剣印を結び、不動明王の慈救呪を唱え、外五鈷印を結んで、不動明王に入我我入する。

その観想法は、心の上に水天の𑖪𑖽字があり、変じて月輪《がちりん》となる。月輪は変じて智剣となり、智剣が変じて不動明王となり、我が身も不動明王となる。

次いで、右手は降三世明王、左手は金剛夜叉明王、右足は軍荼利明王、左足は大威徳明王、総身は不動明王になると観じ、松明所作に入る。

この「大火生三昧耶法」は、まず水天の真言で水天をよび、火生成水と唱えて、火を水に変え、次いで身火本と唱えて、自身が火となる観想をする。次に、八大龍王や水天を招き水を観じ、水によって火を鎮める。そして不動明王と入我我入して一体化し、両手両足が四大明王で総身が不動明王という五大尊観念によって、松明所作の修法に入るのである。

この五大尊観念は、津軽山伏の「火性三昧法」の修法者自身が火焔を背負う不動明王の姿とする考えと同じであり、自身が不動明王で明松の四つの焔が四明王で全体が五大尊という口伝と同じ世界観によって構成されているのである。

ただ「大火生三昧耶法」では、水天や大海印、八大龍王の印を結び真言を唱えて、さかんに水を観想している。火即水、水即火という概念がみられる。火生三昧の本尊の不動明王も水神的性格をもつことに注意したい。不動明王の一形態に倶利伽羅《くりから》不動がある。これは龍神が不動明王の智剣にまきつき剣先にかみついた姿で、空海が唐から帰朝する時、海が荒れ、空海が祈ると不動明王がこの姿で現れて海が静まったといい、波切不動ともよばれる龍神形の不動明王だ。本尊を不動明王とする「大火生三昧耶法」で水天や八大龍王の真言を唱えても何ら矛盾しないのである。

津軽修験の「火性三昧法」では、水天や八大龍王の印や真言は書かれてない。しかし私が小泉智信さんから生前聞いた口伝では、津軽の火性三昧でも八大龍王が非常に重要な神になっているという。

後述する「鉄鍬」の修法で、鍬の両側に水天の真言を書くが、「釜」の修法の湯ならしでも、釜の中の熱湯を笹葉を使って空中に飛散させる時、自分の前面で大きく円を描き、続いて螺旋状に頭上に水を巻きあげて、龍が天に昇る形を描くのが正しいという。また「火渡り」で、火渡り奉行が炭火の道の上に塩をまいて清めたのち、コップの水を投げるが、この時、水を空中高く投げあげなければならない。この水を伝って龍を天から下らせる作法だからだという。小泉さんは、「火性三昧の修法には、龍神さまを観ぜよ」という口伝を師匠の覚王院から教えられたという。

こうした小泉さんの口伝や体験から考えて、津軽修験の火性三昧にも、「大火生三昧耶法」と同じように、水によって火を鎮めるという思想があると思われる。

また明松所作について、「内外諸ノ障災ヲ聖火ヲ以テ焼煩セシムルノ義也ト　又曰ク身口意ノ三業ヲ滅除シ……」と、明松はその聖なる火で、すべてのケガレを浄化することだとしている。

口明松と明松には、（ア・バン・ウン）の梵字と九字が書かれた半紙が紅白の水引によって結びつけられている。このアは胎蔵界大日如来、バンは金剛界大日如来、ウンは金剛薩埵の種字で、ア・バン・ウンは理智不二を示す真言として、修験道では、法剣、法弓などの柴灯護摩の前作法の法号に用いられる。このように眺めると、〝明松〟は次におこなう〝鍬〟や〝釜〟の前作法として、明松の火の浄化力によって、行者と道場を浄化する儀礼と考えられるのである。

鉄鍬——灼熱した鍬刃を握る

鉄鍬の修法について、津軽修験の「火性三昧法」の秘伝書に次のように書かれている。

次鉄鍬

大導師始メ大刀ヲ取リテ行者ニ授ク行者之ヲ腰ニ帯シ更ニ懐紙ヲ受ク　作法如レ前

行者鍬所ニ到リ右掌ニテ炭火ヲ払フ（口伝）鍬ノ上縁ヲ完全ニ露出サセタル後　懐紙ヲ出シ　折目ヲ前ニシ確実ニ把手ニ巻キツケル（口伝）

次ニ右手ヲ以テ把手ヲ握リ上ニ持チアゲ地ヨリ引キ抜イテ手許ニ引キ　左足ヲ一歩後退シ　鍬ヲ左方へ地ニ引ク　次ニ右足ヲ一歩後退シ　鍬ヲ右方へ引キ　更ニ左足ヲ一歩後退シ　鍬ヲ左へ引キ左手ニ持チ替ル　此ノ時上体ヲ起スト同時ニ右手ニテ大刀ヲ抜キ　鍬大刀ヲ高ク掲ゲル（口伝）　次ニ二人向ヒ合ヒ入レ違ヒニ東方ノ者ハ西方ニ　西方の者ハ東方ニ出デ　道場ヲ一廻シ（口伝）　本尊正面ニ至リ　一揖シテ鍬ヲ水桶ニ入レ　大刀ヲ鞘ニ納メ　大導師ニ返シ大導師之ヲ本所ニ置ク

鉄鍬ノ秘法ハ開発ノ意ニテ　我等凡愚ニモ本来仏性ノ具備シアルモ諸々ノ業障ニ妨ラレ具現セラレザルヲ　智慧ノ妙鍬ヲ以テ開発菩提心ヲ起サシムル也

さらに炭火を右手で払う時と懐紙を鉄鍬に巻きつける時の口伝が別紙に書かれている。

鉄　鍬

（別紙）

始メ鍬ノ前ニ到リ前進後退三、四回、次ニ右手ヲ以テ炭火ヲ左右ニ払ヒ除ク　但シ遠クハジカヌ様　之ヲ五、六回繰リ返シ完全ニ鍬ノ上縁ヲ露出ス

懐紙ヲ出ス時　右膝ヲ地ニツケ左膝ヲ立テ　而シテ懐紙ヲ下ヨリ回シ　右側ヲ前ニ則チ内側ニ巻キ　左側ヲ其ノ上ニ巻キ確実ニ巻キツケル

まず真赤に燃えた炭を右手で左右にはらい、鍬刃の上縁を露出させる。鍬刃は炭火の中で二時間以上も熱せられているので真赤になっている。これに懐紙を巻いて、右手で引きだし、左足から三歩さがり、左手に鍬刃を持ち替えて立ち上がり、右手で刀を抜き、左手の鍬刃を高くあげる。二人の修法者は、道場の前と後で、古武道の型のような動作で、激しい気合で向いあい、位置を東西で入れ替り、道場を一巡する。

鉄鍬は、火性三昧のなかで最も危険な修法である。実際にあるベテランの津軽山伏は鉄鍬の修法中に懐紙がやぶれたが、大勢の信者が見ているのでやめるわけにいか

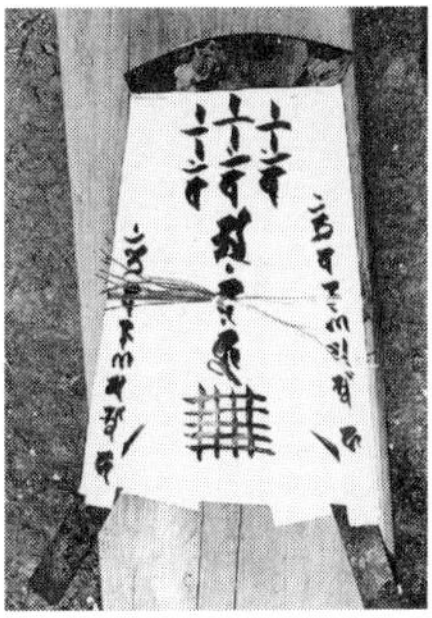
鉄鍬（表）

鉄鍬（裏）

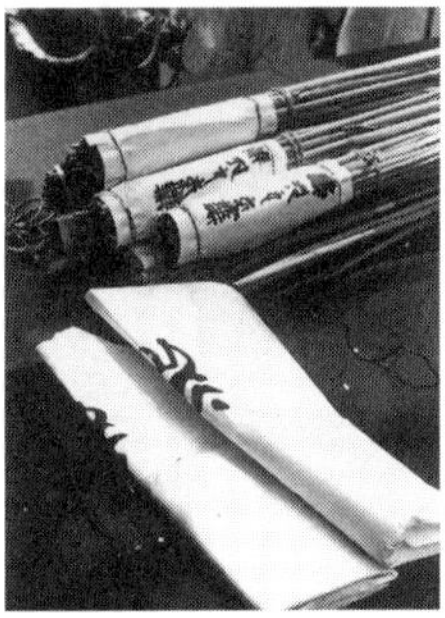
懐紙（手前）と明松

ず、手がこげても最後まで鍬刃をにぎりつづけたため深い大火傷をして病院にかつぎこまれたが、すでに手おくれで左腕を切断され、それが原因で早死にしている。

　真赤に焼けた鉄鍬を持つためにまきつける〝懐紙〟とは、半紙に糊を塗って厚く塩を盛って貼りあわせたもの。食塩は錯塩なので熱せられると水を出して温度を下げる。そのため火渡りでも熾火の上に塩がさかんにまかれる。しかし温度を下げるといっても、せいぜい一センチぐらいの厚さの塩で真赤になった鉄をにぎるのである。鍬の行では、左手の力を少しでもぬくと、懐紙と鍬の隙間に空気が入り、温度が上がって大火傷の原因になる。しかも右手には刀を持っており、相手を傷つけないように注意しつつ、左手の鍬を強く握りつづけなければならず、極度に精神力を集中しなければならない。

　まさに〝鉄鍬〟は死と直面する荒行といっても過言ではない。興味深いことに、炭火で焼かれる前の鍬刃に、裏面に「南無阿弥陀仏」、表には中心部に「ア・バン・ウン」、その上に十バンが三行、下に九字、両側に水天の真言を書いた半紙が紅白の水引で結びつけられることだ。また、鍬を持つ懐紙には不動明王の種子が書かれている。注目すべきことは、阿弥陀如来は極楽浄土に住する死者の仏である。わざわざ鍬刃に南無阿弥陀仏と書くのは、鉄鍬の行そのものが〝死〟の体験であることを意味すると考えられる。しかし、その死は単なる死ではない。表に書かれた「ア・バン・ウン」は、それぞれ胎蔵界大日如来、金剛界大日如来、金剛薩埵。つまり鉄鍬の行は、修法者が不動明王と入我我入して、まず裏面の阿弥陀如来によって死の世界に入り、表の金胎不二の大日如来へと即身成仏して再生する、という儀礼であると考えられる。

残念ながら津軽山伏の「火性三昧法」は、明松にしろ鉄鍬にしろ、その修法の所作と順序についてはくわしく書いてあるが、その所作や修法の意味については、すべて口伝にされ秘密にされている。そこで中央の修験文書から類推する必要がある。

津軽山伏の鉄鍬と同様の修法は、『修験聖典』に「鉄火三昧[6]」、『修験道章疏』に「鉄火大事[7]」として修法次第が載っている。

鉄火三昧
護身法　如常　次九字　勝
次四明印　次剣印　慈救呪
秘歌
　月海上ニ浮ンデ兎キ波ヲハシル水徳円満
　三元加持ト唱フ　直ニ鉄火ヲ行
次九字　　三部被叩　弾指

まず護身法を結び、九字を切り、自身を浄化し堅固に防護する。次に四明印を結び、本尊を摂して己身

に入れる。次に結ぶ剣印は不動明王の印、慈救呪は不動明王の真言で、この印明によって修法者は不動明王に入我我入する。そして「月海上ニ浮ンデ兎キ波ヲハシル水徳円満　三元加持」という秘歌を唱える。この秘歌で、月は水精であり、兎は月の使者、まさにこの秘歌を唱えることによって「水」の呪力を発している。つまり「鉄火三昧」では、修法者は剣印・慈救呪で自身が不動明王になり、水の秘歌を唱えて火を鎮め、鉄火の行に入る、という世界観がみられる。

○鉄火大事

先《ツ》九字。《ロイ》

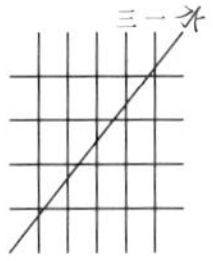

一切障礙清浄行

次《ニ》拍掌。　弾字。三遍　次《ニ》合掌。

アビダニ鑁字ガ池ノ清ケレバ

結ビテカケテアビラウンケン三反

高木ガ池ノ桃ノ木ヲ折テクグベシバ

水トナル結掛テアビラウンケン三反

次《ニ》不動剣印《ニテ》《ロイ》　水曾伊曾三反　已上

この「鉄火大事」では、まず口伝の九字を切るが、この九字は上下左右を逆に切る異常な九字である。

ふつうの九字は、臨兵闘者皆陣列在前《りんぴょうとうしゃかいじんれつざいぜん》、と唱えながら、最初は左から横へ臨、次は左上から下に兵……と切ってゆくので、横五本、縦四本になる。しかし、この九字では、最初は右上から下に、次に右から左にと切ってゆくので、縦五本、横四本で逆九字になっており、最後に斜めに「水《すい》」と唱えて切っている。こうして一切を清浄にしたのち、次に拍手、弾指し、ここで金剛薩埵の𑖮𑖳𑖽（ウン）を三遍唱え、発菩提心を起させ、秘歌を唱える。

この秘歌のアビダは阿弥陀、鑁字《ばんじ》は金剛界大日如来の種子《しゅじ》（バン）、アビラウンケンは胎蔵界大日如来の真言である。「アビダニ鑁字ガ池ノ清ケレバ　結ビテカケテ　アビラウンケン」の秘歌は、鉄火（鉄鍬）を握った修法者が、阿弥陀如来で死んで金胎両部の大日如来に即身成仏して再生することを詠んでいる。これは津軽修験の鍬刃の表面の阿弥陀如来、その裏にア・バン・ウンと金胎両部の大日如来の種子を書くことと同じ世界観によっているのである。

また、この秘歌も次の秘歌も、「池」や「水」が詠みこまれているのは、「大火生三昧耶法」で水天や八大龍王の印明や水の観想、「水天の種子が月輪、智剣から変じて不動明王となる」という観想と同じ意味をもつ。まさに私が小泉さんから聞いた「鍬の両側に水天の真言を書く」という口伝と同じ思想なのである。

実際の津軽山伏の火性三昧では、明松も鉄釜の場合も、導師が「南無大日大聖不動明王！」と叫ぶと、修法者も「南無大日大聖不動明王！」と叫び、修法具を授けられると、一気に修法に入る。秘伝書にも「鉄鍬ノ秘法ハ開発ノ意ニテ　我等凡愚ニモ本来仏性ノ具備シアルモ諸々ノ業障ニ妨ラレ具現セラレザルヲ　智慧ノ妙鍬ヲ以テ開発菩提心ヲ起サシムル也」と記されている。

まさに津軽山伏は、熱火の中で精神力を集中して三昧境に入り、自身が不動明王となり、火で火を克服するのである。

熱釜——熱湯に耐える

鉄鍬の次におこなわれる熱釜の行については、津軽修験の「火性三昧法」には、「次入釜ノ事」と書かれているだけで、いっさい修法の内容が書かれておらず、すべてが秘伝になっている。「入釜」は「熱釜」ともいい、単に「釜」ともいい、次のような修法がおこなわれる。

火性三昧の釜

大釜に湯を煮えたぎらせておく。湯花の役が笹束でかきまぜて湯ならしをしたのち、釜役が笹束で強く空中にはねあげるようにして、熱湯を頭からあびる。次いで笹葉を敷いて釜の中に結跏趺坐して印を結び三昧境に入る。終ると釜を頭上高く持ち上げ、熱湯を頭からあびながら釜を本尊前まで運んで終る。

津軽修験の熱釜の修法はすべて秘伝とされているが、鉄釜そのものに一つの手がかりを発見した。鉄釜の底に、金剛界大日如来の種子バン𑖪𑖽と——と九字が三行に書かれており、これは「鉄火大事」に書かれていたのとほぼ同じなのである。『修験道章疏』所収の「火生三昧大事」[8]にも、湯釜の修法に同じ種子と印が記されている。

火生三昧大事又号二湿火大事一

先《ツ》護自法。如レ常。

次ニ無所不至印。　火天上水生水天下此火湿《ス》。三遍

次ニ八葉印。　水火滅水火滅地水[illegible]。三遍

次ニ両羽印。　[illegible]《ヲンインタリヤソワカ》。ロイ三遍

次ニ両刀印。　[illegible]《マロタヤソワカ》。ロイ三遍

次ニ四明印。　水天[illegible]水多[illegible]。ロイ三遍

次ニ外獅子印。　天竺池水以此火湿《ス》。三遍

次ニ智拳印。　霜霰雪氷隔解《モレヤトトレハシ》　同谷川水。三遍

次ニ水天呪。数遍　唵[illegible]

鍬モ湯釜ニモ如レ此書

一本ノ智拳印呪文　霜雹雪氷隔解《モイレヤトトレハシ》　同谷川水。三遍

タエマツ紙ニテ結所江

鍬同様ニ書

外[illegible]モ書

師曰ニ。鍬ノ両耳江水天呪書[illegible]

以上

このは、鍬も湯釜にも書き、タエマツ（松明）にも紙に書いて結びつけるとしているので、津軽山伏の鍬や釜の底に書かれているものと共通する意味をもつ。この修法は、火を水で湿らせ、金剛界大日如来の智拳印を結び、「霜、霰、雪、氷も溶ければ同じ谷川の水」といった意味の秘歌を唱えて釜や鍬の行に入っている。水によって火を鎮めて修法に入るのは、いままでと共通する。興味深いことは、師に曰くとして、「鍬の両耳へ水天呪を書く」という口伝が記されているが、これは小泉さんの「鍬の両側に水天の真言を書く」という口伝と同じであることに注目したい。

火渡り——熾火の上を歩く

津軽山伏の火性三昧の最後は、「火渡り」で終る。柴灯護摩でできた熾火がまかれ、火渡り奉行が先に渡り、山伏たちが渡った後、一般信者たちが手に小さな御幣（梵天）を持ちわらじばきで熾火《おきび》を渡る。この火渡りについて、「火性三昧法」には、「火渡奉行ハ別ノ次第ニ拠ル」と記されているが、実際に火渡りを司る火渡奉行は、別々な次第書をもっておこなっている。次に蓮正院の石田文観さんから見せていただいた「火渡り行法次第」を紹介する。ただし印の下に記された真言は長くなるので省略する。

火渡り行法次第

先普礼　介合

次着座

次護身法　如常

次洒水　　如常
次羯磨印
　智拳印
　剣印
　火天印
　念珠を取リテ火天小呪　廿一遍
次九字
　東西南北中央ト切リ
　不動小呪ヲ唱ヒ十方ニ波ノ花ヲ投ズ
次五大明王印言
　　降三世明王
　　軍荼利明王
　　大威徳明王
　　金剛夜叉
　　不動明王
次四明　如常
次投花
　観想セヨ此ノ花炉中ニ宝蓮華座トナル
　座ノ上ニ吽字アリ変シテ不動明王トナル

次水天印言
観想セヨ八大龍王天ヨリ下ルト
コップノ水ヲ炉中ニ投ズ
次八大龍王印言　介合
次塗香
次水輪観　法界定印
観想セヨ心蓮華ノ上ニ𑖪字アリ　変シテ大水輪トナル　変シテ龍索トナル　龍索変シテ水天ノ身トナル　身浅緑色ニシテ右手ニ刀ヲ持チ　左手ニ龍索ヲトリ　頭冠ノ上ニ五龍王アリ　遍ク水ヲ生ジテ一切衆生ヲ潤沢ス　然レバ即チ身体悉ク是レ水輪也　又難陀跋難等ノ八大龍王　修行者ヲ囲繞ス
終ッテ塩ヲ炉中ニマク
次普供養　三力
介合二頭宝形
以我功徳力　如来加持力
大□《ヨメズ》法界力　□《ヨメズ》供養頂住
次祈願
唯願地水火風一切諸天
納受渡護護持施主悉地円満
次火伏　無所不至印
次大幣

天魔外道皆仏性四魔三性
成道来魔界同理一想平等
無差別
観ゼヨ心月輪ノ上ニ字アリ　不動明王トナル火生三昧ニ住シテ普ク自他ノ罪障及ビ諸々ノ難降ノ
類ヲ焼キ尽ス無量ノ眷属前后ニ囲繞ス
次踏火
不動真言ヲ唱ヘ渡ル也
次撥遣
撥遣終ッテ逆ニ踏火シテ終ル
般若心経不動真言任意
次三札
次退道場

この津軽修験の火渡りの修法の主要部は、まず護身法、洒水、九字で自身と道場を清浄にし、五大尊の印と真言で自身が不動明王となる。そして「花炉が宝蓮華座となり、その上に金剛薩埵の種子が現れて不動明王となる」という観想で、火渡りの炭火の道に不動明王を勧請する。

次に水天の印と真言を唱え、「八大龍王が天から下る」と観想し、火渡りの道（炉）にコップの水を投ずる。（コップの水を投ずるのは、この水を伝わって龍を天から下らせる作法、という小泉さんの口伝と一致する）。

次に八大龍王の印を結び真言を唱え、「水輪観」をする。

心蓮華の上に水天のバン字が現れ、大水輪となり、龍索となり、水天となる、と観想する。龍索は、不動明王が持つ羂索《けんさく》にあたる水天の持ちもので龍蛇で蛇索ともいう。水天は身浅緑色で右手に刀、左手に龍索をもち、頭冠の上に五龍王があり、一切衆生を水でうるおし、修行者の身体も水輪となり、八大龍王が守護する。こう観想して火渡りの炭火の道に塩をまくのである。

この後、火伏を行い、大幣で天魔外道などを払ってから不動明王を観想する。

心月輪の上に金剛薩埵のウン字があり、不動明王となり、火性三昧に入って、自他の罪障を焼き尽し、無数の眷属が前後に守護している。こう観想して、不動明王の真言を唱えて火渡りをするのである。

津軽修験の火渡りの作法では、まず修法者は不動明王になり、八大龍王や水天の印や真言、観想で火を水で鎮め、再び修法者は不動明王の火性三昧に入って、炭火の上を渡るのである。ただ、八大龍王が天から下る観想や、八大龍王の印言ののち水輪観の複雑な観想をおこなっており、水で火を鎮める観念がより強い。

『修験道章疏』と『修験聖典』に載る「嚩嚕拏天水生消火之大事(9)」という火渡りの修法でも、まず大鉤召印で五大龍王、八大龍王などの諸龍王を呼びよせ、大海印の印明、次いで法界定印を結び、観想をしているが、この内容は津軽修験の蓮正院の水輪観と同じである。その後も大海印や水天の印明によって水で火を鎮めて「踏火」に入っている。火渡りの修法に水で火を鎮める観念が強いのは、一般の信者が火を渡るためと思われる。

擬死再生の二重構造

津軽の修験の火性三昧の全儀礼を眺めると、洒水、大幣、大刀、柴灯護摩、火渡りは、一般的な修験道の儀礼である。これに対して、明松、鉄鍬、熱釜は、津軽修験の特殊な儀礼である。

このうち洒水・大幣・大刀は、道場をキヨメる浄化の儀礼である。それは「大幣ニテ道場を浄ム……」とあり、また「次道場清メ」として洒水と大刀が記され、「大刀……九字ヲ切ッテ道場ヲ清ム」と記されていることからもあきらかである。

次におこなわれる柴灯護摩については、「護摩師ハ別ノ次第ニ依ル　祭文（祈願文）ハ火ヲ移シテ後直ニ読誦ス　護摩終ッテ其ノ火ヲ鍬所又ハ火渡所ニ移ス」と記されているだけである。実際には釜と鍬は二時間以上も前から別の薪や炭で熱せられている。明松は柴灯護摩の火で点火される。柴灯護摩の内容については口伝にされ何も記されていないが、羽黒修験では、柴灯護摩は自身の火葬を意味する逆修《ぎゃくしゅう》葬礼であるという口伝がある。柴灯護摩の護摩木の数九十六本は人間の骨の数を表す(10)。

『修験道章疏』の「修験修要秘決集」にも秘記に曰くとして、次のような記述がある(11)。

秘記曰。大採燈者ハ表ス二衆生大骨ヲ一。小木者ハ表ス二小骨棺形ヲ一。積二小木ヲ一事像カタトル二依身五大家ノ一也。是レ則チ断焼修生五大令ムルレ帰セ二本有阿字ニ一義也ナリ。閼伽ノ水者ハ表ス二生本ノ源ヲ一。採燈者ハ示ス二死ニ所ヲ一レ帰スル。凡ソ入峯修行軌則ノ者ハ皆ナ是レ胎内斑蓋胎外正灌頂生起閼伽死滅採燈表示也。能能可レ観二行之一。

小木頌（伝記説）　四大和合身　骨肉及手足
　　　　　　如薪尽火滅　皆共入仏道

『修験聖典』の「柴灯護摩次第」や「庭壇護摩供次第」にも「四大和合身　骨肉及手足　如薪尽火滅　皆共入仏地」とあり、仏の境地に入るために自身を焼き尽すと意味づけており、柴灯護摩に羽黒修験と同じような意味があったことを示している。

最後におこなわれる〝火渡り〟は、火渡り奉行が大幣を持って熾火の上を渡った後、一般の参詣人が渡るが、この時、かならず小さな御幣を持って渡る定めとなっている。御幣は神の依代である。一般の参詣客は、火性三昧の最後に神仏と一体になり、即身成仏して再生できるのである。

これに対して、明松、鉄鍬、熱釜は、山伏の荒行という意味あいが強い。

〝明松〟は、先述したように、障災を焼き、三業を滅除する意味をもち、修法者自身をキヨメる浄化の儀礼である点で、洒水・大幣・大刀に対応している。

〝鉄鍬〟は、「南無阿弥陀仏」と書かれた半紙にみられる擬死体験が〝柴灯護摩〟の逆修葬礼の〝死〟の儀礼に対応する。

〝熱釜〟に用いる釜の底には、金剛界大日如来の種子バンと┼、九字が三列に書かれている。鍬にも書かれており、共に最終的に大日如来の世界に即身成仏することを目的としている。しかし釜には鍬のように〝阿弥陀如来〟は書かれていない。これはもともと熱釜は、民俗宗教的な〝湯立て〟が修行儀礼となったためではないかと思われる。湯立ては、神聖な釜で湯を煮たて、その湯をかけることで神憑《かみがか》って神意を占い託宣する神事である。湯立ては岩木山百沢寺《ひゃくたくじ》や国上寺、小栗山神社など、津軽の霊場でおこなわれていた。そういう点で、神仏と連続して神意を聞く〝湯立て〟から変化したと思われる〝熱釜〟は、神の依代の御幣をもって火の上を歩き、一般の参詣人が神仏と一体になり即身成仏する〝火渡り〟に対応する。

このように津軽修験の火性三昧の儀礼の構造は、全体が「洒水・大幣・大刀—柴灯護摩—火渡り」と「明松—鉄鍬—熱釜」の二重構造になって合体しており、それぞれ「浄化—死—再生（即身成仏）」という擬死再生の形で対応し構成されていることに気づくのである。

洒水・大幣・大刀……（浄化）
柴灯護摩…………（死）
明松…………（浄化）
鉄鍬…………（死）
熱釜…………（再生）
火渡り…………（再生）

これらの儀礼は、実際には鍬に不動明王や大日如来の種子が書かれており、即身成仏し再生する意味があり、熱釜でも釜底に大日如来の種子が書かれている。そして釜に入る前の湯ならしは浄化の儀礼である。そのため火性三昧は、浄化、死、再生の二重構造になっているといっても、別々に独立しているわけではなく重なりあったところもある。

『修験道章疏』の「火生三昧耶之大事」「嚩嚕拏天水生消火大事」「火生三昧大事」「鉄火大事」は、平安時代の泰澄、浄定、修入らが法験呪力を競った時の遺法と伝えられている[12]。

これらの修法次第と津軽修験の火性三昧には共通する点が多くみられることは指摘したとおりである。しかし問題は、冒頭で紹介した近世の記録では、「火焼ざんまい」や「火生三昧」の担い手が大行院である点である。大行院は近世に津軽修験の触頭《ふれがしら》となった醍醐寺三宝院系の当山派修験である。(13)大行院が近世に三宝院の火生三昧の修法を津軽にもち伝えたという可能性がある。しかしそれ以前に津軽に湯立てが湯釜になるような、その下地があり、大行院が現在の「火性三昧」の形に再編成したことも考えられる。いずれにせよ津軽修験の火性三昧についてでは研究されておらず、これからの課題としたい。

それにしても、津軽修験が真赤に焼けた鍬刃を歯をくいしばって握る〝鉄鍬〟や、熱釜の熱湯の中で結跏趺坐する〝熱釜〟は、圧倒的な迫力がある。M・エリアーデによると、満州（中国東北部）人やエスキモー（イヌイット）人のシャーマンは、最もきびしい寒さに抵抗することにより、呪力を証明する。また反対に火の統御を補って初めて完全なものとなる。「神秘的灼熱」を通して冷たさに耐えることで超人的状態を獲得していることを示す。シャーマンのエクスタシーは、シャーマンが「灼熱」されて初めて達成される。そのためシャーマンは灼熱した鉄にふれ、燃える炭をのみこむのだという。(14)

津軽修験は、真冬の寒行で水垢離をとって冷たさに耐え、夏の火性三昧で、自らが火炎を背負った不動明王と合一し、火で火を克服する。まさに津軽修験の火性三昧は、シャーマンの呪的灼熱の姿を目のあたりにするかのようである。

注

（1）『平山日記』（『みちのく双書』二二集、青森県文化財保護協会、一九六七年）。
（2）福士貞蔵『郷土史料異聞珍聞』津軽考古学会、一九五六年。

は五重塔は単なる建造物ではなくなった。五重塔の前に立つと、五重塔の中に封じこめられた宇宙の神秘な風景が心に浮かんでくるようになったのだ。

修験道では、目で視える世界の背後に、教義や思想で意味づけた本質が隠され、秘密にされている。修験道の研究には、この〝視えない世界〟を解読することが重要であることを羽黒三所権現の口伝に教えられたのである。

羽黒山の松例祭を新たな視点で解読すると、次のような構造から成り立つ。松聖とよぶ二人の山伏が百日間参籠して、興屋聖の穀霊を拝む。大晦日、麤乱鬼という鬼が昼に斬殺され、夜に再生するが焼き殺される。この直前、本殿で烏とびの神事と兎の神事がおこなわれ、太陽と月の宇宙的な神力が密かに発せられる。新年を迎えると、興屋聖の穀霊は羽黒権現となり、所司前の大先達の姿で現われ、焼き殺された麤乱鬼は松打に再生して新しい浄火を点ける……。松例祭は、神と鬼が再生する神話的ドラマである。

岩木山の縁起では、鬼が退治されて山が開かれているが、鬼は山から水をひいて村人を助け、鬼神社に祀られて、七日堂祭には天候や稲作を託宣する。これら羽黒山や岩木山の鬼は、新しく入ってきた仏教の如来や菩薩、記紀の神々に主座を追われた古い地主神であり、羽黒山や岩木山の始源の神である。さらに岩木山の鬼には、刀鍛冶伝説が伴っており、金属技術にも通じた修験の一面も暗示している。岩木山の鬼と刀鍛冶の伝説は、新しい民俗学へ発展する可能性をはらんでいる。

黒石寺の修正会結願の蘇民祭に、鬼面を逆さまに背負った鬼子が登場する。全国の修正会、修二会を調べたが、このような鬼は他に例をみない。黒石寺は、延暦年間に約一九万の蝦夷征討軍が投入された激戦地の近くにあり、この戦いから約五〇年後に創建された寺である。黒石寺の鬼子の特異な点について、鬼子の秘儀を多角的に考察した結果、黒石寺蘇民祭は、蝦夷を象徴する鬼子に、本尊の薬師如来と四天王、十二神将を憑《つ》けることによって、「鬼を神に変換する祭」であることがわかってきたのである。

箆峰寺は、天平二十一年に奈良大仏の鍍金用の黄金九百両が発見された宮城県涌谷の天平産金地の近くにある。箆峰寺の修正会は、本尊十一面観音、脇士が毘沙門天、不動明王の前で、牛頭天王によって鬼を追い出し、十二神将で結界する。これらの神仏は、仏教の教典では、鬼に近い性格をもつ神仏であり、鬼で鬼を厳重に追いはらって結界している。

東北の修正会では、鬼を追い出す追儺が無いのが特徴とされている。しかし、古代東北の政治史上で、国家的な大事件だった天平産金地と延暦年間の蝦夷征討の激戦地に近接する箆峰寺と黒石寺の修正会では、鬼に対する特異な呪的操作がおこなわれているのである。

これは羽黒山や岩木山の鬼は、大自然の荒ぶるパワーが神格化された〝自然の鬼〟であるのに対して、黒石寺や箆峰寺の修正会の鬼は〝政治の鬼〟といってよい。

近世の仙台藩で座頭とよばれる盲目の芸人が語った奥浄瑠璃『田村三代記』では、また別な鬼が顔をみせる。

古代東北の坂上田村麻呂の蝦夷征討は、中世京都の御伽草子『田村の草子』で、田村丸（俊仁）の鬼退治の物語になり、これを下敷きに近世東北の奥浄瑠璃『田村三代記』になる。ところが京都の『田村の草子』では、鬼は大江山の酒呑童子のイメージで描かれているが、東北の『田村三代記』では、岩手山縁起をとり入れて、岩手山の地主神のように変質している。

このように、東北の修験道やその影響をうけた民俗を通して、さまざまな鬼が浮かびあがってきたが、鬼から視えてきたのは、東北の歴史や風土であり。その背後に隠された〝もう一つの日本〟であった。

東北の修験道を象徴するものに、出羽湯殿山の即身仏信仰がある。修験道は食物を断つ断食や木食行の擬死体験をすることから、食物を生命の根元と考える思想が強い。即身仏の木食行で食べることが許されたのは、木の実など飢饉時の救荒食であった。即身仏は宝暦や天明などの飢饉を背景に生まれている。即身仏の本質的な思想は、飢饉に苦しむ人々のために木食行や断食をして、自らの肉体を飢饉化し祈ることだったのである。

修験道は大自然を神として拝む。しかし修験道で拝むのは、単純な自然主義的な自然ではない。実際に二〇〇〇メートル、三〇〇〇メートル級の山に登り、新たな方法論で解読すると、出羽三山、岩木山、恐山、立山、英彦山などを例に紹介したとおり、修験道の霊山では、教義や縁起などで空間が思想化され、山岳空間がマンダラ宇宙となっており、〝視える自然〟の背後に〝視えない自然〟が隠されている。山伏の荒行は、この二つの自然を重ね合わせることにほかならない。

津軽修験の火性三昧は、松明の炎で身を焦し、灼熱した鉄の鍬刃をにぎり、釜の熱湯の中に入る……。火性三昧は、自らが火炎を背負った不動明王となり、火で火を克服するという修法だが、この時、水天や八大龍王を呼んで水で火を鎮めている。火と水は対立しながら合体する修験道の呪的コスモスを形成する。

いま本書をまとめながら、多くの口伝や伝承を教えていただいた羽黒修験の島津慂道大先達、黒石寺山内の渡辺熊治翁、鬼神社役員の須藤晃良さん、津軽修験の小泉智信師など、多くの人々の顔をなつかしく想い出す。もう皆さん浄土へ旅立たれてしまったが、生前、教えていただいた口伝や言い伝えを、ずっと後になって思い出し、気になって再考すると、新しい民俗学を開拓する突破口になることが多い。そして何よりも忘れられないのが津軽の奇人・小山内漫遊仙人のことだ。

漫遊仙人は、青年時代、ロシアのパルチザンの情報収集のためにシベリアのヤクーツクに潜入したり、政治結社の大化会に入ったり、民謡歌手になって巡業生活をおくったり、その半生は波瀾に満ちている。

戦後、津軽に帰ると権現崎で日本海に沈む夕陽を毎日観つづけ、霊夢で神の声を聞き、岩木山頂で神を視る神秘体験をする。

乱世の激動期、修験は独自のネットワークで蔭から時代を動かし、また修験は神楽や祭文などの芸能を持ち伝えた。漫遊仙人は、正式の山伏修行はしていないが、情報、芸能、太陽信仰、神秘体験……と、その生涯は山伏そのものといってよい。

私たちは、修験道というと、すぐ羽黒山とか熊野などの大きな組織の山伏を思い浮かべてしまうが、日本の歴史の中で、諸国を漂泊して文化を伝えたのは、漫遊仙人のような山伏も多かったのではなかろうか。なかには漫遊仙人が敬愛した旅芸人・桃のように旅の途中で野たれ死にした山伏もいたにちがいない。そういう地平に立って、もう一度、日本文化をとらえ直してみたいと思う。

最後に、本書に収録する拙稿の多くは、東北芸術工科大学・東北文化研究センターで発行する雑誌『東北学』に連載したものがベースとなっている。同誌の責任編集者である赤坂憲雄氏にあらためて感謝したい。また本書の刊行でたいへんお世話になった法政大学出版局編集部の松永辰郎氏に深く感謝したい。

二〇〇六年十二月六日

大学の研究室から白銀に輝く月山を望みながら

内藤正敏

初出一覧

漫遊仙人一代記――序に代えて
〔原題「波瀾万丈・漫遊仙人一代記」（『現代思想』一四巻一号、一九八六年一月）〕

出羽三山の宇宙――神と鬼・太陽と月・生命のコスモロジー
〔原題「出羽三山――神と鬼・太陽と月・生命のコスモロジー」（『東北学』一号、東北芸術工科大学東北文化研究センター、一九九九年）、「羽黒山・開山伝承の宇宙観」（『千年の修験・羽黒山伏の世界』（新宿書房、二〇〇五年）を基に構成。〕

岩木山の鬼と鉄――隠された鬼神
〔原題「赤倉山の鬼神――津軽・鬼神社民俗誌」（『東北学』二号、東北芸術工科大学東北文化研究センター、二〇〇〇年）に、「赤倉山のゴミソ」（『季刊現代宗教』一巻一号、一九七五年）を加筆し改稿。〕

鬼を神に変換させる祭――黒石寺蘇民祭の鬼子
〔原題「黒石寺蘇民祭」（『季刊現代宗教』一巻三号、一九七五年）、「黒石寺蘇民祭の鬼子――蝦夷・地霊・怨霊」（『東北学』四号、東北芸術工科大学東北文化研究センター、二〇〇一年）に加筆し再編成。〕

鬼の神事に隠された〝東北〟――毛越寺の正月行事
〔原題『東北学』五号、東北芸術工科大学東北文化研究センター、二〇〇一年）の同名論文を改稿。〕

鬼の物語になった古代東北侵略――『田村三代記』と『田村の草子』

〔『東北学』一〇号、東北芸術工科大学東北文化研究センター、二〇〇三年〕

飢餓の宗教・即身仏――木食行・飢饉・トチモチ正月・焼畑

〔『東北学』八号（東北芸術工科大学東北文化研究センター、二〇〇三年）の同名論文に加筆。〕

修験道の空間思想――大自然のマンダラ宇宙

〔原題「修験道の空間思想――空間のフォークロア」（講座日本の民俗学10・『民俗研究の課題』雄山閣出版、二〇〇〇年）に加筆。〕

火と水の呪的コスモス――津軽修験の火性三昧

〔『東北学』六号（東北芸術工科大学東北文化研究センター、二〇〇二年）の同名論文に「津軽山伏火性三昧覚書」（『伝統と現代』四二号、一九七六年）を加筆。〕

内藤正敏＊民俗の発見〔全四巻〕

四六判上製／平均三五〇頁
定価各巻 三五〇〇円（税別）

Ⅰ 東北の聖と賤

宮澤賢治と佐々木喜善――東北で生まれた新しい学問／オシラ祭文源流考――聖と賤・蚕と馬のフォークロア／東北竈神のコスモロジー――火神・水神・金属神／金牛と鰻神――伊達と南部・国境のフォークロア／金属鉱山の発光伝説――その背後に隠された技術と文化／恐山・聖と俗のコスモス――菅江真澄が視た恐山

Ⅱ 鬼と修験のフォークロア

漫遊仙人一代記／岩木山の鬼と鉄――隠された鬼神／出羽三山の宇宙――神と鬼・太陽と月・生命のコスモロジー／鬼を神に変換する祭――黒石寺蘇民祭の鬼子／鬼の神事に隠された〝東北〟――毘峰寺の正月行事／鬼の物語になった古代東北侵略――『田村三代記』と『田村の草子』／飢餓の宗教・即身仏――木食行・飢饉・トチモチ正月・焼畑／修験道の空間思想――大自然のマンダラ宇宙／火と水の呪的コスモス――津軽修験の火性三昧

Ⅲ 江戸・王権のコスモロジー

夢幻王権論――東照大権現と家光・天海／家康神格化の秘儀――東照宮に隠された王権祭祀江戸の呪的コスモロジー――都市の聖空間と他界／日光千人武者行列――徳川王権の創草神話劇聖地としての日光――北の思想と出羽三山の神霊勧請御真影――東照大権現から近代天皇制へ

Ⅳ 都市の中の異界

都市と王権――盛り場が変身するメカニズム／落語に隠された江戸の都市構造／三遊亭円朝の怪談に隠された〝王権と幽霊〟の物語――「怪談乳房榎」と「怪談牡丹灯籠」／見世物――異界を幻視する装置／耳無不動伝説に隠された東照大権現／江戸近郊の都市型犯罪と「四谷怪談」／浅草寺と江戸のご利益／富士講のユートピア思想／立山曼荼羅の絵解きと見世物の口上／デパート屋上の神々／呪術都市・京都／写真と民俗学